Elogio

Prohibic

T0266631

"Triste, divertido, desgarrador e irresistible. Un relato inolvidable sobre una infancia en el *apartheid*... y una carta de amor a una madre excepcional".
—Michiko Kakutani, *The New York Times*

"Lo que convierte a *Prohibido nacer* en una lectura tan reconfortante para el alma, incluso con todos sus giros oscuros y peligrosos, es la prosa cálida y familiar con que el autor cuenta cómo aprendió a negociar para sobrevivir al *bullying* y al ostracismo [...]. Lo que también le ayudó fue tener una madre como Patricia Nombuyiselo Noah [...]. *Prohibido nacer* es un obsequio para ella, y un enorme regalo para el resto de nosotros".
—*USA Today*

"[Noah] prospera con la ayuda de su asombrosa e intrépida madre [...]. El lazo que los une hace que esta historia brille".
—*People*

"Un retrato único de un hombre que es producto de su cultura, y una mirada matizada de una parte del mundo cuya gente ha sufrido épocas oscuras, fácilmente olvidadas". —Refinery29

"Las memorias de Noah son extraordinarias... Lectura esencial a todos los niveles". —*The Seattle Times*

"La historia de supervivencia y éxito de Noah es alucinante".
—*Cosmopolitan*

"Un narrador talentoso, capaz de atar sus conmovedoras historias con una ironía divertida". *—Entertainment Weekly*

"Noah tiene una historia real que contar, y la cuenta bien [...]. Entre las muchas virtudes de *Prohibido nacer* se encuentra un retrato franco y revelador de la vida en Sudáfrica durante los años 80 y 90 [...]. *Prohibido nacer* ofrece a los estadounidenses una segunda introducción a Trevor Noah, dejando en ellos un gran impacto". *—Newsday*

"*Prohibido nacer* [es] una memoria que conmueve, una carta de amor para su madre". *—The Washington Post*

"Ingenioso y revelador... La historia de Noah es la historia de la Sudáfrica moderna; aunque gozaba de algunos privilegios con la occidentalización de la región, su infancia fue moldeada por la pobreza, la injusticia y la violencia [...]. Quizás los cuentos más desgarradores son los de su padrastro abusivo, que forman el acto final del libro (y que Noah inteligentemente presagia a lo largo de los capítulos anteriores), pero igual de prominentes son sus divertidos recuerdos sobre ir al baile de graduación, y las diferencias entre la 'Iglesia blanca' y la 'Iglesia negra'". *—Publishers Weekly* (reseña destacada)

"Las apasionantes memorias de [Trevor Noah] brillan con historias divertidas... y sus ensayos sinceros y compasivos profundizan nuestra percepción de las complejidades de razas, géneros y clases". *—Booklist* (reseña destacada)

Trevor Noah

Prohibido nacer

Trevor Noah nació en Johannesburgo (Sudáfrica) en 1984. Todas las biografías empiezan así, con la fecha y lugar de nacimiento, pero en este caso estos dos factores marcaron su infancia, su carrera y su vida. Su madre era negra, de la etnia xhosa,
y su padre blanco y de procedencia europea. Se enamoraron en
pleno *apartheid*, así que, desde su mismo nacimiento Noah fue
un niño prohibido por la ley, fruto de una relación interracial
vetada.

Tras buscarse la vida comerciando con discos piratas y pequeños préstamos, comenzó su carrera artística en la televisión
sudafricana. En 2011 se mudó a los Estados Unidos y su carrera escaló. Fue el primer humorista sudafricano en realizar un
monólogo en *The Tonight Show* y en aparecer en el *Late Show
with David Letterman*. Protagonizó el documental *You Laugh
But It's True*. En diciembre de 2014, Noah se convirtió en cola-
borador fijo de *The Daily Show*, pero la sorpresa llegó cuando
Jon Stewart, su presentador, lo nombró sucesor en septiembre
de 2015. Desde entonces, Noah se ha convertido en una de las
caras más conocidas de la sátira política estadounidense más
ácida y, recientemente, en uno de los mejores azotes de Do-
nald Trump. Su libro de memorias infantiles, *Prohibido nacer*,
demuestra que es, además, un escritor tierno, divertido, duro y
muy prometedor.

Prohibido nacer

Prohibido nacer

Memorias de racismo, rabia y risa

Trevor Noah

Traducción de Javier Calvo

VINTAGE ESPAÑOL
Una división de Penguin Random House LLC
Nueva York

PRIMERA EDICIÓN VINTAGE ESPAÑOL, SEPTIEMBRE 2019

Copyright de la traducción © 2017 por Javier Calvo

Información de catalogación de publicaciones disponible
en la Biblioteca del Congreso de los Estados Unidos.

**Vintage Español ISBN en tapa blanda: 978-1-9848-9753-4
eBook ISBN: 978-1-9848-9754-1**

Para venta exclusiva en EE.UU., Canadá, Puerto Rico y Filipinas.

www.vintageespanol.com

Impreso en Colombia - *Printed in Colombia*

10   9   8   7   6

Índice

Tercera parte

Para mi madre, mi mayor fan.
Gracias por hacer de mí un hombre.

Ley de inmoralidad de 1927

Que prohíbe las relaciones carnales entre europeos y nativos y otros actos relacionados.

Queda estipulado por su Excelente Majestad el Rey, el Senado y la Asamblea Nacional de la Unión de Sudáfrica lo siguiente:

1) Que cualquier hombre europeo que tenga relaciones carnales ilícitas con una mujer nativa, así como cualquier hombre nativo que tenga relaciones carnales ilícitas con una mujer europea, será culpable de delito y condenado a prisión por un periodo no superior a cinco años.

2) Que cualquier mujer nativa que permita que un hombre europeo tenga relaciones carnales ilícitas con ella, así como cualquier mujer europea que permita que un hombre nativo tenga relaciones carnales ilícitas con ella, será culpable de delito y condenada a prisión por un periodo no superior a cuatro años.

Primera parte

La genialidad del *apartheid* fue convencer a una población que constituía la mayoría aplastante del país para que se volvieran los unos contra los otros. En inglés *apartheid* suena como «apart» y «hate», 'separar' y 'odiar', y eso mismo es lo que hizo. Separar a la gente en grupos y hacer que se odiaran entre ellos para poder aplastarlos a todos. Por entonces la población negra de Sudáfrica superaba en número a la blanca en una proporción de casi cinco a uno, pero estaba dividida en tribus distintas que hablaban idiomas distintos: zulú, xhosa, tswana, sotho, venda, ndebele, tsonga, pedi y otros.

Mucho antes de que existiera el *apartheid*, aquellas facciones tribales ya estaban enfrentadas e iban a la guerra entre ellas. El régimen de los blancos se limitó a aprovechar aquella animosidad para dividir y conquistar. Tanto aquellas tribus como otra gente no blanca fueron sistemáticamente clasificadas en grupos y subgrupos. Luego a esos grupos se les otorgaron distintos niveles de derechos y privilegios para mantenerlos enemistados.

Quizás el más cruel de estos enfrentamientos era el que mantenían los dos grupos dominantes de Sudáfrica: los zulú y los xhosa. El hombre zulú es conocido como guerrero. Es orgulloso. Baja la cabeza y lucha. Cuando los ejércitos coloniales invadieron su tierra, los zulús se lanzaron a la carga sin nada más que lanzas y escudos contra hombres armados con fusiles. El invasor masacró a miles de zulús, pero ellos siguieron luchando. Los xhosa, en cambio, se enorgullecen de ser los pensadores. Mi madre es xhosa. Nelson Mandela era xhosa. Los xhosa también libraron una larga guerra contra el hombre blanco, pero después de experimentar la futilidad de presentar batalla a un enemigo mejor armado, muchos jefes xhosa adoptaron una estrategia más sagaz. «Estos blancos se van a quedar aquí nos guste o no», dijeron. «Vamos a ver cuáles de sus herramientas nos pueden ser útiles. En vez de resistirnos al inglés, aprendamos inglés. Así entenderemos qué dicen los blancos y podremos obligarlos a negociar con nosotros».

Los zulús fueron a la guerra con el hombre blanco. Los xhosa jugaron al ajedrez con el hombre blanco. Durante mucho tiempo ninguna de las dos tribus tuvo mucho éxito, y cada una de ellas culpó a la otra de un problema que ninguna de ellas había creado. La amargura se enquistó. Durante décadas aquellos sentimientos se vieron refrenados por un enemigo común. Luego el *apartheid* se vino abajo, Mandela salió libre y la Sudáfrica negra fue a la guerra contra sí misma.

I

Corre

A veces en las grandes producciones de Hollywood se ven esas descabelladas persecuciones de carros en las que alguien salta o es empujado de un vehículo en marcha. La persona en cuestión cae al suelo y rueda un poco hasta que por fin se detiene, se levanta de un salto y se sacude el polvo de encima como si no hubiera pasado nada. Cada vez que veo una escena así, pienso: *Venga ya. Que te arrojen de un carro en marcha duele mucho más.*

Yo tenía nueve años cuando mi madre me tiró de un vehículo en marcha. Fue un domingo. Sé que era domingo porque volvíamos de la iglesia a casa, y durante toda mi infancia fui a misa los domingos. No faltábamos nunca. Mi madre era —y sigue siendo— una mujer profundamente religiosa. Muy cristiana. Como todos los pueblos indígenas del mundo, los negros de Sudáfrica adoptamos la religión de nuestros colonizadores. Cuando digo «adoptamos», quiero decir que nos fue impuesta. El hombre blanco era bastante duro con los nativos. «Necesitan rezar a Jesús», les decía. «Jesús los salvará». A lo cual el nativo replicaba: «Claro que necesitamos que alguien nos salve, pero que nos salve de *ustedes*, aunque esa es otra cuestión. Así que, en fin, a ver qué tal el Jesús este».

Toda mi familia era religiosa, pero mientras que mi madre era superfanática de Jesús, mi abuela equilibraba su fe cristiana con las creencias tradicionales xhosa con las que había crecido y se comunicaba con los espíritus de nuestros antepasados. Durante mucho tiempo yo no entendí por qué tanta gente negra había abandonado su fe indígena para adoptar el cristianismo. Pero cuanto más íbamos a la iglesia y más tiempo pasaba yo sentado en aquellos bancos, más cosas aprendía sobre cómo funciona el cristianismo: si eres nativo americano y rezas a los lobos, eres un salvaje. Si eres africano y rezas a tus antepasados, eres un primitivo. Pero cuando la gente blanca reza a un tipo que convierte el agua en vino, pues mira, eso es sentido común.

De pequeño iba a la iglesia, o a alguna de sus actividades, al menos cuatro noches por semana. Los martes por la noche tocaba plegaria. Los miércoles, estudio de la Biblia. Los jueves, Iglesia Juvenil. Los viernes y los sábados los teníamos libres (¡a pecar!). Y los domingos íbamos a la iglesia. A tres iglesias, para ser exactos. La razón de que fuéramos a tres iglesias distintas era que mi madre decía que cada una le proporcionaba algo diferente. La primera ofrecía alabanzas jubilosas al Señor. La segunda, un análisis profundo de las Escrituras, algo que a mi madre le encantaba. La tercera, pasión y catarsis. En esta última realmente sentías que tenías al Espíritu Santo dentro. Y mientras íbamos de una iglesia a otra, de forma casual y sin proponérmelo, empecé a darme cuenta de que cada una de ellas tenía una composición racial distinta: la iglesia jubilosa era mixta. La iglesia analítica era blanca. Y la iglesia apasionada y catártica era la negra.

La iglesia mixta, la Rhema Bible Church, era una de esas megaiglesias enormes y supermodernas de los barrios residenciales. El pastor, Ray McCauley, era un exculturista de sonrisa enorme y personalidad de cheerleader. Ray había quedado tercero en el certamen de Míster Universo de 1974. Aquel año el ganador fue Arnold Schwarzenegger. Cada semana se esforzaba al máximo para que Jesús gustara. Había gradas tipo estadio y una banda de rock que tocaba los temas más recientes del pop cristiano contemporáneo. Todo el mundo cantaba, y si no te sabías la letra no pasaba nada, porque aparecía escrita allí arriba, en el *Jumbotron*. Era un karaoke cristiano, básicamente. Siempre me divertía en la iglesia mixta.

La iglesia blanca era la Rosebank Union de Sandton, una zona muy blanca y adinerada de Johannesburgo. Me *encantaba* la iglesia blanca porque no me hacían ir a misa. A misa iba mi madre y yo me quedaba en el espacio reservado para la catequesis de los jóvenes. En catequesis leíamos historias muy chulas. Noé y el Diluvio era una de mis favoritas, obviamente; me llegaba a un nivel muy íntimo. Pero también me encantaba la historia de cuando Moisés separó las aguas del Mar Rojo, y la de David y Goliat y la de cuando Jesús echó a palos del templo a los mercaderes.

Crecí en un hogar que tenía muy poco contacto con la cultura popular. En casa de mi madre estaba prohibido escuchar a los Boyz II Men. ¿Canciones sobre un tipo que se pasaba toda la noche ligándose a una chica? No, no, no. Prohibido. Los demás muchachos de la escuela cantaban «End of the Road» y yo no me enteraba de nada. Había oído hablar de los Boyz II Men, claro, pero la verdad es que no tenía ni idea de quiénes eran. Las únicas canciones que me sabía eran las de la iglesia: canciones elevadas y edificantes que alababan a Jesús. Lo mismo pasaba con el cine. Mi madre no quería que me contaminaran la mente todas aquellas películas de sexo y violencia; no, ni hablar. Así que mi película de acción era la Biblia. Mi superhéroe, Sansón. Era mi He-Man. ¿Un tipo que mataba a mil personas a golpes con la quijada de un burro? Menudo jefazo. Al final llegabas a Pablo y sus cartas a los Efesios y la trama se perdía, pero el Antiguo Testamento y los Evangelios... Podía citar cualquier pasaje, incluyendo capítulo y versículo. En la iglesia blanca se celebraban competiciones y concursos relacionados con la Biblia cada semana, y yo le ganaba a todo el mundo de calle.

Luego estaba la iglesia negra. Siempre se estaba celebrando algún servicio religioso negro en alguna parte, y nosotros íbamos a todos. En el municipio segregado solían instalar carpas y los celebraban al aire libre, al estilo evangelista. Normalmente íbamos a la iglesia de mi abuela, una congregación metodista a la vieja usanza: quinientas abuelitas africanas con blusas blancas y azules, las Biblias bien agarradas y asándose pacientemente bajo el tórrido sol africano. Ir a la iglesia negra era duro, no voy a mentir. No había aire acondicionado. La letra de las canciones no aparecía en el *Jumbotron*. Y los servicios no se terminaban nunca, duraban tres o cuatro horas como mínimo, lo cual me confundía, porque en la iglesia blanca no pasaban de una hora; entrabas, salías y gracias por venir. Pero en la iglesia negra me tiraba una eternidad allí sentado, intentando entender por qué el tiempo avanzaba tan despacio. *¿Acaso es posible que el tiempo se detenga? Y si es posible, ¿por qué se detiene en la iglesia de los negros y no en la de los blancos?* Al final decidí que los negros necesitábamos más tiempo con Jesús porque sufríamos más. «Vengo a buscar las bendiciones para toda la semana», solía decir mi madre. Cuanto más tiempo pasáramos en la iglesia, pensaba ella, más bendiciones acumularíamos, como si aquello fuera una tarjeta de puntos de *Starbucks*.

La iglesia negra se fundamentaba en la gracia redentora. Si era capaz de aguantar hasta la tercera o cuarta hora del servicio, podía ver al pastor expulsar demonios de la gente. Los feligreses poseídos por demonios echaban a correr por los pasillos como dementes, gritando en lenguas extrañas. Los porteros los sujetaban a la fuerza, como si fueran matones de discoteca, y los inmovilizaban para que el pastor pudiera hacer su trabajo. El pastor les agarraba la cabeza y se la sacudía violentamente de un lado a otro, gritándoles: «¡Yo expulso a este espíritu en el nombre de *Jesús*!». Había pastores más violentos que otros, pero lo que todos tenían en común era que no paraban hasta que el demonio se marchaba y el feligrés afectado se quedaba inerte y desmayado sobre el escenario. Porque el endemoniado en cuestión tenía que caerse al suelo. Si no se caía, quería decir que el demonio era poderoso y que el pastor necesitaba atacarlo con más fuerza. Daba lo mismo si eras un defensa de la Liga de Fútbol Americano. El pastor tenía que *derribarte*. Dios bendito, qué divertido era aquello.

Karaoke cristiano, relatos de acción protagonizados por tipos malos y curanderos violentos inspirados por la gracia divina: caray, me encantaba la iglesia. Lo que no me gustaba era el viaje a la iglesia. Hacíamos un esfuerzo sobrehumano para llegar hasta allí. Vivíamos en Eden Park, un pequeño barrio residencial muy a las afueras de Johannesburgo. Tardábamos una hora en llegar a la iglesia de los blancos, cuarenta y cinco minutos más en llegar a la mixta y otros cuarenta y cinco hasta Soweto, que era donde estaba la iglesia de los negros. Y luego, por si eso fuera poco, algunos domingos volvíamos a la iglesia blanca para el servicio especial vespertino. Cuando por fin llegábamos a casa por la noche, yo me desplomaba en la cama.

Aquel domingo en concreto, el domingo en que mi madre me lanzó de un vehículo en marcha, empezó como cualquier otro domingo. Mi madre me despertó y me preparó un plato de avena para desayunar. Yo me bañé mientras ella vestía a mi hermanito Andrew, que por entonces tenía nueve meses. Luego salimos al estacionamiento, nos montamos en el carro y, cuando ya teníamos los cinturones de seguridad puestos y estábamos listos para irnos, el carro no quiso arrancar. Mi madre tenía un Volkswagen escarabajo viejísimo y destartalado, de color mandarina intenso, que había comprado por casi nada. Y la razón de que lo hubiera comprado por casi nada era que siempre estaba roto. Todavía hoy sigo odiando los carros de segunda mano. Casi todas las cosas que han salido mal en mi vida han tenido en su origen un carro de segunda mano. Por culpa de un carro de segunda mano acababa castigado en la escuela por llegar tarde. Por culpa de un carro de segunda mano nos quedábamos tirados y teníamos que hacer autostop en el borde de la autopista. Un carro de segunda mano fue también el culpable de que mi madre se casara. De no haber sido por aquel Volkswagen que nunca funcionaba, no habríamos tenido que recurrir al mecánico que se convirtió en el marido que se convirtió en el padrastro que se convirtió en el hombre que nos torturó durante años y que le disparó en la nuca a mi madre. Qué quieren que les diga, yo prefiero carros nuevos y con garantía.

Por mucho que me encantara la iglesia, la idea de pegarnos una paliza de nueve horas, de la iglesia mixta a la blanca, después a la negra y luego otra vez a la blanca, me parecía demasiado. Ir en carro ya era bastante suplicio, pero ir en transporte público significaba que el viaje iba a ser el doble de largo y el doble de duro. Cuando el Volkswagen se negó a arrancar, recé para mis adentros: *Por favor, di que nos quedamos en casa. Por favor, di que nos quedamos en casa.* Por fin levanté la vista, vi la mirada de determinación de mi madre y su mentón apretado con firmeza y supe que me esperaba un día muy largo.

—Ven —me dijo—. Vamos a tomar el autobús.

Todo lo que mi madre tenía de religiosa lo tenía de testaruda. En cuanto tomaba una decisión, ya no había nada que hacer. Y los obstáculos que habrían hecho cambiar de planes a una persona normal, como por ejemplo que se dañara el carro, solamente reforzaban su determinación de seguir adelante.

—Es el diablo —dijo, refiriéndose al hecho de que el carro no arrancara—. El diablo no quiere que vayamos a la iglesia. Y por eso mismo tenemos que tomar el autobús.

Siempre que me las tenía que ver con la testarudez religiosa de mi madre, yo intentaba, con todo el respeto posible, contraponer otro punto de vista:

—O bien —señalé—, el Señor sabe que hoy *no deberíamos* ir a la iglesia y por eso se ha asegurado de que el carro no arrancara, para que nos quedemos en casa en familia y nos tomemos un día de descanso, porque hasta el mismísimo Señor descansó.

—Ah, esas son palabras del diablo, Trevor.

—No, porque Jesús controla las cosas, y si Jesús controla las cosas y nosotros rezamos a Jesús, él tendría que permitir que el carro arrancara, pero no lo ha permitido, por tanto...

—¡No, Trevor! A veces Jesús te pone obstáculos en el camino para ver si los superas. Como a Job. Esto podría ser una prueba.

—¡Ah! Sí, mamá. Pero la prueba podría consistir en ver si estamos dispuestos a aceptar lo que ha pasado y quedarnos en casa y alabar a Jesús por su sabiduría.

—No. Esas son las palabras del diablo. Ve a cambiarte de ropa.

—¡Pero mamá!

—¡Trevor! ¡*Sun'qhela*!

Sun'qhela es una expresión con infinidad de matices. Significa «no me contradigas», «no me subestimes», «ponme a prueba». Es orden y a la vez amenaza. Es algo que los padres y madres xhosa les dicen habitualmente a sus hijos. Siempre que la oía, sabía que la conversación se había terminado y que, si me atrevía a añadir una palabra más, me darían una paliza.

Por aquel entonces yo iba a la Maryvale College, una escuela católica privada. Todos los años, ganaba la carrera del Día de los Deportes de la Maryvale, y mi madre siempre se llevaba el trofeo de la categoría de las madres. ¿Y por qué? Pues porque ella siempre me estaba persiguiendo para reprenderme y yo siempre estaba corriendo para que no me reprendiera. A correr no nos ganaba nadie. Mi madre no era de las que dicen: «verás la que te voy a dar». Mi madre no avisaba. Y también le gustaba lanzar cosas. Cualquier cosa que tuviera a mano se convertía en un proyectil. Si era algo frágil, a mí me tocaba atraparlo al vuelo y dejarlo en un sitio seguro. Porque, si se rompía, también era culpa mía, y entonces la paliza era mucho peor. Si ella me lanzaba un jarrón, yo tenía que agarrarlo en el aire, dejarlo en una mesa y luego echar a correr. En una fracción de segundo, tenía que pensar: *¿Es valioso? Sí. ¿Es frágil? Sí. Pues agárralo, déjalo en algún sitio y corre.*

Mi madre y yo teníamos una relación muy de Tom y Jerry. Ella imponía la disciplina más estricta y yo me portaba mal en sus narices. Ella me mandaba a la tienda y yo no volvía directamente a casa porque me gastaba el cambio de la leche y del pan en las máquinas de videojuegos del supermercado. Me encantaban los videojuegos. Era un fenómeno en el *Street Fighter*. Una sola partida me duraba horas. Metía una moneda, el tiempo volaba y antes de que pudiera darme cuenta ya tenía a una mujer detrás de mí con un cinturón en la mano. Y empezaba la carrera. Yo salía corriendo por la puerta y me alejaba por las calles polvorientas de Eden Park, brincando muros y gateando por los jardines de las casas. Se había convertido en una escena normal en nuestro vecindario. Todo el mundo lo sabía: primero pasaba aquel muchacho, Trevor, como alma que lleva el diablo, y detrás de él aparecía Patricia. Mi madre era capaz de correr como una bala con tacones altos, pero si lo que quería era perseguirme en serio, tenía un truco para quitarse los zapatos sin aminorar la velocidad. Un movimiento de tobillo, los zapatos salían volando y ella ni siquiera perdía el paso. Era entonces cuando yo me decía a mí mismo: *Atención, que está en modo turbo.*

De pequeño mi madre siempre me alcanzaba, pero a medida que fui creciendo me fui volviendo más rápido, y cuando a ella le empezó a fallar la velocidad tuvo que recurrir al ingenio. Si yo estaba a punto de escabullirme, ella gritaba: «¡Alto, ladrón!». Le hacía aquello a su propio hijo. En Sudáfrica nadie se mete en los asuntos de nadie a menos que haya un linchamiento, en cuyo caso todo el mundo quiere participar. Así que ella gritaba «¡Ladrón!». sabiendo que eso pondría al vecindario entero en mi contra, y que empezarían a aparecer desconocidos intentando agarrarme y derribarme, y entonces a mí me tocaba esquivarlos y escabullirme también de ellos, al tiempo que gritaba: «¡No soy ningún ladrón! ¡Soy su hijo!».

Lo último que me apetecía hacer aquel domingo por la mañana era subirme en un autobús abarrotado de gente, pero en cuanto oí que mi madre decía *sun'qhela* supe que mi destino estaba sellado. Ella cogió en brazos a Andrew, nos bajamos del Volkswagen y esperamos en la calle a ver si alguien nos llevaba hasta la parada.

Yo tenía cinco años, casi seis, cuando Nelson Mandela salió de la cárcel. Recuerdo que lo vi por televisión y que todo el mundo estaba feliz. Yo no sabía por qué estábamos tan contentos; solo sabía que lo estábamos. Era consciente de que había una cosa llamada *apartheid* que se había terminado y que eso era muy importante, pero no entendía las complejidades del asunto.

Lo que sí recuerdo y no olvidaré nunca es la violencia que se desató a continuación. El triunfo de la democracia sobre el *apartheid* se denomina a veces la Revolución Sin Sangre. Y se llama así porque durante la revolución en sí se derramó muy poca sangre blanca. Fue la sangre negra la que bañó las calles.

Al caer el régimen del *apartheid*, supimos que quien iba a gobernar a continuación era el hombre negro. Pero la cuestión era: ¿qué hombre negro? Estallaron violentos enfrentamientos entre el Partido de la Libertad Inkatha y el Congreso Nacional Africano. La dinámica política entre estos dos grupos era muy complicada, pero la forma más simple de entenderla era como una guerra en representación de los zulús y los xhosa. El partido Inkatha era de mayoría zulú, muy militante y muy nacionalista. El CNA era una amplia coalición que abarcaba a muchas tribus distintas, pero por entonces sus líderes eran mayoritariamente xhosa. El *apartheid* había supuesto un paréntesis en la guerra entre los zulús y los xhosa. Habían llegado invasores extranjeros en forma de hombre blanco y eso había dado a ambos bandos un enemigo común al que combatir. Después, en el momento en el que ese enemigo desapareció, fue como: «A ver, ¿por dónde íbamos? Ah, sí». Y salieron a relucir los cuchillos. En vez de unirse por la paz, se volvieron los unos contra los otros y empezaron a cometer actos de salvajismo increíbles. Estallaron disturbios masivos. Murieron miles de personas. Las ejecuciones eran habituales. La gente inmovilizaba a la víctima contra el suelo y le rodeaba el torso con un neumático, inmovilizándole los brazos. Luego lo rociaban de gasolina, le prendían fuego y lo quemaban vivo. Los partidarios del CNA se lo hacían a los del Partido Inkatha. Los del Partido Inkatha a los del CNA. Un día, de camino a la escuela, vi uno de aquellos cuerpos carbonizados. Por las noches, mi madre y yo encendíamos nuestro pequeño televisor en blanco y negro y veíamos las noticias. Una docena de personas muertas. Cincuenta personas muertas. Cien personas muertas.

Eden Park estaba cerca de los gigantescos municipios segregados de East Rand, Thokoza y Katlehong, que eran escenario de algunos de los choques más horribles entre el Inkatha y el CNA. Como mínimo una vez al mes, volvíamos manejando a casa y nos encontrábamos el vecindario en llamas. Cientos de manifestantes en las calles. Mi madre se veía obligada a conducir muy despacio por entre las multitudes, sorteando las barricadas de neumáticos ardiendo. No hay nada que arda como un neumático: sus llamas tienen una furia que cuesta imaginar. Mientras pasábamos en el carro junto a las barricadas en llamas, nos daba la sensación de estar dentro de un horno. Yo solía decirle a mi madre: «Creo que Satanás quema neumáticos en el Infierno».

Cada vez que estallaban disturbios, todos nuestros vecinos se encerraban sabiamente a cal y canto en sus casas. Pero mi madre no. Ella salía a la calle y, mientras se abría paso lentamente frente a las barricadas, les clavaba la mirada a los manifestantes. *Déjenme pasar. Yo no estoy metida en estos rollos.* Siempre firme frente al peligro. Aquello nunca dejó de asombrarme. Daba igual que tuviéramos una guerra frente a la puerta de nuestra casa. Ella tenía cosas que hacer y sitios a los que ir. Era la misma testarudez que la impulsaba a acudir a la iglesia a pesar de tener el carro roto. Podía haber quinientos manifestantes prendiendo una barricada de neumáticos en la avenida principal de Eden Park, y aun así mi madre me decía: «Vístete. Tengo que ir a trabajar. Y tú tienes que ir a la escuela».

—Pero ¿no tienes miedo? —le preguntaba yo—. Tú eres una sola y ellos son muchos.

—Cariño, no estoy sola —decía ella—. Tengo a todos los ángeles de Dios conmigo.

—Pues estaría bien que se dejaran ver —le respondía yo—. Porque creo que los manifestantes no saben que están ahí.

Ella me decía que no me preocupara. Y siempre volvía a la frase que inspiraba su vida. «Si Dios está conmigo, ¿quién puede estar en contra de mí?». Jamás tuvo miedo. Ni siquiera cuando debería haberlo tenido.

El domingo aquel que se nos estropeó el carro, hicimos nuestro circuito de las iglesias y terminamos como de costumbre en la iglesia de los blancos. Cuando salimos de la Rosebank Union ya había anochecido y estábamos solos. Había sido un día interminable de viajes en autobús, de la iglesia mixta a la negra, de la negra a la blanca, y yo estaba agotado. Eran como mínimo las nueve de la noche. Por aquella época, con toda la violencia y los disturbios que había, no convenía estar fuera de casa tan tarde. Estábamos plantados en la esquina de la Avenida Jellicoe con Oxford Road, en el corazón mismo de la zona residencial blanca y rica de Johannesburgo, y no pasaba ni un autobús. Las calles estaban vacías.

Yo me moría de ganas de mirar a mi madre y decirle: «¿Lo ves? Por esto quería Dios que nos quedáramos en casa». Pero un solo vistazo a la expresión de su cara me dio a entender que era mejor no decir nada. Había veces en que yo podía ser insolente con mi madre, pero esa no fue una de ellas.

Esperamos y esperamos a que viniera un autobús. Durante el *apartheid* el gobierno no ofrecía transporte público para los negros, pero aun así la gente blanca necesitaba que fuéramos a trapearles el piso y a limpiarles los baños. Y como la necesidad es la madre de la invención, los negros habían creado su propia red de transporte, una red informal de autobuses gestionada por empresas privadas que operaban al margen de la ley. Como el negocio de los autobuses carecía por completo de regulación, era básicamente crimen organizado. Cada grupo gestionaba una ruta distinta, y se peleaban por quién controlaba cuál. Había sobornos, situaciones turbias por doquier y violencia a mansalva, y se pagaba un montón de dinero a cambio de protección y para evitar la violencia. Lo único que no se podía hacer era robarle una ruta a un grupo rival. A los conductores que robaban rutas los mataban. Y por el hecho de no estar regulados, los autobuses también eran muy poco de fiar. Venían cuando venían. Y cuando no venían, no venían.

Yo me estaba quedando literalmente dormido de pie frente a la iglesia Rosebank Union. No había ni un solo autobús a la vista. Al final mi madre dijo: «Vamos a hacer autostop». Caminamos y caminamos, y al cabo de lo que nos pareció una eternidad, un carro pasó a nuestro lado y se detuvo. El conductor se ofreció a llevarnos y subimos. No habíamos avanzado ni tres metros cuando de pronto un autobús viró delante de nosotros y le cortó el paso al carro.

El conductor del autobús salió con una *iwisa* en la mano, un arma tradicional zulú de gran tamaño: básicamente un garrote de guerra. Los zulús los usaban para romper cráneos. Otro tipo, su compinche, bajó por la otra portezuela. Se acercaron a nuestro carro por el lado del conductor, agarraron al hombre que se había ofrecido a llevarnos, lo sacaron a rastras del vehículo y se pusieron a darle garrotazos en la cabeza. «¿Por qué te robas a nuestros clientes? ¿Por qué andas recogiendo a gente?».

Parecía que iban a matarlo. Yo sabía que a veces pasaba. Mi madre intervino.

—Eh, escuchen. Solamente estaba ayudándome. Déjenlo. Iremos con ustedes. Eso era justo lo que queríamos. —Así que salimos del carro y nos metimos en el autobús.

Éramos los únicos pasajeros. Además de por ser gánsteres violentos, los conductores de autobuses sudafricanos son famosos por quejarse ante los pasajeros y soltarles sermones mientras conducen. Y aquel conductor estaba particularmente furioso. Durante el trayecto se puso a sermonear a mi madre por meterse en un carro con un hombre que no era su marido. Mi madre no aguantaba a los desconocidos que le daban sermones, así que le dijo que se ocupara de sus asuntos. Pero cuando el otro la oyó hablarnos en xhosa, aquello realmente lo sacó de sus casillas. Los estereotipos sobre las mujeres zulú y xhosa estaban tan arraigados como los de los hombres. Las mujeres zulú eran obedientes y se portaban bien. Las mujeres xhosa eran promiscuas e infieles. Y allí estaba mi madre, su enemiga tribal, una mujer xhosa sola con dos niños pequeños; y encima uno de ellos mestizo. No solamente era una puta, sino también una puta que se acostaba con blancos.

—Ah, eres una xhosa —dijo él—. Eso lo explica todo. Subiéndote a carros de desconocidos. Qué asco de mujer.

Mi madre no paraba de reprenderle y él no paraba de insultarla y de gritar desde el asiento del conductor, meneando el dedo por el retrovisor y poniéndose cada vez más amenazador, hasta que por fin dijo:

—Ese es el problema de las mujeres xhosa. Que son todas putas; y esta noche vas a aprender la lección.

Pisó el acelerador. Empezó a conducir muy rápido, frenando solo un poco en los cruces para ver si venían carros antes de pasar a toda velocidad. En aquella época, la muerte no era algo que le quedara lejos a nadie. Llegados a ese punto, podían violar a mi madre. O podían matarnos a los tres. Todas eran opciones viables. Yo no entendía del todo el peligro que corríamos en aquel momento; estaba tan cansado que solo quería dormir. Y además, mi madre mantenía la calma por completo. Y como a ella no le entraba el pánico, a mí tampoco se me pasó por la cabeza asustarme. Mi madre seguía tratando de razonar con el conductor.

—Perdone si lo hemos molestado, *bhuti*. Puede dejarnos aquí.

—No.

—En serio, no pasa nada. Podemos caminar...

—No.

Y siguió a toda velocidad por Oxford Road, donde los carriles estaban desiertos y no había nada de tráfico. Yo era el que estaba sentado más cerca de la puerta corredera. Mi madre estaba sentada a mi lado, con el bebé en brazos. Durante un momento se dedicó a ver pasar la calle por la ventanilla; luego se inclinó hacia mí y me susurró:

—Trevor, cuando frenemos en el próximo cruce, voy a abrir la puerta y vamos a saltar.

Yo no oí ni una palabra de lo que me decía porque para entonces ya me había quedado dormido. Cuando llegamos al siguiente semáforo, el conductor levantó un poco el pie del acelerador para mirar y asegurarse de que no viniera nadie. Mi madre estiró el brazo, abrió la puerta corredera, me agarró y me empujó tan lejos como pudo. A continuación, se encogió en posición fetal con Andrew entre los brazos y saltó detrás de mí.

Fue como un sueño hasta que de golpe sentí el dolor. ¡*Bam*! Me estampé contra la calzada. Mi madre aterrizó a mi lado y los dos rebotamos y rebotamos y rodamos y rodamos. Yo ya estaba completamente despierto. De medio dormido había pasado a: *¿Qué coño ocurre?* Por fin conseguí frenar y me incorporé como pude, completamente desorientado. Miré a mi alrededor y vi a mi madre, que ya estaba de pie. Se volvió para mirarme y me gritó:

—Corre.

Así que corrí, y ella corrió, y nadie corría como mi madre y como yo.

Cuesta explicarlo, pero yo sabía lo que tenía que hacer. Era un instinto animal, propio de un mundo donde la violencia siempre estaba al acecho y a punto de estallar. En los municipios segregados, cuando la policía se te echaba encima con su equipamiento antidisturbios, sus carros blindados y sus helicópteros, yo sabía lo que había que hacer: *Corre y cúbrete. Corre y escóndete.* Lo sabía desde los cinco años. Si hubiera tenido una infancia distinta, me habría dejado estupefacto que me tiraran de un autobús en marcha. Me habría quedado allí plantado como un tonto, diciendo: «¿Qué está pasando, mamá? ¿Por qué me duelen tanto las piernas?». Pero no fue así, claro. Mi madre me dijo «corre» y yo corrí. Corrí igual que corre la gacela para escaparse del león.

Los hombres detuvieron el autobús, bajaron y trataron de perseguirnos, pero no tenían nada que hacer. Nos habíamos esfumado. Creo que estaban en shock. Todavía me acuerdo de echar la vista atrás y ver cómo se detenían y abandonaban la persecución con expresión de total perplejidad. *¿Qué acaba de pasar? ¿Quién podía imaginar que una mujer con dos niños pequeños pudiera correr tanto?* No sabían que tenían enfrente a los vigentes campeones del Día de los Deportes del Maryvale College. Seguimos corriendo y corriendo hasta que llegamos a una gasolinera abierta las veinticuatro horas y llamamos a la policía. Para entonces los hombres ya habían desaparecido.

Yo había corrido sin parar impulsado por la adrenalina. Seguía sin saber por qué había pasado lo que había pasado. Luego, en cuanto nos detuvimos, fui consciente de lo mucho que me dolía todo. Bajé la vista y me vi los brazos despellejados. Estaba lleno de cortes y sangraba por todos lados. Y mi madre también. Mi hermano pequeño, en cambio, estaba ileso, cosa increíble. Mi madre lo había rodeado con su cuerpo y no había sufrido ni un arañazo. Miré a mi madre, estupefacto.

—¿Qué ha pasado? ¿Por qué hemos echado a correr?

—¿Cómo que por qué hemos echado a correr? Esos hombres querían matarnos.

—¡No me has dicho nada! ¡Me has tirado del autobús y ya!

—Sí que te lo he dicho. ¿Por qué no has saltado?

—¿Que por qué no he saltado? ¡Pero si estaba dormido!

—¿Y qué iba a hacer, dejarte ahí para que te mataran?

—Por lo menos ellos me habrían despertado antes de matarme.

Y seguimos así un buen rato. Yo estaba demasiado confundido y enfadado porque mi madre me hubiera tirado del autobús en marcha como para ser consciente de lo que había pasado. Mi madre me había salvado la vida.

Mientras recuperábamos el aliento y esperábamos a que llegara la policía y nos llevara a casa, mi madre dijo:

—Bueno, por lo menos estamos a salvo, gracias a Dios.

Pero yo tenía nueve años y empezaba a entender cómo funcionaban las cosas. Y esta vez no pensaba quedarme callado.

—¡No, mamá! ¡Esto *no ha sido* gracias a Dios! Cuando el carro no arrancó, tendrías que haber escuchado a Dios diciéndonos que nos quedáramos en casa, porque está claro que el diablo nos ha engañado para que viniéramos hasta aquí esta noche.

—¡No, Trevor! No es así como trabaja el diablo. Todo esto es parte del plan de Dios, y si Él ha querido que estuviéramos aquí esta noche es porque tiene una buena razón...

Y así seguimos, dándole vueltas a lo mismo, discutiendo sobre la voluntad de Dios, hasta que por fin le dije:

—Mira, mamá, ya sé que amas a Jesús, pero quizás la semana que viene le podrías pedir que nos venga a recoger a casa. Porque esta noche no ha sido nada divertida.

A ella se le escapó una sonrisa enorme y se echó a reír. Yo también me eché a reír, y los dos nos quedamos allí, un niño y su madre, con los brazos y las piernas cubiertos de sangre y de mugre, riendo juntos a pesar del dolor, bajo la luz de una gasolinera, en la orilla de la carretera y en plena noche.

El *apartheid* fue una forma de racismo perfecto. Tardó siglos en desarrollarse: Empezó en 1652, cuando la Compañía Holandesa de las Indias Orientales desembarcó en el Cabo de Buena Esperanza y estableció una colonia comercial, Kaapstaad, lo que se conocería después como Ciudad del Cabo, un puerto de escala para los barcos que viajaban entre Europa y la India. A fin de imponer el régimen blanco, los colonos holandeses fueron a la guerra contra los nativos y a continuación implantaron una serie de leyes para someterlos y a menudo esclavizarlos. Cuando los británicos se hicieron con la Colonia del Cabo, los descendientes de los colonos holandeses primigenios se trasladaron al interior del país, desarrollaron su propio idioma, cultura y costumbres y terminaron constituyendo un pueblo propio, los afrikáneres, la tribu blanca de África.

Los británicos abolieron nominalmente la esclavitud, pero la mantuvieron en la práctica. Y la mantuvieron porque, a mediados del siglo XIX, en la que había sido descartada como una simple estación de paso en la ruta hacia el lejano Oeste, unos cuantos capitalistas afortunados dieron con las reservas de oro y diamantes más ricas del mundo y pasaron a necesitar un suministro incesante de cuerpos desechables para bajar a las minas y extraerlo todo.

Cuando cayó el imperio británico, los afrikáneres se levantaron para reclamar Sudáfrica como su legítima herencia. El gobierno se dio cuenta de que para conservar el poder frente a la mayoría negra, cada vez más numerosa e inquieta, necesitaba herramientas nuevas y más duras. Montaron una comisión formal y salieron del país para estudiar el racismo institucional a lo largo y ancho del mundo. Los miembros de la comisión viajaron a Australia. Fueron a Holanda. A Estados Unidos. Vieron qué funcionaba y qué no. Luego volvieron a Sudáfrica y publicaron un informe, y el gobierno usó esos conocimientos para construir el sistema de opresión racial más avanzado que hubiera conocido el hombre.

El *apartheid* era un estado policial, un sistema de vigilancia y de leyes diseñado para mantener a la población negra completamente controlada. El compendio entero de esas leyes ocuparía más de tres mil páginas y pesaría unos cinco kilos, pero el meollo del asunto debería ser fácil de entender para cualquier americano: en Estados Unidos se produjo el traslado forzoso de los nativos a las reservas, a lo que hay que sumar la esclavitud y, después, la segregación. Pues imagínense esas tres cosas aplicadas a un mismo grupo de gente y las tres al mismo tiempo. Eso fue el *apartheid*.

2

Mi crimen fue nacer

Crecí en Sudáfrica durante el *apartheid*, lo cual no fue fácil, porque mi familia era mixta, y el mixto de la familia era yo. Mi madre, Patricia Nombuyiselo Noah, es negra. Mi padre, Robert, es blanco. Suizo-alemán, para ser exactos, y los suizo-alemanes siempre lo son. Durante el *apartheid*, uno de los peores crímenes que uno podía cometer era tener relaciones sexuales con una persona de otra raza. No hace falta decir que mis padres cometieron aquel crimen.

En cualquier sociedad creada para institucionalizar el racismo, la mezcla de razas no solamente denuncia la injusticia del sistema: también revela que el sistema es insostenible e incoherente. La mezcla de razas demuestra que las razas se pueden mezclar y que, en muchos casos, *se quieren* mezclar. Y como la persona de raza mezclada encarna la refutación de la lógica misma del sistema, la mezcla de razas se convierte en un crimen peor que la traición.

Pero como los humanos son humanos y el sexo es el sexo, la prohibición nunca detuvo a nadie. En Sudáfrica ya había niños mestizos nueve meses después de que los primeros barcos holandeses llegaran a la playa de Table Bay. Igual que en Estados Unidos, los colonos de aquí hicieron lo que les vino en gana con las mujeres nativas, como suelen hacer los colonos. A diferencia de Estados Unidos, sin embargo, donde cualquiera que tuviera una sola gota de sangre negra se convertía automáticamente en negro, en Sudáfrica los mestizos pasaron a ser clasificados como grupo independiente, ni blancos ni negros, sino lo que aquí llamamos gente «de color». La gente de color, la gente negra, la gente blanca y los indios estaban obligados a declarar e inscribir su raza en un registro del gobierno. Basándose en esas clasificaciones, el Estado desarraigó y reubicó a millones de personas. Las zonas indias se segregaron de las zonas de color, que a su vez estaban segregadas de las zonas negras; y todas ellas, a su vez, estaban segregadas de las zonas blancas y separadas entre ellas por franjas vacías de tierra de nadie. Se aprobaron leyes que prohibían las relaciones sexuales entre los europeos y los nativos, unas leyes que luego se enmendaron para prohibir las relaciones sexuales entre blancos y cualquiera que no fuera blanco.

El gobierno tuvo que esforzarse hasta límites dementes para intentar aplicar las nuevas leyes. La pena impuesta por violarlas era de cinco años de cárcel. Había patrullas enteras de policía cuyo único trabajo consistía en pasearse mirando por las ventanas de las casas: sin duda, un puesto reservado a los mejores agentes del cuerpo. Y como pillaran a una pareja interracial, que Dios los ayudara. La policía tiraba la puerta abajo a patadas, los sacaba a rastras, les pegaba una paliza y los arrestaba. Por lo menos al miembro negro de la pareja. Con la persona blanca decían más bien algo como: «Mira, vamos a decir que estabas borracho, pero no lo vuelvas a hacer, ¿de acuerdo? Chao». Esto cuando pillaban a un hombre blanco con una mujer negra. Si pillaban a un negro acostándose con una blanca, el tipo tenía suerte si no lo acusaban de violación.

Cuando le preguntabas a mi madre si alguna vez se había planteado las consecuencias de tener un hijo mestizo en pleno *apartheid*, ella decía que no. Por lo general, si quería hacer algo, averiguaba la forma de hacerlo y lo hacía. Era lo suficientemente temeraria para embarcarse en un asunto como en el que se embarcó. Si te pararas a pensar en las consecuencias, solía decirme, nunca harías nada. Aun así, era una locura y una temeridad. Tuvieron que salir bien un millón de cosas para que nosotros saliéramos tan milagrosamente bien parados durante tanto tiempo.

Durante el *apartheid*, si eras un hombre negro trabajabas en una granja, una fábrica o una mina. Si eras una mujer negra, trabajabas en una fábrica o en el servicio doméstico. Esas, básicamente, eran tus únicas opciones. Mi madre, que no quería trabajar en una fábrica y que además era una cocinera terrible y jamás habría aguantado que una mujer blanca se pasara el día dándole órdenes, encontró una opción que no estaba entre las que se le presentaban: hizo un curso de secretaria y recibió clases de mecanografía. Por entonces, que una mujer negra aprendiera a escribir a máquina era como que un ciego aprendiera a conducir. Era un esfuerzo admirable, pero era muy poco probable que alguien te ofreciese trabajo. Por ley, los trabajos de oficina y los de operario calificado estaban reservados a los blancos. Los negros no trabajaban en oficinas. Mi madre, sin embargo, era una rebelde, y por suerte para ella, su acto de rebeldía llegó en el momento oportuno. A principios de los años 80, el gobierno sudafricano empezó a introducir pequeñas reformas en un intento de sofocar las protestas internacionales desatadas por las atrocidades y las violaciones de los derechos humanos cometidas bajo el régimen del *apartheid*. Entre dichas reformas estaba la contratación simbólica de trabajadores negros para los puestos de oficina más básicos. Como, por ejemplo, mecanógrafas. A través de una agencia de empleo, mi madre encontró trabajo de secretaria en la ICI, una multinacional farmacéutica de Braamfontein, una zona residencial de Johannesburgo.

Cuando mi madre empezó a trabajar allí, todavía vivía con mi abuela en Soweto, el municipio segregado en el que el gobierno había reubicado a mi familia hacía décadas. Pero mi madre no era feliz en su casa, así que a los veintidós años se escapó para vivir en el centro de Johannesburgo. Solamente había un problema: los negros tenían prohibido vivir allí. La meta última del *apartheid* era convertir Sudáfrica en un país blanco, quitándole la ciudadanía a toda persona negra y trasladándola a las reservas tribales, los bantustanes, unas comunidades semisoberanas que en realidad eran estados títere del gobierno de Pretoria. Sin embargo, aquel supuesto país blanco no podía funcionar sin mano de obra negra que produjera su riqueza, lo cual significaba que a la postre había que permitir a la gente negra vivir cerca de las zonas blancas, en los municipios segregados como Soweto, unos guetos planificados por el gobierno y construidos para alojar a la mano de obra negra. Los municipios segregados eran donde uno vivía, pero lo único que te permitía permanecer allí era tu condición de trabajador. Si te anulaban los papeles por cualquier razón, te podían deportar a las reservas tribales.

Cada vez que querías salir del municipio segregado para ir a trabajar a la ciudad, o por cualquier otra razón, tenías que llevar encima un pase con tu número de identidad; si no, podían arrestarte. También había toque de queda: pasada cierta hora, tenías que estar de vuelta en el municipio segregado o también te arrestaban. A mi madre todo eso le daba igual. Estaba decidida a no volver a casa y se quedó en Johannesburgo, escondiéndose y durmiendo en los lavabos públicos hasta que aprendió las reglas para moverse por la ciudad gracias a las otras mujeres negras que se las habían apañado para vivir allí: las prostitutas.

Muchas de las prostitutas de la ciudad eran xhosa. Hablaban el idioma de mi madre y le enseñaron las pautas básicas para sobrevivir. Le enseñaron a disfrazarse con un uniforme de empleada doméstica, lo que le permitía moverse por la ciudad sin que la interrogaran. Le presentaron a hombres blancos que estaban dispuestos a alquilarles pisos en la ciudad. La mayoría eran extranjeros, alemanes y portugueses a quienes no les importaba la ley, y que estaban contentos de firmar un contrato de alquiler que le diera a una prostituta un sitio donde vivir y trabajar a cambio de su usufructo regular del producto. A mi madre no le interesaban aquellos arreglos, pero gracias a su trabajo tenía dinero para pagar el alquiler. A través de una de sus amigas prostitutas conoció a un alemán que aceptó alquilarle un apartamento a nombre de él. Mi madre se mudó allí y se compró una colección de uniformes de doncella. Aun así la pillaron y la detuvieron muchas veces en el camino del trabajo a casa por no llevar encima la tarjeta de identidad o por estar en zonas para blancos después del toque de queda. El castigo por violar la ley del pase eran treinta días de cárcel o una multa de cincuenta rand, casi la mitad de su sueldo mensual. Ella juntaba el dinero como podía, pagaba la multa y volvía a sus asuntos.

El apartamento secreto de mi madre estaba en un barrio llamado Hillbrow. Vivía en el número 203. En el mismo pasillo vivía un expatriado suizo-alemán alto, rubio y de ojos azules llamado Robert. Él vivía en el 206. Por su condición de antigua colonia comercial, Sudáfrica siempre había tenido una comunidad grande de expatriados. Era un destino para mucha gente. Toneladas de alemanes. Montones de holandeses. Por entonces, Hillbrow era el Greenwich Village de Sudáfrica. En el barrio reinaba un ambiente animado, cosmopolita y tolerante. Había galerías de arte y teatros underground donde los artistas y los actores se atrevían a elevar su voz y criticar al gobierno delante de un público integrado. Había un famoso artista de cabaret travestido, Pieter-Dirk Uys, que hacía monólogos satíricos vestido de mujer en los que atacaba al régimen Afrikáner. Había restaurantes y clubes nocturnos, muchos de ellos propiedad de extranjeros, que servían a una clientela mixta, a hombres negros que odiaban el estado de las cosas y a hombres blancos a quienes simplemente les parecía ridículo. Aquella gente también solía celebrar reuniones secretas, por lo general en pisos privados o en sótanos vacíos convertidos en clubes. La integración era por su misma naturaleza un acto político, pero las reuniones en sí no eran políticas en absoluto. La gente se juntaba informalmente para celebrar fiestas.

Mi madre se lanzó de cabeza a aquel ambiente. Siempre estaba en algún club o en alguna fiesta, bailando y conociendo a gente. Era una habitual en la Torre Hillbrow, uno de los edificios más altos de África, en cuyo último piso había una discoteca con pista de baile giratoria. Fue una época de júbilo, pero también peligrosa. A veces la policía cerraba los restaurantes y los clubes y a veces no. A veces detenían a los artistas y a la clientela y a veces no. Era una lotería. Mi madre nunca sabía en quién podía confiar ni quién la iba a denunciar a la policía. Los vecinos se delataban entre sí. Las novias de los hombres blancos del edificio de mi madre tenían razones de sobra para delatar a cualquier mujer negra —prostituta, sin duda— que viviera entre ellos. Sin olvidar que también había gente negra trabajando para el gobierno. Para sus vecinos blancos, mi madre podría haber sido perfectamente una espía que se hacía pasar por prostituta que se hacía pasar por doncella, y que había sido destinada a Hillbrow para denunciar a los blancos que violaban la ley. Así funcionan los estados policiales: todo el mundo piensa que todo el mundo es policía.

Viviendo sola en la ciudad, sin que nadie confiara en ella y sin poder confiar en nadie, mi madre empezó a pasar cada vez más tiempo en compañía de alguien con quien sí se sentía segura: el suizo alto y rubio que vivía en el piso 206 del mismo pasillo. Él tenía cuarenta y seis años. Ella veinticuatro. Él era silencioso y reservado; ella, libre y salvaje. Ella solía pasarse por el piso de él para charlar; iban juntos a fiestas ilegales, iban a bailar a la discoteca de la pista giratoria. Y algo hizo clic.

Sé que hubo un vínculo genuino entre mis padres y sé que hubo amor. Yo lo vi. Eso sí, no sé qué tan romántica era su relación o si simplemente eran amigos. Son cosas que los niños no preguntan.

Lo único que sé es que un día ella le hizo su propuesta.

—Quiero tener un hijo.

—Yo no quiero hijos —dijo él.

—No te he pedido que lo tengas tú. Te estoy pidiendo que me ayudes a tenerlo yo. Solo quiero tu esperma.

—Soy católico —repuso él—. No hacemos esas cosas.

—Sabes que podría acostarme contigo y largarme —dijo ella— y tú nunca te enterarías de si has tenido un hijo o no, ¿verdad? Pero no quiero. Hónrame con un sí para que pueda vivir en paz. Quiero tener un hijo y quiero que sea tuyo. Podrás verlo tanto como quieras, pero no tendrás obligaciones. No hará falta que hables con él, no hará falta que pagues nada. Solo te pido que me hagas ese hijo.

Para mi madre, el hecho de que aquel hombre no tuviera un deseo especial de formar una familia con ella (y que la ley también se lo impidiera) era parte del atractivo. En cuanto a mi padre, sé que durante mucho tiempo dijo que no. Pero al final dijo que sí. Por qué dijo que sí es algo que no sabré nunca.

Nueves meses después de aquel sí, el 20 de febrero de 1984, mi madre ingresaba en el Hospital de Hillbrow para un parto programado por cesárea. Distanciada de su familia y embarazada de un hombre con el que no se podía dejar ver en público, fue allí completamente sola. Los médicos la llevaron a la sala de partos, le abrieron el vientre, metieron las manos dentro y sacaron a una criatura mitad blanca mitad negra que violaba una serie de leyes, estatutos y regulaciones: mi nacimiento era un crimen.

Cuando los médicos me sacaron se produjo un momento incómodo: «Uy. Este bebé tiene la piel muy clara», dijeron. Un rápido vistazo a la sala de partos reveló que ninguno de los hombres presentes podría atribuirse la paternidad. «¿Quién es el padre?», le preguntaron a mi madre.

—El padre es de Suazilandia —dijo ella, refiriéndose al diminuto reino sin salida al mar que lindaba al oeste con Sudáfrica.

Seguramente sabían que mentía, pero aceptaron su respuesta porque necesitaban una explicación. En la época del *apartheid*, el gobierno lo anotaba todo en tu certificado de nacimiento: la raza, la tribu, la nacionalidad. Había que clasificarlo todo. Mi madre mintió y dijo que yo había nacido en KaNgwane, la reserva tribal semisoberana donde vivía la etnia suazi de Sudáfrica. De forma que mi certificado de nacimiento no dice que soy xhosa, aunque técnicamente lo soy. Y tampoco dice que soy suizo, cosa que el gobierno no hubiera permitido. Simplemente dice que soy de otro país.

Mi padre tampoco figura en mi certificado de nacimiento. Oficialmente nunca ha sido mi padre. Y mi madre, fiel a su palabra, estaba dispuesta a aceptar que él no se involucrara en nada. Acababa de alquilar otro piso en Joubert Park, el barrio contiguo a Hillbrow, y fue allí donde me llevó al salir del hospital. A la semana siguiente fue a visitar a mi padre, pero sin mí. Para sorpresa de ella, él le preguntó dónde estaba yo.

—Dijiste que no querías involucrarte —respondió mi madre.

Y era verdad que mi padre lo había dicho, pero en cuanto yo vine al mundo él se dio cuenta de que no podía tener un hijo a la vuelta de la esquina y no formar parte de su vida. De manera que los tres formamos una especie de familia, en la medida en que nos lo permitía nuestra peculiar situación. Yo vivía con mi madre, y siempre que podíamos nos íbamos a visitar a mi padre a hurtadillas.

Si la mayoría de los niños son la prueba del amor de sus padres, yo era la prueba de su condición de criminales. Solo podía estar con mi padre de puertas para adentro. Si salíamos de casa, él tenía que cruzar la calle e ir por la acera de enfrente. Mi madre y yo íbamos mucho al parque que da nombre a Joubert Park. Es el Central Park de Johannesburgo: tiene unos jardines preciosos, un zoo y un tablero de ajedrez gigante con piezas de tamaño humano para que juegue la gente. Mi madre me contó que una vez, cuando yo era muy pequeño, mi padre intentó ir con nosotros. Estábamos los tres en el parque; él iba caminando bastante por delante de nosotros y yo eché a correr hacia él, chillando: «¡Papá, papá, papá!». La gente empezó a mirar. A mi padre lo invadió el terror. Le entró pánico y salió corriendo. Yo creí que estaba jugando y me puse a perseguirlo.

Con mi madre tampoco podía pasear a solas; un niño de piel clara con una mujer negra suscitaba demasiadas preguntas. Cuando yo era un recién nacido, ella podía envolverme en una manta y llevarme adonde fuera, pero enseguida esa opción quedó descartada. Fui un bebé gigante y un niño enorme. Cuando tenía un año, parecía que tuviera dos. Con dos, aparentaba cuatro. Era imposible esconderme.

Pero mi madre, igual que había hecho con su apartamento y con los uniformes de doncella, encontró la forma de engañar al sistema. Era ilegal ser mestizo (tener un padre negro y una madre blanca o viceversa), pero no era ilegal ser de color (tener un padre y una madre que fueran los dos de color). De forma que mi madre me llevaba por el mundo en calidad de niño de color. Encontró una guardería en una zona para gente de color donde podía dejarme durante las horas de trabajo. Luego encontró a una mujer de color llamada Queen que vivía en nuestro edificio. Cuando quería ir al parque, mi madre la invitaba a acompañarnos. Queen caminaba a mi lado y actuaba como si fuera mi madre, y mi madre de verdad caminaba unos pasos por detrás, como si fuera la doncella que trabajaba para la mujer de color. Tengo docenas de fotos en las que salgo paseando con aquella mujer que se parece a mí pero que no es mi madre. Y la mujer negra que hay detrás de nosotros y que tiene pinta de estar haciendo una *photobomb*, esa es mi madre. Cuando no teníamos a ninguna mujer de color que paseara con nosotros, mi madre se arriesgaba a pasearme sola. Me cogía de la mano o me llevaba en brazos, pero si aparecía la policía tenía que dejarme en el suelo y fingir que no tenía nada que ver conmigo, como si yo fuera una bolsa de marihuana.

Cuando nací, mi madre llevaba tres años sin ver a su familia. Sin embargo, quería que yo los conociera y que ellos me conocieran a mí, de forma que la hija pródiga regresó a casa. Vivíamos en la ciudad, pero yo me pasaba semanas enteras con mi abuela en Soweto, a menudo durante las vacaciones. Tengo tantos recuerdos de aquel sitio que me da la sensación de que también vivíamos allí.

Soweto fue diseñado para ser bombardeado. Ese era el pensamiento progresista de los arquitectos del *apartheid*. El municipio era una ciudad en sí misma, con casi un millón de habitantes. Solo había dos carreteras, una que entraba y otra que salía. De esta manera los militares podían encerrarnos y sofocar cualquier rebelión. Si los monos se volvían locos y trataban de huir de su jaula, las fuerzas aéreas podían sobrevolar la zona y masacrarnos a todos. De pequeño no tenía ni idea de que mi abuela vivía en el punto de mira.

En la ciudad, por difícil que fuera moverse, nos las arreglábamos. Había tanta gente yendo de un lado a otro, negros, blancos y de color, de casa al trabajo y del trabajo a casa, que podíamos perdernos entre la muchedumbre. En Soweto, en cambio, solo podía entrar gente negra. Era mucho más difícil esconder a alguien con mi aspecto, y el gobierno te vigilaba mucho más de cerca. En las zonas blancas apenas se veía policía, y si veías a algún agente, solía ser el Agente Sonrisas con su camisa impecable y sus pantalones planchados. En Soweto, en cambio, la policía era un ejército de ocupación. Llevaba equipo antidisturbios. Estaba militarizada. Operaba en unos grupos conocidos como «brigadas móviles», llamados así porque aparecían de la nada en vehículos blindados —hipopótamos, los llamábamos—, unos tanques con ruedas enormes y unas ranuras en los costados desde las que disparaban. Con los hipopótamos uno no se metía. En cuanto los veías, echabas a correr. Sin pensarlo. El municipio segregado estaba inmerso en un constante estado de insurrección; siempre había alguien manifestándose o protestando en algún lado y había que reprimirlo. Mientras jugaba en casa de mi abuela, solía oír disparos, gritos o a la policía rociando a la gente con gas lacrimógeno.

Mis recuerdos de los hipopótamos y de las brigadas móviles son de cuando tenía cinco o seis años y por fin el *apartheid* se estaba viniendo abajo. Antes nunca había visto a la policía porque no podíamos arriesgarnos a que la policía me viera. Siempre que íbamos a Soweto, mi abuela se negaba a dejarme salir de casa. Si era ella la que estaba a mi cargo, decía: «No, no, no. Este niño no sale de casa». Yo podía jugar de nuestro lado de la pared, en el jardín, pero no en la calle. Y allí, en la calle, era donde jugaban los otros niños. Mis primos y el resto de los muchachos del barrio abrían la cerca sin más, salían, se pasaban el día fuera a su aire y volvían cuando anochecía. Yo le suplicaba a mi abuela que me dejara salir.

—Por favor. *Por favor*, ¿puedo ir a jugar con mis primos?

—¡No! ¡Si te ven, se te llevan!

Durante mucho tiempo creí que mi abuela se refería a que los demás niños me iban a secuestrar, pero se refería a la policía. Podían llevarse a niños. Y de hecho, *se los llevaban*. Si eras un niño del color equivocado en la zona del color equivocado, el gobierno podía venir, quitarles la custodia a tus padres y meterte en un orfanato. Y para tener controlados los municipios segregados, el gobierno usaba a su red de *impipis*, o soplones anónimos que informaban de cualquier actividad sospechosa. También estaban los *blackjacks*, o personas negras que trabajaba para la policía. El vecino de mi abuela era un *blackjack*, y ella tenía que asegurarse de que él no estaba mirando cada vez que me metía o me sacaba a escondidas de la casa.

Mi abuela todavía cuenta la historia de cuando yo tenía tres años y, un día, harto de ser un prisionero, hice un hueco por debajo del portón del estacionamiento de su casa y me escapé. A todo el mundo le entró el pánico. Una partida salió en mi búsqueda. Yo no tenía ni idea del peligro al que estaba exponiendo a todo el mundo. Podrían haber deportado a la familia entera, podrían haber arrestado a mi abuela, mi madre podría haber ido a la cárcel y yo seguramente habría terminado en el centro de acogida para niños de color.

De forma que me tenían dentro de casa. Aparte de los escasos paseos por el parque, los fragmentos de recuerdos que tengo de mi infancia son todos de puertas para adentro: mi madre y yo en su diminuto apartamento y yo solo en casa de mi abuela. No tenía amigos. No conocía a más niños que mis primos. No es que me sintiera solo; se me daba bien estar solo. Leía libros, jugaba con el juguete que tenía y me inventaba mundos imaginarios. Vivía dentro de mi cabeza. Y sigo viviendo dentro de ella. Todavía hoy me puedes dejar horas solo y estoy perfectamente feliz, entretenido con mis cosas. Tengo que acordarme de estar con otra gente.

Obviamente yo no era el único niño nacido de padres de distinto color durante el *apartheid*. Hoy en día viajo mucho alrededor del mundo, y cada poco me encuentro a otros sudafricanos mestizos. Nuestras historias empiezan todas igual. Tenemos más o menos la misma edad. Sus padres se conocieron en alguna fiesta clandestina de Hillbrow o de Ciudad del Cabo. Vivieron en apartamentos ilegales. La diferencia es que, en casi todos los demás casos, su familia emigró. El padre o la madre blancos los sacaron del país por Lesotho o Botswana y crecieron en el exilio, en Inglaterra, Alemania o Suiza, porque ser una familia racialmente mixta durante el *apartheid* era casi insoportable.

En cuanto Mandela salió elegido, por fin pudimos vivir como personas libres. Y los exiliados empezaron a regresar. Conocí al primero cuando tenía unos diecisiete años. Me contó su historia y yo le dije: «Un momento, ¿*qué*? ¿Quieres decir que podíamos habernos *marchado*? ¿Que existía esa opción?». Imagínate que te tiran de un avión. Te estrellas contra el suelo y te rompes todos los huesos. Luego vas al hospital y te curan y sigues con tu vida hasta que por fin consigues olvidarlo. Y un día viene alguien y te dice que existen los paracaídas. Pues así me sentí yo. No podía entender por qué nos habíamos quedado. Me fui directo a casa y se lo pregunté a mi madre.

—¿Por qué? ¿Por qué no nos marchamos y punto? ¿Por qué no nos fuimos a Suiza?

—Pues porque yo no soy suiza —me dijo ella, testaruda como siempre—. Este es mi país. ¿Por qué tendría que marcharme?

Sudáfrica es una mezcla de cosas viejas y nuevas, antiguas y modernas, y el cristianismo en Sudáfrica es un ejemplo perfecto. Adoptamos la religión de quienes nos habían colonizado, pero la mayoría de la gente conservó también las viejas creencias ancestrales por si acaso. En Sudáfrica, la fe en la Santísima Trinidad coexiste cómodamente con la creencia en formular conjuros y lanzarles maldiciones a tus enemigos.

Vengo de un país en el que la gente prefiere visitar a los *sangomas* —los chamanes y curanderos tradicionales, peyorativamente conocidos como santeros— que acudir a los doctores en medicina occidental. Vengo de un país en el que se ha detenido y juzgado a personas por brujería... en los tribunales. No estoy hablando del siglo XVIII. Estoy hablando de hace cinco años. Recuerdo que juzgaron a alguien por lanzarle un rayo a otra persona. Es algo muy frecuente en las reservas tribales. No hay edificios altos, hay muy pocos árboles y nada se interpone entre tú y el cielo, así que a la gente le caen rayos encima cada dos por tres. Y cuando a alguien lo mata un rayo, todo el mundo sabe que es porque alguien ha contratado a la Madre Naturaleza para asesinarlo. O sea, que si tenías alguna disputa con el muerto, alguien te acusa de asesinato y la policía llama a tu puerta.

—Señor Noah, está usted acusado de asesinato. Ha recurrido a la brujería para matar a David Kibuuka haciendo que le cayera un rayo encima.

—¿Qué pruebas tienen?

—La prueba es que a David Kibuuka le ha caído un rayo encima y ni siquiera estaba lloviendo.

Y vas a juicio. Y el tribunal lo preside un juez. Hay una lista de casos. Hay un fiscal. Tu abogado tiene que demostrar que no tenías móvil, repasar el análisis forense de la escena del crimen y presentar una recia defensa. El argumento de tu abogado no puede ser: «La brujería no existe». No, no, no. Porque perderás el juicio.

3

Trevor, reza

Me crié en un mundo gobernado por mujeres. Mi padre era un hombre cariñoso y dedicado, pero yo solo estaba con él cuando y donde el *apartheid* me dejaba. Mi tío Velile, el hermano pequeño de mi madre, vivía con mi abuela, pero se pasaba la mayor parte del tiempo en la taberna del barrio, metiéndose en peleas.

La única figura masculina medio habitual en mi vida era mi abuelo, el materno, que daba una guerra considerable. Estaba divorciado de mi abuela y no vivía con nosotros, pero aun así lo veíamos bastante. Se llamaba Temperance Noah, lo cual era contradictorio, porque era lo opuesto a un hombre moderado. Era bullicioso y escandaloso. En el barrio lo apodaban «Tat Shisha», que se podría traducir más o menos como «el abuelo sexy». Y eso exactamente es lo que era. Le encantaban las mujeres y a las mujeres les encantaba él. Se ponía su mejor traje y se paseaba por las calles de Soweto cualquier tarde, haciendo reír a todo el mundo y encandilando a todas las mujeres que se encontraba. Tenía una sonrisa enorme y deslumbrante de dientes muy blancos, aunque falsos. En casa se quitaba la dentadura y yo lo veía hacer ese típico gesto con la boca como de estar comiéndose su propia cara.

Mucho más adelante nos enteramos de que era bipolar, pero

hasta entonces simplemente lo teníamos por excéntrico. Una vez le cogió prestado el carro a mi madre para ir a la tienda a comprar leche y pan. Desapareció y no volvió hasta bien entrada la noche, cuando evidentemente ya no necesitábamos ni la leche ni el pan. Resultó que se había cruzado con una jovencita en la parada del autobús, y como él creía que las mujeres guapas no deberían tener que esperar el autobús, se había ofrecido para llevarla hasta su casa, que quedaba a tres horas. Mi madre se puso furiosa con él porque había vaciado un depósito entero de gasolina, que nos habría alcanzado para ir al trabajo y a la escuela durante dos semanas.

Cuando estaba de buen ánimo mi abuelo era imparable, pero tenía unos cambios de humor espectaculares. De joven había sido boxeador, y un día me dijo que yo le había faltado al respeto y que me retaba a un combate de boxeo. Él tenía ochenta y tantos años y yo doce. Levantó los puños y se puso a dar vueltas a mi alrededor.

—¡Vamos, Trevor! ¡Vamos! ¡Puños en alto! ¡Pégame! ¡Te voy a demostrar que todavía soy un hombre! ¡Vamos!

Yo no podía pegarle porque no podía pegar a una persona mayor de mi familia. Además, no me había peleado nunca y no iba a tener mi primera pelea con un octogenario. Así que fui corriendo a buscar a mi madre y ella lo hizo parar. El día después de su furia pugilística se lo pasó sentado en su sillón, sin moverse ni decir palabra en todo el día.

Temperance vivía con su segunda familia en las Meadowlands, y nosotros los visitábamos muy de vez en cuando porque mi madre tenía miedo de que nos envenenaran. Que era algo que podía pasar. La primera familia era la que heredaba, así que siempre existía el riesgo de que la segunda familia te envenenara. Era como *Juego de tronos* pero con gente pobre. Íbamos a aquella casa y mi madre me advertía:

—Trevor, no comas nada.

—Pero me muero de hambre.

—No, que nos pueden envenenar.

—Vale, pero entonces, ¿por qué no le rezo a Jesús y le pido que me quite el veneno de la comida?

—¡Trevor! ¡*Sun'qhela*!

Así que veíamos poco a mi abuelo, y cuando él no estaba, la casa la llevaban las mujeres.

Además de mi madre estaba mi tía Sibongile; ella y su primer marido, Dinky, tenían dos hijos, mis primos Mlungisi y Bulelwa. Sibongile era una fuerza de la naturaleza, una mujer fuerte en todos los sentidos y pechugona como mamá gallina. Dinky era bajito, que es lo que significa su nombre en inglés. Un retaco, vaya. También era un maltratador, aunque no del todo. Más bien intentaba serlo, pero no le salía bien. Intentaba estar a la altura de lo que él pensaba que tenía que ser un marido: dominante y controlador. Recuerdo que, de niño, alguien me dijo: «Si no le pegas a tu mujer, es que no la quieres». Esas eran las cosas que les oías decir a los hombres en los bares y por la calle.

Dinky intentaba dárselas de patriarca. Le pegaba golpes y bofetadas a mi tía y ella aguantaba y aguantaba hasta que ya no podía más, y entonces le arreaba un guantazo a él y lo ponía otra vez en su sitio. Dinky siempre iba por ahí diciendo: «Yo a mi mujer la controlo». Y a ti te daban ganas de contestarle: «Dinky, en primer lugar, eso no es verdad. Y en segundo lugar, no te hace falta, porque ella te quiere». Me acuerdo de un día en que ella ya se había hartado de verdad. Yo estaba en el patio y Dinky salió de la casa poniendo el grito en el cielo. Sibongile salió detrás de él con una olla llena de agua hirviendo, insultándolo y amenazando con echársela por encima. En Soweto siempre se oían historias de hombres a los que les tiraban ollas de agua hirviendo; a menudo era el último recurso de las mujeres. Y el hombre tenía suerte si solo era agua. Había mujeres que usaban aceite de cocinar caliente. El agua era para cuando la mujer quería darle una lección a su hombre. El aceite significaba que quería terminar con la situación.

Mi abuela Frances Noah era la matriarca de la familia. Llevaba la casa, cuidaba a los niños, cocinaba y limpiaba. Mide apenas metro y medio y está toda encorvada por culpa de los años que se pasó en la fábrica, pero es dura como una piedra y todavía hoy sigue vivita y coleando y derrochando vitalidad. A diferencia de mi abuelo, que era grandullón y escandaloso, mi abuela es tranquila y cerebral y tiene la mente más despierta que nadie. Si quieres saber cualquier cosa de la historia de la familia, de los años 30 en adelante, ella te puede decir qué día, dónde y por qué pasó. Se acuerda de todo.

También vivía con nosotros mi bisabuela. La llamábamos Koko. Era supervieja, tenía noventa y muchos años y estaba encorvadísima y completamente ciega. Los ojos se le habían puesto blancos por culpa de las cataratas. No podía caminar sin que alguien la sostuviera. Siempre estaba sentada en la cocina, al lado de la estufa de carbón, enfundada en un montón de faldas largas y pañuelos y con una manta echada sobre los hombros. La estufa de carbón siempre estaba encendida. Se usaba para cocinar y para calentar la casa y el agua de la bañera. A mi bisabuela la poníamos allí porque era el lugar más caliente de la casa. Por las mañanas alguien la levantaba y la llevaba a sentarse a la cocina. Por las noches alguien la llevaba a la cama. Y eso era lo único que hacía, a todas horas y todos los días. Estar sentada al lado de la estufa. Era una mujer fantástica y estaba completamente lúcida. Simplemente no veía y no se podía mover.

Koko y mi abuela se sentaban y mantenían largas conversaciones, pero a mí, que tenía cinco años, Koko no me parecía una persona de verdad. Como su cuerpo no se movía, me daba la sensación de que era una especie de cerebro con boca. Nuestra relación se limitaba a una serie de instrucciones y respuestas; era como hablar con una computadora.

—Buenos días, Koko.

—Buenos días, Trevor.

—¿Has comido, Koko?

—Sí, Trevor.

—Voy a salir, Koko.

—Está bien, ten cuidado.

—Adiós, Koko.

—Adiós, Trevor.

No fue casualidad que me criara en un mundo gobernado por mujeres. El *apartheid* no me dejaba acercarme a mi padre porque era blanco, pero a casi todos los muchachos a los que conocí de niño en la calle de mi abuela el *apartheid* también les había quitado a sus padres, aunque por razones distintas: trabajaban en alguna mina y solo podían ir a casa por vacaciones; los habían metido en la cárcel. O bien estaban en el exilio y luchando por la causa. Así que las mujeres se quedaban al mando del barco. *Wathint' Abafazi Wahtint'imbokodo!* era su grito de guerra durante nuestra lucha por la liberación. «Cuando le pegas a una mujer, le estás pegando a una roca». Como nación, reconocíamos el poder de las mujeres, pero en casa las queríamos sometidas y obedientes.

En Soweto el vacío que dejaban los hombres ausentes lo llenaba la religión. Yo siempre le preguntaba a mi madre si no le resultaba difícil criarme ella sola, sin marido. Ella me contestaba:

—Que no viva con un hombre no quiere decir que no haya tenido marido. Mi marido es Dios.

Para mi madre, mi tía y mi abuela, y para todas las demás mujeres de nuestra calle, la vida giraba en torno a la religión.

Había encuentros de oración diarios que se celebraban cada vez en una casa distinta. Allí nos reuníamos solamente las mujeres y los niños. Mi madre siempre le pedía a mi tío Velile que se uniera a nosotros, pero él decía: «Lo haría si hubiera más hombres, pero no puedo ser yo el único». Luego empezaban los cánticos y las oraciones y él sabía que le tocaba marcharse.

En los encuentros de oración, nos embutíamos en la sala de estar diminuta de la casa que tocara y nos poníamos en círculo. Luego nos íbamos turnando para ofrecer nuestras plegarias. Las abuelas hablaban de lo que les pasaba en el día a día. «Me alegro de estar aquí. He tenido una buena semana en el trabajo. Me han subido el sueldo y quiero decir gracias y alabado sea Jesús». A veces sacaban la Biblia y decían: «Estos pasajes de las Escrituras me han hablado a mí y quizás las puedan ayudar a ustedes también». Luego cantaban un rato. Había una especie de almohadilla de cuero llamada «el compás» que se ataba a la palma de la mano para hacer de instrumento de percusión. Alguien se ponía a dar palmadas con ella para marcar el compás mientras todas las demás cantaban: *Masango vulekani singene e Jerusalema. Masango vulekani singene e Jerusalema.*

Así iba la cosa. Rezar, cantar, rezar. Cantar, rezar, cantar. Cantar, cantar, cantar. Rezar, rezar, rezar. Podían pasarse así horas enteras, aunque siempre terminaban con un «amén», y a veces se quedaban colgadas en aquel «amén» y lo prolongaban durante cinco minutos como mínimo. *Ah-men. Ah-ah-ah-men. Ah-ah-ah-ah-men. Ahhhhhhhhhhhhhhhhhhhhhhhhhhhhhhhhhhh-men. Ahhhhhhhhhhhhhhhhhhhhhhhhhhhhhhhhhhhmmmmmm mmmmmmennnnnnnnnnnnnnnnnnnnnnnnnnnnnnnnnnnnnnnn-nnnnnnnnnnnnnnnnnnnnnnnnnnnnnnnnnnnnnnnnnnnnnnn-nnnnnnnnnnnnnnnnnnnnnnnnnnnnnnnnnnnnnnnnnnnn.* Por fin todo el mundo se despedía y se iba a casa. A la noche siguiente, casa distinta y misma rutina.

Los martes el encuentro de oración se celebraba en casa de mi abuela. Esto me llenaba de emoción por dos razones. Una: durante los cánticos me dejaban dar palmadas con el compás. Y dos, me encantaba rezar. Mi abuela siempre me decía que a ella le encantaban mis plegarias. Y creía que las mías eran más poderosas que las de los demás porque yo rezaba en inglés. Todo el mundo sabe que Jesús, que es blanco, habla inglés. Y que la Biblia está en inglés. Claro, la Biblia no la *escribieron* en inglés, pero nos llegó a Sudáfrica en inglés, así que para nosotros está en inglés. Y eso hacía que mis plegarias fueran las mejores, porque Jesús contesta primero las que están en inglés. ¿Cómo lo sabemos? No hay más que mirar a los blancos. Está claro que se comunican con la persona adecuada. Y a eso había que añadirle lo que Jesús dice en Mateo 19:14. «Dejad que los niños se acerquen a mí, porque de ellos es el Reino de los Cielos». Así pues, si hay un niño rezando en inglés... y encima al Jesús blanco... es una combinación superpoderosa. Siempre que yo rezaba, mi abuela decía: «Esta plegaria va a tener respuesta. Lo *presiento*».

Las mujeres del municipio segregado siempre tenían razones para rezar: problemas de dinero, un hijo detenido, una hija enferma o un marido alcohólico. Siempre que los encuentros de oración se celebraban en nuestra casa, y como yo rezaba tan bien, mi abuela me pedía que rezara por ellas. Se giraba hacia mí y me decía: «Trevor, reza». Y yo rezaba. Me encantaba. Mi abuela me había convencido de que Jesús contestaba mis plegarias. Y yo creía estar ayudando a la gente.

Soweto tenía algo mágico. Sí, era una cárcel diseñada por nuestros opresores, pero también nos proporcionaba una sensación de autodeterminación y control. Soweto era nuestro. Te daba unas esperanzas de progreso que no se encontraban en otras partes. En Estados Unidos el sueño es salir del gueto. En Soweto, cómo salir del gueto era imposible, el sueño era transformarlo.

Para el millón de personas que vivían en Soweto no había tiendas ni bares ni restaurantes. No había carreteras asfaltadas, tendido eléctrico básico ni un sistema de alcantarillado rudimentario. Pero cuando juntas a un millón de personas en un mismo sitio, siempre terminan ingeniándoselas para salir adelante. De esa forma había brotado una economía basada en el mercado negro, con toda clase de negocios instalados en las casas: talleres mecánicos, guarderías y tipos que vendían neumáticos reparados.

Los negocios más comunes eran las tiendas *spaza* y los *shebeens*. Las tiendas *spaza* eran bodegas informales. Alguien construía un quiosco en su garaje, compraba pan y huevos al por mayor y luego se los vendía a la gente. En el municipio segregado todo el mundo compraba en cantidades diminutas porque nadie tenía dinero. La gente no podía permitirse comprar una docena entera de huevos. Pero sí que podías comprar dos huevos, porque con dos ya te llegaba para una mañana. Podías comprar un cuarto de bollo de pan o una taza de azúcar. Los *shebeens* eran bares ilegales situados en la parte de atrás de una casa. Sacaban sillas al patio, ponían un toldo y montaban un bar sin licencia. Los *shebeens* eran donde iban a beber los hombres después del trabajo, durante los encuentros de oración y básicamente a cualquier hora del día.

La gente construía sus casas igual que compraba los huevos: poquito a poco. El gobierno le asignaba una parcela de terreno a cada familia del municipio segregado. Primero te construías una choza en tu parcela, una estructura rudimentaria de contrachapado y láminas metálicas. Con el tiempo ahorrabas y te construías una pared de ladrillo. Una sola. Luego ahorrabas y construías otra pared. Al cabo de los años, la tercera, y por fin la cuarta. Ya tenías una habitación. A continuación empezabas a ahorrar para el tejado. Luego para las ventanas. Luego lo enyesabas todo. Entonces tu hija formaba su propia familia. Y como no tenían adonde ir, pues se venían todos a vivir contigo. Le añadías otra estructura de láminas metálicas a la habitación de ladrillo y, lentamente, con los años, la convertías también en una habitación como era debido para ellos. Ahora tu casa tenía dos habitaciones. Luego tres. Quizás cuatro. Y poco a poco, con el paso de las generaciones, seguías intentando llegar al punto de tener una casa.

Mi abuela vivía en la calle Orlando Este. Tenía una casa de dos habitaciones. No digo una casa con dos dormitorios. Digo una casa de dos habitaciones. Había un dormitorio y una sala de estar | cocina | todo lo demás. Habrá quien diga que vivíamos como pobres. Yo prefiero la expresión «con posibilidades». Mi madre y yo nos quedábamos allí durante las vacaciones escolares. Mi tía y mis primos vivían allí siempre que ella se peleaba con Dinky. Y todos dormíamos en el suelo de la misma habitación: mi madre, yo, mi tía, mis primos, mi tío, mi abuela y mi bisabuela. Los adultos tenían colchones de espuma individuales, y luego había un colchón de espuma grande para los niños, que desplegábamos en el medio.

En el patio de atrás había dos chozas que mi abuela alquilaba a inmigrantes y a jornaleros. En otro patio diminuto situado a un lado de la casa teníamos un pequeño árbol de melocotón, y al otro lado mi abuela tenía una entrada para un garaje. Jamás entendí por qué mi abuela tenía un garaje. No tenía carro. No sabía conducir. Y aun así tenía un garaje. Todos nuestros vecinos tenían uno, con cercas sofisticadísimas. Pero ninguno tenía carro. Ninguna de aquellas familias tenía perspectivas de llegar a tener uno. En Soweto quizás había un carro por cada mil personas, y sin embargo casi todo el mundo tenía un garaje en sus parcelas. Era casi como si construir un garaje fuera un conjuro para que el carro se materializara. La historia de Soweto es la historia de sus garajes. Es el reino de la esperanza.

Por desgracia, por elegante que fuera tu casa, había una cosa que nunca podías aspirar a mejorar: el baño. No había agua corriente dentro de las casas, solamente un grifo comunitario al aire libre y una letrina exterior compartida entre seis o siete casas. Nuestra letrina estaba afuera, en un cobertizo de láminas metálicas que compartíamos con las casas vecinas. Dentro había una losa de cemento con un agujero en el medio y encima un asiento de inodoro plástico. En algún momento habíamos tenido también la tapa, pero ya hacía mucho que se había roto y había desaparecido. No teníamos dinero para papel higiénico, así que de la pared contigua al retrete colgaba una percha de alambre con papel de periódicos viejos para limpiarse. El papel de periódico era incómodo, pero por lo menos me mantenía informado mientras hacía mis necesidades.

Lo que no soportaba de la letrina eran las moscas. El pozo era muy hondo y siempre estaban allí abajo, comiendo del montón de excrementos, y yo tenía un miedo irracional a que subieran volando y se me metieran en el culo.

Una tarde, cuando yo tenía unos cinco años, mi abuela se fue a hacer unos recados y me dejó unas horas solo en casa. Estaba tumbado en el suelo del dormitorio, leyendo. Necesitaba ir al baño, pero estaba lloviendo a cántaros y no tenía ningunas ganas de salir para usar la letrina, de empaparme mientras corría hasta allí, de que me cayeran goteras encima, de los periódicos mojados ni de las moscas atacándome desde abajo. Y de pronto tuve una idea. ¿Para qué molestarme en ir a la letrina? ¿Por qué no ponía unos periódicos en el suelo, así, sin más, y hacía mis necesidades como un perrito? Aquella me pareció una idea brillante. Así que eso fue lo que hice. Cogí el periódico, lo desplegué en el suelo de la cocina, me bajé los pantalones y me puse en cuclillas y manos a la obra.

Cuando cagas, al sentarte aún no has entrado en materia. Todavía no eres una persona que caga. Estás en plena transición de persona a punto de cagar a persona que está cagando. No sacas de inmediato el smartphone o el periódico. Se tarda un minuto en soltar la primera caca y estar cómodo y concentrado. Hay que llegar a ese momento para que la situación se vuelva agradable.

Cagar es una experiencia potente. Tiene algo mágico, incluso profundo. Creo que Dios hizo que los humanos cagáramos como lo hacemos porque nos pone de nuevo en contacto con la tierra y nos aporta una dosis de humildad. Da igual quién seas, todos cagamos igual. Beyoncé caga. El papa caga. La reina de Inglaterra caga. Cuando cagamos, nos olvidamos de nuestros aires y de nuestro estatus, nos olvidamos de lo famosos o ricos que somos. Todo eso se desvanece.

Nunca eres más tú mismo que cuando estás cagando. Uno puede mear sin planteárselo, pero cagar, no. ¿Alguna vez has mirado a un bebé a los ojos mientras está cagando? Está teniendo un momento de conciencia plena de sí mismo. La letrina te estropea eso. La lluvia y las moscas te roban tu momento, y a nadie deberían robarle ese momento. Cuando aquel día me puse en cuclillas para cagar en el suelo de la cocina, me dije: *Uau. No hay moscas. No hay estrés. Esto es genial. Me encanta.* Yo sabía que había tomado una decisión excelente y estaba muy orgulloso de haberla tomado. Había alcanzado ese momento de relajación e introspección. Luego escudriñé distraídamente la cocina y eché un vistazo a mi izquierda, y allí, a un metro o dos, justo al lado de la estufa de carbón, estaba Koko.

Fue como esa escena de *Parque Jurásico* en la que los niños se giran y el *T. rex* está ahí mismo. Koko tenía sus ojos completamente blancos por las cataratas muy abiertos y los movía rápidamente de un lado a otro. Yo sabía que no podía verme, pero se le estaba empezando a arrugar la nariz. Notaba que estaba pasando algo.

Me dio pánico. Yo estaba a medio cagar. Y lo único que puedes hacer cuando estás a medio cagar es terminar de cagar. Mi única opción era terminar tan en silencio y tan despacio como pudiera, de forma que decidí hacer eso mismo. A continuación: el golpecito muy suave del cagarro de niño sobre el periódico. La cabeza de Koko se volvió inmediatamente en dirección al ruido.

—¿Quién está ahí? ¿Hola? *¿Hola?*

Yo me quedé petrificado. Contuve la respiración y esperé.

—¿Quién está ahí? ¿¡Hola!?

Me quedé callado, esperé y volví a empezar.

—¿Hay alguien ahí? ¿Eres tú, Trevor? ¿Frances? ¿Hola? ¿Hola?

Luego se puso a llamar a la familia entera:

—¿Nombuyiselo? ¿Sibongile? ¿Mlungisi? ¿Bulelwa? ¿Quién está ahí? ¿Qué está pasando?

Era como un juego; como si estuviera intentando esconderme y una anciana estuviera intentando encontrarme usando un sónar. Cada vez que ella decía mi nombre, yo me quedaba petrificado. Y se hacía el silencio total. «¿Quién está ahí? ¿Hola?». Yo hacía una pausa, esperaba a que ella se volviera a reclinar en su silla y luego empezaba otra vez.

Por fin, después de lo que me pareció una eternidad, terminé. Me puse de pie, recogí el papel de periódico, que no es la cosa más silenciosa del mundo, y lo doblé muuuuuuuuy despacio. Pero crujió.

—¿Quién está ahí?

Hice otra pausa y esperé. Luego lo doblé un poco más, caminé hasta el cesto de basura, dejé mi pecado al fondo y lo cubrí cuidadosamente con el resto de los desperdicios. Por fin me volví de puntillas a la otra habitación, me encogí en mi colchón sobre el suelo y me hice el dormido. La cagada había llegado a buen puerto, sin letrina de por medio, y Koko no se había enterado de nada.

Misión cumplida.

Al cabo de una hora paró de llover, y mi abuela llegó a casa.

Nada más entrar, Koko la llamó.

—¡Frances! Gracias a Dios que estás aquí. Hay algo en casa.

—¿Cómo?

—No lo sé, pero lo he oído y también lo he olido.

Mi abuela se puso a olisquear el aire.

—¡Dios bendito! Sí, yo también lo huelo. ¿Es una rata? ¿Algún bicho muerto? Viene de dentro de la casa, eso seguro.

Se puso a mirar por todos lados, bastante preocupada, y poco después, cuando ya estaba oscureciendo, mi madre volvió a casa del trabajo. Nada más entrar, mi bisabuela la llamó:

—¡Oh, Nombuyiselo! ¡Nombuyiselo! ¡Hay algo en casa!

—¡¿Qué?! ¿A qué te refieres?

Koko le contó la historia de los ruidos y los olores.

Luego mi madre, que tiene muy buen olfato, se puso a hurgar por la cocina, olisqueando.

—Sí, lo huelo. Lo voy a encontrar. Lo voy a encontrar... —Fue hasta el cesto de la basura—. Está aquí dentro. —Revolvió el contenido, sacó el papel de periódico doblado de debajo, lo abrió y allí estaba mi pequeño mojón. Se lo enseñó a mi abuela.

—¡Mira!

—¡¿Qué?! ¿¡Cómo ha llegado eso ahí?!

Koko, todavía ciega y todavía en su silla, se moría por saber qué estaba pasando.

—Pero ¡¿qué está pasando?! —exclamó—. ¡¿Qué está pasando?! ¡¿Lo encontraste?!

—Es mierda —dijo mi madre—. Hay mierda en el fondo del cesto de la basura.

—Pero ¡¿cómo?! —dijo Koko—. ¡Si no había nadie en casa!

—¿Estás segura de que no había nadie?

—Sí. He llamado a todo el mundo. Y no ha venido nadie.

Mi madre ahogó una exclamación.

—¡Nos han embrujado!

Un demonio. Para mi madre, esa era la conclusión lógica. Porque así es como funciona la brujería. Si alguien te ha echado una maldición a ti o a tu casa, siempre encuentras un talismán o tótem, un mechón de pelo de la cabeza de un gato, alguna manifestación física del mal espiritual, la prueba de la presencia del demonio.

Cuando mi madre encontró el mojón, fue que empezó lo bueno. Aquello era *grave*. Tenían *pruebas*. A continuación, entró en el dormitorio.

—¡Trevor! ¡Trevor! ¡Levanta!

—¡¿Qué?! —dije yo, haciéndome el tonto—. ¡¿Qué está pasando?!

—¡Ven! ¡Hay un demonio en casa!

Mi madre me cogió de la mano y me sacó a rastras de la cama. Se llamó a todo el mundo a cubierta, era hora de pasar a la acción. Lo primero que teníamos que hacer era salir y quemar la mierda. Es lo que se hace con la brujería; la única forma de destruir la maldición es quemar el objeto físico. Salimos al patio y mi madre puso el periódico con mi mierdecilla en la entrada para carros, encendió un fósforo y le prendió fuego. Luego mi madre y mi abuela se quedaron de pie junto al mojón en llamas, rezando y entonando cánticos de alabanza.

La conmoción no acabó ahí, porque cuando hay un demonio en la zona, se tiene que reunir la comunidad entera para expulsarlo. Si no formas parte de la plegaria, puede que el demonio se largue de mi casa y se vaya a la tuya y te maldiga a ti. Así que necesitábamos congregar a todo el mundo. Se dio la voz de alarma. Se transmitió la llamada. Mi diminuta abuela cruzó la cerca y caminó calle arriba y calle abajo llamando a todas las demás abuelas para un encuentro de oración de emergencia.

—¡Vengan! ¡Nos han embrujado!

Me quedé allí plantado, con mi mierda ardiendo en el garaje y mi pobre y anciana abuela dando tumbos de un lado para otro de la calle en estado de pánico, y no supe qué hacer. Yo sabía que aquello no era ningún demonio, pero no iba a contar la verdad de ninguna manera. La paliza que me darían... Dios bendito. La sinceridad no era lo más recomendable cuando había palizas de por medio. Así que guardé silencio.

Al cabo de un rato llegó una tropa de abuelas con sus Biblias a cuestas; eran más de una docena. Cruzaron la cerca y subieron por la entrada del garaje. Entraron en casa y abarrotaron la sala. Era, con seguridad, el encuentro de oración más multitudinario que habíamos tenido. Era lo más grande que había pasado en la historia de nuestra casa, punto. Todo el mundo se sentó en círculo a rezar y a rezar, y rezaron con vigor. Las abuelas cantaban y murmuraban y se mecían de atrás hacia delante, hablando en lenguas extrañas. Yo hice lo que pude para mantener la cabeza gacha y no meterme en aquello. Pero entonces mi abuela estiró el brazo hacia atrás, me agarró, tiró de mí hasta colocarme en medio del círculo y me miró a los ojos.

—Trevor, reza.

—¡Sí! —dijo mi madre—. ¡Ayúdanos! Reza, Trevor. ¡Rézale a Dios para que mate al demonio!

Me quedé aterrado. Yo creía en el poder de la oración. Sabía que mis plegarias *funcionaban*. De forma que si le pedía a Dios que matara a la criatura que había dejado la mierda, y la criatura que había dejado la mierda era yo, entonces Dios me mataría a mí. Me quedé petrificado. No sabía qué hacer.

Pero todas las abuelas me estaban mirando, de forma que recé, avanzando a trompicones y como pude:

> *Querido Dios, por favor, protégenos, hum, ya sabes, de quien sea que ha hecho esto, pero bueno, en realidad no sabemos qué ha pasado exactamente, lo mismo ha sido un malentendido, y ya sabes, tal vez no deberíamos juzgar de forma precipitada cuando no sabemos bien qué ha pasado y... o sea, claro que tú lo sabes mejor, Padre Celestial, pero quizás esta vez no haya sido en realidad un demonio, porque quién puede saberlo seguro, así que quizás puedas perdonar a quien lo haya hecho...*

No fue mi mejor actuación. Al final terminé como pude y me volví a sentar. Las plegarias continuaron. Siguieron durante un buen rato. Rezar, cantar, rezar. Cantar, rezar, cantar. Cantar, cantar, cantar. Rezar, rezar, rezar. Por fin decidieron que el demonio se había marchado ya y que la vida podía continuar, así que hicimos el gran «amén» y todo el mundo dio las buenas noches y se fue a casa.

Aquella noche me sentí fatal. Antes de irme a la cama, recé en silencio: «Dios, siento mucho todo esto. Sé que no ha estado bien». Porque yo lo sabía: Dios atiende tus plegarias. Dios es tu padre. Es el hombre que está siempre presente, el que cuida de ti. Cada vez que tú rezas, Él deja de hacer lo que está haciendo y se toma un momento para escuchar, y yo lo había sometido a dos horas enteras de abuelitas rezando cuando sabía que, con todo el dolor y el sufrimiento que había en el mundo, Él tenía cosas más importantes que hacer que lidiar con mi mierda.

Cuando yo era chico nuestras cadenas de televisión emitían series americanas: *Un médico precoz, Se ha escrito un crimen* y *Rescate 911* con William Shatner. La mayoría estaban dobladas a idiomas africanos. *ALF* estaba en afrikaans. *Transformers* estaba en sotho. Si querías verlas en inglés, sin embargo, el audio original americano se retransmitía simultáneamente por la radio. Podías quitarle el sonido al televisor y escucharlo por la radio. Viendo aquellos programas me di cuenta de que siempre que salían negros en la tele hablando idiomas africanos, a mí me resultaban familiares. Me sonaban como tenían que sonar. Pero luego los escuchaba en la retransmisión simultánea de la radio y todos tenían acento de negros americanos. Mi percepción de ellos cambiaba. Ya no me resultaban familiares. Ahora me parecían extranjeros.

El idioma trae consigo una identidad y una cultura, o por lo menos la percepción de estas dos cosas. Un idioma común dice: «somos iguales». Una barrera idiomática dice: «somos distintos». Los arquitectos del *apartheid* entendían esto. Parte de la estrategia para dividir a la gente negra consistió en tenernos bien separados no solo físicamente, sino también por medio del idioma. En las escuelas bantúes, a los niños únicamente les enseñaban a hablar en su idioma local. Los niños zulús aprendían en zulú. Los niños tswana aprendían en tswana. Y así caíamos en la trampa que el gobierno nos había puesto y nos peleábamos entre nosotros, creyéndonos distintos.

Lo genial del idioma es que se puede usar de esa misma forma tan fácil para lo contrario: para convencer a la gente de que es igual. El racismo nos enseña que el color de la piel nos distingue. Pero como el racismo es estúpido, es fácil engañarlo. Si eres racista y conoces a alguien que no tiene tu aspecto, el hecho de que no pueda hablar como tú refuerza tus prejuicios racistas. Esa persona es distinta, menos inteligente. Un científico brillante puede cruzar la frontera de México para vivir en Estados Unidos, pero si habla un inglés macarrónico la gente dirá:

—Eh, no confío en este tipo.

—Pero si es científico.

—En ciencia mexicana, quizás. No confío en él.

Sin embargo, si la persona que no tiene el mismo aspecto que tú habla el mismo idioma, tu cerebro se cortocircuita porque tu programa racista no incluye esas instrucciones en el código. «Espera, espera», dice tu mente, «el código del racismo dice que si no tiene la misma apariencia que yo, no es como yo, pero el código del idioma dice que si habla como yo... es como yo. Algo va mal. No entiendo qué está pasando».

4

Camaleón

Una tarde, estaba jugando a los médicos con mis primos. Yo era el doctor y ellos mis pacientes. Estaba operando a mi prima Bulelwa del oído con una caja de fósforos cuando le perforé el tímpano por accidente. Se armó la de Dios. Mi abuela vino corriendo de la cocina. *Kwenzeka ntoni?* «¡¿Qué está pasando?!». A mi prima le salía sangre de la oreja. Todos llorábamos. Mi abuela curó a Bulelwa y se aseguró de pararle la hemorragia, pero nosotros seguimos llorando, porque estaba claro que habíamos hecho algo que no teníamos que hacer y sabíamos que nos iban a castigar. Mi abuela terminó de curarle el oído a Bulelwa, se quitó el cinturón y le dio una paliza tremenda. Luego le dio otra paliza tremenda a Mlungisi. A mí no me tocó ni un pelo.

Aquella misma noche, cuando mi madre volvió del trabajo, se encontró a mi prima con la oreja vendada y a mi abuela llorando sentada a la mesa de la cocina.

—¿Qué ha pasado? —le preguntó mi madre.

—Oh, Nombuyiselo —le dijo ella—. Trevor es malísimo. Es el niño más malo que he visto en mi vida.

—Pues entonces tienes que pegarle.

—No puedo pegarle.

—¿Por qué no?

—Porque no sé pegar a un niño blanco —dijo—. A un niño negro, sí. A un niño negro le pegas y se queda igual de negro. Trevor, cuando le pegas, se pone todo azul y verde y amarillo y rojo. Nunca he visto nada parecido. Me da miedo romperlo. No quiero matar a una persona blanca. Tengo mucho miedo. No pienso tocarlo. —Y nunca lo hizo.

Mi abuela me trataba como si yo fuera blanco. Mi abuelo también, pero de forma más extrema todavía. Me llamaba «el señor». Cuando íbamos en carro, insistía en llevarme como si fuera mi chofer.

—El señor se tiene que sentar siempre en el asiento de atrás.

Yo nunca lo cuestionaba. ¿Qué iba a decirle? «¿Creo que tu percepción de la raza es problemática, abuelo?». No, yo tenía cinco años. Así que me sentaba detrás.

Ser «blanco» en una familia de negros tenía tantas ventajas que no voy a negar que no era así. Yo me lo pasaba de lo mejor. Mi familia hacía básicamente lo mismo que hace el sistema judicial americano: tratarme a mí con mayor benevolencia que a los muchachos negros. Por las mismas travesuras que a mis primos les hubieran costado un castigo, a mí me daban un aviso y me dejaban irme. Y yo me portaba peor que ninguno de mis primos. Peor con mucha diferencia. Cada vez que se rompía algo o que alguien robaba las galletas de la abuela, era yo. Siempre estaba inventando travesuras.

Mi madre era la única fuerza que yo temía de verdad. Ella creía que si no pegabas a un niño lo estabas malcriando. Pero todos los demás decían: «No, él es distinto», y me lo pasaban todo por alto. Por el hecho de haberme criado así, aprendí lo fácil que les resulta a los blancos acomodarse a un sistema que les otorga a ellos todas las recompensas. Yo sabía que a mis primos les pegaban por cosas que había hecho yo, pero no me interesaba cambiar la perspectiva de mi abuela, porque entonces me pegarían a mí también. ¿Y para qué iba a hacer eso? ¿Para *sentirme* mejor? Que me pegaran no me hacía sentirme mejor. Podía elegir: o bien defender la justicia racial en nuestro hogar o disfrutar de las galletas de mi abuela. Y elegí las galletas.

En aquella época yo no pensaba que el tratamiento especial que recibía tuviera nada que ver con el color de mi piel. Pensaba que tenía que ver con el hecho de ser Trevor. Nadie decía: «A Trevor no le pegan porque es blanco». Decían: «A Trevor no le pegan porque es Trevor». Trevor no puede salir. Trevor no puede ir a ninguna parte sin supervisión. «Es porque soy yo», me decía a mí mismo, «eso lo explica todo». Yo no tenía otros referentes. No había otros muchachos mestizos a mi alrededor que me permitieran decir: «Ah, esto nos pasa a *nosotros*».

En Soweto vivían casi un millón de personas. El noventa y nueve coma noventa y nueve por ciento de ellas eran negras; el resto era yo. Era famoso en mi vecindario por el color de mi piel. Suponía algo tan fuera de lo ordinario que la gente me usaba como punto de referencia para dar indicaciones de cómo llegar a los sitios. «La casa de la calle Majalina. Cuando llegue a la esquina verá a un niño de piel clara. Entonces doble a la derecha».

Siempre que los chicos de la calle me veían, se ponían a gritarme: *Indoda yomiungu!*, «¡El hombre blanco!». Algunos salían corriendo. Otros llamaban a sus padres para que vinieran a verme. Otros se me acercaban y trataban de tocarme para ver si yo era real. Se armaba un alboroto tremendo. Lo que yo no entendía por entonces era que realmente los demás niños no tenían ni idea de lo que era una persona blanca. Los niños negros del municipio segregado no salían nunca de allí. Muy poca gente tenía televisión. Habían visto pasar a la policía blanca en sus carros, sí, pero nunca habían tenido trato con una persona blanca cara a cara.

Cada vez que yo iba a un funeral, la familia del difunto levantaba la vista, me veía y dejaba de llorar. Me saludaban con la mano y exclamaban: «¡Oh!», como si estuvieran más impresionados por mi llegada que por la muerte de su ser querido. Creo que la gente tenía la sensación de que de pronto el muerto era más importante porque había asistido una persona blanca a su funeral.

Después del funeral, el cortejo fúnebre iba a la casa de la familia del difunto para comer. Podían congregarse cien personas, y tenías que darles de comer a todas. Normalmente lo que se hacía era comprar una vaca y sacrificarla; luego venían tus vecinos y te ayudaban a cocinarla. Los vecinos y conocidos comían en el patio o en la calle y la familia comía dentro. Sin embargo, en todos los funerales a los que iba, yo comía dentro. La familia me veía y me invitaba a entrar. *Awunakuvumela umntana womlungu ame ngaphandle. Yiza naye apha ngaphakathi.* «No puedes dejar que el niño blanco se quede fuera. Tráelo dentro».

De niño yo entendía que la gente era de colores distintos, pero en mi cabeza el blanco, el negro y el marrón eran como diferentes tipos de chocolate. Mi padre era el chocolate blanco, mi madre el negro y yo el chocolate con leche. Pero todos éramos chocolate. Yo no sabía que aquello tuviera que ver con la «raza». No sabía qué era la raza. Mi madre nunca se refería a mi padre diciendo que era blanco ni a mí diciendo que era mestizo. De forma que cuando los demás niños de Soweto me llamaban blanco, a pesar de que yo era de color marrón claro, simplemente pensaba que se equivocaban de tono y que quizás no habían aprendido bien los colores. «Ah, sí, amigo mío. Has confundido el celeste con el turquesa. Es una confusión comprensible. No eres el primero al que le pasa».

Enseguida descubrí que la forma más rápida de salvar la distancia entre las razas era por medio del idioma. Soweto era un crisol de culturas. Había familias de muchas tribus y reservas distintas. La mayoría de los niños del municipio segregado solamente conocían el idioma que se hablaba en su casa, pero yo sabía varios idiomas porque había crecido en una casa donde no había más remedio que aprenderlos. Mi madre se aseguró de que el inglés fuera el primer idioma que yo aprendiera. Si eres negro en Sudáfrica, hablar inglés es lo único que te puede ayudar. El inglés es el idioma del dinero. Saber inglés se equipara con la inteligencia. Si estás buscando trabajo, el inglés marca la diferencia entre que te lo den y quedarte desempleado. Si estás en el banquillo de los acusados, el inglés marca la diferencia entre quedar en libertad con una simple multa o ir a la cárcel.

Después del inglés, el segundo idioma que hablábamos en mi casa era el xhosa. Cuando mi madre estaba enfadada, recurría a su idioma natal. Y como yo no paraba quieto, estaba muy versado en las expresiones de amenaza xhosa. Fueron las primeras frases que aprendí, principalmente en aras de mi propia seguridad; expresiones como *Ndiza kubetha entloko*, «Te voy a dar en toda la cabeza», o *Sidenge ndini somntwana*, «Pedazo de niño idiota». El xhosa es un idioma muy apasionado. Además, mi madre había aprendido varios idiomas por ahí. Había aprendido zulú porque se parecía al xhosa. Hablaba alemán por mi padre. Hablaba afrikaans porque era útil saber el idioma de tus opresores. Y el sotho lo había aprendido en las calles.

Viviendo con mi madre, vi cómo ella usaba el idioma para cruzar fronteras, gestionar situaciones y moverse por el mundo. Una vez estábamos en una tienda y el comerciante, delante de nuestras narices, se dirigió a su guardia de seguridad y le dijo en afrikaans: *Volg daai swartes, netnou steel hulle iets.* «Sigue a estos negros por si roban algo».

Mi madre se giró y le dijo en un afrikaans elegante y fluido: *Hoekom volg jy nie daai swartes sodat jy hulle kan help kry waarna hulle soek nie?* «¿Y por qué no sigue a estos negros para ver si puede ayudarlos a encontrar lo que buscan?».

—*Ag, jammer!* —dijo el hombre, disculpándose en afrikaans. A continuación, y esto fue lo gracioso, no se disculpó por ser racista. Se limitó a disculparse por dirigir su racismo contra nosotros—. Ay, lo siento mucho —dijo—. Pensaba que erais como los demás negros. Ya sabéis cómo les gusta robar.

Yo aprendí a usar el idioma igual que mi madre. Me dedicaba a transmitir de forma simultánea: te emitía el programa directamente en tu idioma. La gente me miraba con recelo por el mero hecho de ir por la calle. «¿De dónde eres?», me preguntaban. Y yo contestaba en el idioma en el que se estuvieran dirigiendo a mí y usando el mismo acento que ellos. Había un breve momento de confusión y luego la mirada de recelo desaparecía. «Ah, vale. Pensaba que no eras de aquí. No hay problema, pues».

Esto se convirtió en una herramienta que me serviría toda mi vida. Un día, de joven, iba caminando por la calle cuando se me acercó por detrás un grupo de zulús y les oí planear cómo iban a atracarme. *Asibambe le autie yomlungu. Phuma ngapha mina ngizoqhamuka ngemuva kwakhe.* «Vamos a por ese blanco. Tú ve por la izquierda y yo me acerco a él por detrás». No sabía qué hacer. No me podía escapar, así que me giré de golpe y les dije: *Kodwa bafwethu yingani singavele sibambe umuntu inkunzi? Asenzeni. Mina ngikulindele.* «Eh, muchachos, ¿por qué no atracamos a alguien juntos? Yo estoy dispuesto. Hagámoslo!».

Los tipos se quedaron un momento pasmados y luego se echaron a reír.

—Oh, perdón, colega. Nos hemos confundido. No queríamos robarte a ti. Queríamos robar a algún blanco. Que tengas un buen día, amigo.

Habían estado dispuestos a usar la violencia conmigo hasta que les hice creer que éramos de la misma tribu, y entonces pasamos a ser amigos. Aquel y otros muchos incidentes menores de mi vida me hicieron darme cuenta de que el idioma, todavía más que el color, define quién eres para la gente.

Me convertí en un camaleón. No cambiaba de color, pero sí que podía cambiar tu percepción de mi color. Si me hablabas en zulú, yo te contestaba en zulú. Si me hablabas en tswana, yo te contestaba en tswana. Quizás no tuviera la misma apariencia que tú, pero si hablaba como tú, me convertía en ti.

A medida que el *apartheid* tocaba a su fin, las escuelas privadas de la élite de Sudáfrica empezaron a aceptar a niños de todos los colores. La empresa de mi madre ofrecía becas y ayudas para familias humildes, y ella se las arregló para meterme en el Maryvale College, una escuela católica privada y cara. Monjas dando clase, misa los viernes y toda la pesca. Empecé el preescolar a los tres años y la primaria a los cinco.

En mi clase había de todo. Niños negros, blancos, indios y de color. La mayoría de los chicos blancos eran bastante adinerados. La mayoría de los de otros colores, no. Pero gracias a las becas, todos nos sentábamos en la misma mesa. Llevábamos las mismas chaquetas marrones, los mismos pantalones de tela y las mismas camisas grises. Todos teníamos los mismos libros y a los mismos profesores. No había separación de razas. En cada pandilla había niños de todos los colores.

Aun así, algunos niños sufrían burlas y acoso, pero por los motivos típicos: por ser gordo o flaco, por ser alto o bajito, por ser listo o tonto. No recuerdo que nadie se metiera con nadie por su raza. No tuve que aprender a poner límites a las cosas que me gustaban o me disgustaban. El margen para explorarme a mí mismo fue muy amplio. Me gustaron chicas blancas y chicas negras. Nadie me preguntaba qué era. Era Trevor.

Fue una experiencia maravillosa, pero tuvo la desventaja de mantenerme resguardado de la realidad. Maryvale era un oasis que me mantenía apartado de la realidad, un lugar cómodo donde yo podía evitar tomar una decisión difícil. Pero el mundo real no desaparece sin más. El racismo existe. Hay gente a la que hacen daño, y solamente porque no te lo hagan a ti, no quiere decir que no suceda. Y en algún momento vas a tener que elegir. Blanco o negro. Elige un bando. Puedes intentar esconderte. Puedes decir: «Oh, yo prefiero no elegir bando». Pero en algún momento la vida te obligará a elegir uno.

Al terminar sexto curso, dejé Maryvale para ingresar en la escuela primaria H. A. Jack, que era una escuela pública. Antes de empezar tuve que hacer un examen de ingreso, y basándose en los resultados del examen, la orientadora de la escuela me dijo: «vas a estar en las clases de los listos, las clases A». Así que me presenté el primer día de colegio, fui a mi aula y me encontré con que casi todos los treinta y tantos niños de mi clase eran blancos. Había un muchacho indio, uno o dos negros y yo.

Luego vino el recreo. Salimos al patio y vi que había chicos negros *por todas partes*. Era un océano negro, como si alguien hubiera abierto un grifo y el negro hubiera empezado a manar a chorro. Yo me dije: «¿Dónde estaban escondidos todos estos?». Los chicos blancos que había conocido aquella mañana se fueron en una dirección y los negros en otra, y yo me quedé en el medio, completamente confundido. ¿Acaso íbamos a juntarnos todos más tarde? No entendía lo que estaba pasando.

Yo tenía once años y fue como si estuviera viendo mi país por primera vez. En los municipios segregados no se veía la segregación, porque todo el mundo era negro. En el mundo blanco, siempre que mi madre me llevaba a la iglesia de los blancos, nosotros éramos los únicos negros, y mi madre no se separaba de nadie. Le daba igual. Iba y se sentaba en medio de los blancos. Y en Maryvale, los chicos se mezclaban con normalidad y siempre estaban todos juntos. Antes de aquel día, yo nunca había visto a gente junta y al mismo tiempo separada, ocupando el mismo espacio pero decidiendo no relacionarse entre ellos de ninguna manera. En un instante pude ver y sentir cómo se trazaban las fronteras. Los grupos se movían por el patio, por las escaleras y por el pasillo siguiendo un esquema de colores. Era una locura. Miré a los chicos blancos a los que había conocido aquella mañana. Diez minutos antes estaba convencido de que eran mayoría en esa escuela. Ahora me daba cuenta de que eran muy pocos comparado con el resto.

Me quedé allí, en aquella tierra de nadie en mitad del patio, solo y sin saber qué hacer, hasta que al final me rescató el muchacho indio de mi clase, un tal Theesan Pillay. Theesan era uno de los poquísimos muchachos indios de mi escuela, de forma que se había fijado inmediatamente en mí, a las claras otro forastero.

—¡Hola, mi colega anómalo! Estás en mi clase. ¿Quién eres? ¿Cuál es tu historia? —Nos pusimos a charlar y nos hicimos amigos. Me adoptó como si él fuera el Pillastre Dawkins y yo el perplejo Oliver.

A lo largo de la conversación salió a la luz que yo hablaba varios idiomas africanos, y a Theesan le pareció el truco más asombroso del mundo que un chico de color hablara idiomas de negros. Me llevó hasta un grupo de chicos negros.

—Decid algo —les propuso—, ya verán cómo los entiende.

Un chico dijo algo en zulú y yo le contesté en zulú. Todo el mundo me aplaudió. Otro chico dijo algo en xhosa y yo le contesté en xhosa. Más aplausos. Theesan se pasó el resto del recreo llevándome con distintos grupos de chicos negros del patio.

—Enséñales tu truco —me decía—. Haz eso de los idiomas.

Los chicos negros estaban fascinados. En Sudáfrica era rarísimo encontrar a una persona blanca o mestiza que hablara idiomas africanos; el *apartheid* les había enseñado que aquellos idiomas eran indignos de ellos. Así pues, el hecho de hablar como aquellos chicos negros hizo que les cayera simpático de inmediato.

—¿Por qué hablas nuestros idiomas? —me preguntaban.

—Porque soy negro —les decía yo—. Como ustedes.

—No eres negro.

—Sí lo soy.

—No lo eres. ¿Es que no te has visto?

Al principio estaban confundidos. Por mi color, me tomaban por un mestizo a quien le iba mal en la vida, pero el hecho de hablar los mismos idiomas significaba que pertenecíamos a la misma tribu. Solamente tardaron un instante en entenderlo. Y yo también.

En un momento dado, me dirigí a uno de ellos y le dije:

—Eh, ¿por qué no los veo en ninguna de mis clases?

Resultó que ellos iban a las clases B, que también eran las clases de los negros. Aquella tarde volví a las clases A y hacia el final del primer día ya me había dado cuenta de que no eran para mí. De pronto sabía quién era mi gente y quería estar con ella. Así que fui a ver a la orientadora.

—Me gustaría cambiarme —le dije—. Me gustaría ir a las clases B.

Ella se quedó confundida.

—Uy, no —me dijo—. Yo creo que eso no te conviene.

—¿Por qué no?

—Pues porque esos chicos son... ya sabes.

—No, no lo sé. ¿Qué quiere decir?

—Mira —me dijo—, tú eres un chico listo. No te conviene estar en esa clase.

—Pero las clases son las mismas, ¿no? El inglés es el inglés. Las matemáticas son las matemáticas.

—Sí, pero esa clase es... esos chicos no te van a dejar avanzar. Te conviene estar en la clase de los listos.

—Pero también debe de haber chicos listos en la clase B, ¿no?

—Pues no.

—Pero todos mis amigos están ahí.

—No te conviene ser amigo de esos chicos.

—Sí me conviene.

Y seguimos el tira y encoge. Al final se puso muy seria y me dio un aviso:

—¿Te das cuenta del efecto que eso va a tener en tu futuro? ¿Entiendes a qué estás renunciando? Esto tendrá un impacto en las oportunidades que se te presenten durante el resto de tu vida.

—Correré ese riesgo.

Me trasladé a las clases B con los chicos negros. Decidí que prefería avanzar despacio con gente que me caía bien que avanzar deprisa con gente a la que no conocía.

Estar en la H. A. Jack me hizo darme cuenta de que era negro. Antes de aquel recreo yo nunca había tenido que elegir, pero en cuanto me obligaron a elegir, elegí ser negro. El mundo me veía como una persona de color, pero yo no me pasaba la vida mirándome a mí mismo. Me pasaba la vida mirando a los demás. Y me veía a mí mismo como la gente que me rodeaba, y la gente que me rodeaba era negra. Mis primos eran negros, mi madre era negra, mi abuela era negra. Y como yo tenía un padre blanco y había ido a catequesis con los blancos, me llevaba bien con los chicos blancos, pero no eran *mi gente*. Yo no formaba parte de su tribu. Los chicos negros, sin embargo, me aceptaban. «Vente con nosotros», me decían. «Eres de los nuestros». Con los chicos negros yo no estaba todo el tiempo intentando ser. Con los chicos negros yo simplemente era.

Antes del *apartheid*, las personas negras que habían recibido una educación formal lo habían hecho bajo la tutela de los misioneros europeos, un contingente de extranjeros entusiastas y ansiosos por cristianizar y occidentalizar a los nativos. En las escuelas de las misiones, la gente negra aprendía inglés, literatura europea, medicina y leyes. No es ninguna coincidencia que casi todos los líderes negros importantes del movimiento anti *apartheid*, desde Nelson Mandela a Steve Biko, estudiaran con los misioneros; un hombre instruido es un hombre libre, o al menos un hombre que anhela la libertad.

Por consiguiente, la única forma de hacer que funcionara el *apartheid* era lisiar a la mente negra. Durante el régimen de segregación, el gobierno construyó lo que se conocería como escuelas bantúes. En las escuelas bantúes no se enseñaba ni ciencia ni historia ni civismo. Se enseñaba el sistema de medidas y nociones de agricultura: a contar papas, asfaltar caminos, cortar leña y arar el campo. «Al bantú no le sirve de nada aprender historia y ciencia porque es un ser primitivo», decía el gobierno. «Solo servirá para desorientarlo y enseñarle unos campos en los que no puede pastar». Al menos hay que reconocerles que estaban siendo sinceros. ¿Para qué educar a un esclavo? ¿Para qué enseñarle latín si su único trabajo va a ser cavar zanjas?

El gobierno ordenó a las escuelas de las misiones que se adaptaran al nuevo programa o que cerraran. La mayoría cerraron, y a los niños negros se los obligó a meterse como sardinas en lata en aulas de escuelas destartaladas y a menudo con unos maestros que apenas sabían leer y escribir. A nuestros padres y abuelos les enseñaron con pequeñas letanías instructivas, igual que le enseñas las formas y los colores a un niño de preescolar. Mi abuelo me solía cantar aquellas canciones y nos reíamos de lo tontas que eran. *Dos por dos es cuatro. Tres por dos es seis. La la la la la.* Estamos hablando de varias generaciones de adultos ya plenamente crecidos a quienes enseñaron así.

Lo que pasó con la educación en Sudáfrica, tanto con las escuelas de las misiones como con las escuelas bantúes, nos permite comparar bastante bien a los dos grupos de blancos que nos oprimieron, los británicos y los afrikáneres. La diferencia entre el racismo británico y el racismo afrikáner era que por lo menos los británicos les daban a los nativos algo a lo que aspirar. Si eran capaces de aprender a hablar un inglés correcto y a vestirse con ropa como Dios manda, quizás algún día pudieran ser admitidos en la sociedad. Los afrikáneres nunca nos dieron esa opción. El racismo británico decía: «si el mono puede andar como un hombre y hablar como un hombre, quizás sea un hombre». El racismo afrikáner decía: «¿Para qué vamos a darle un libro a un mono?».

5

La segunda hija

Mi madre solía decirme: «Decidí tenerte porque quería alguien a quien querer y que me quisiera a mí de forma incondicional». Yo fui el producto de su búsqueda de un lugar en el mundo. Ella nunca se había sentido cómoda en ningún sitio. No se sentía cómoda con su madre ni tampoco con su padre ni con sus hermanos. Había crecido sin nada y quería algo que fuera suyo.

Mis abuelos eran un matrimonio mal avenido. Se habían conocido y se habían casado en Sophiatown, pero un año más tarde llegó el ejército y los echó de allí. El gobierno les requisó la casa y demolió la zona entera para construir un barrio residencial para blancos, el Triomf. «El triunfo». Y junto con otras decenas de millares de negros, mis abuelos fueron trasladados a la fuerza a Soweto, a un barrio llamado Meadowlands. Poco después se divorciaron y mi abuela se mudó a Orlando con mi madre, mi tía y mi tío.

Mi madre siempre fue la hija problemática, masculina, testaruda y desafiante. Mi abuela no había tenido ni idea de cómo criarla. El amor que pudieron haber sentido la una por la otra se perdió en sus peleas constantes. Por el contrario, mi madre adoraba a su padre, el encantador y carismático Temperance. Salía a callejear con él en sus frenéticas desventuras, y hasta se apuntaba cuando él iba a beber a los *shebeens*. Lo único que mi madre quería en la vida era caerle bien a su padre y estar con él. Las novias de mi abuelo siempre la estaban apartando a manotazos, porque no les gustaba tener delante de las narices algo que les recordara el primer matrimonio de él, pero eso solamente hacía que ella tuviera todavía más ganas de estar con su padre.

Cuando mi madre tenía nueve años, le dijo a mi abuela que ya no quería vivir con ella. Que quería vivir con su padre.

—Si eso es lo que quieres —le dijo mi abuela—, puedes irte.

Temperance vino a recoger a mi madre y ella se metió feliz y de un salto en el carro, lista para irse y para estar con el hombre al que quería. Pero en vez de llevársela a vivir con él en Meadowlands, y sin darle ni siquiera una explicación, lo que hizo mi abuelo fue quitársela de encima y mandarla a vivir con su hermana en la reserva xhosa, Transkei; él tampoco la quería. Mi madre era la mediana. Su hermana era la mayor y la primogénita. Su hermano era el único varón y el que llevaba el apellido de la familia. Los dos se quedaron en Soweto y fueron criados y cuidados por sus padres. A mi madre, en cambio, no la quería nadie. Era la segunda hija. El único sitio donde habría tenido menos valor era la China.

Mi madre se pasó doce años sin ver a su familia. Vivía en una choza con catorce primos y primas, los hijos y las hijas de catorce madres y padres distintos. Todos los maridos y tíos se habían ido a buscar trabajo a la ciudad, y a todos los hijos no deseados o a los que nadie se podía permitir dar de comer los mandaban a la reserva a vivir en la granja de una de las tías.

Las reservas eran, aparentemente, los hogares originales de las tribus, naciones soberanas y semisoberanas donde los negros podrían ser libres. Por supuesto, era mentira. Para empezar, a pesar de que la población negra representaba más del 80 % de la población total sudafricana, la superficie asignada para estas reservas apenas llegaba al 13% del territorio nacional. No había agua corriente ni electricidad. La gente vivía en chozas.

La campiña sudafricana donde vivían los blancos estaba bien irrigada y era verde y exuberante, pero las tierras de los negros, superpobladas y excesivamente pastoreadas, estaban agotadas y erosionadas. Aparte de los insignificantes sueldos que recibían desde la ciudad, las familias sobrevivían a duras penas por medio de unas actividades agrícolas que escasamente rebasaban el nivel de la pura subsistencia. La tía de mi madre no la había acogido por caridad. La tenía allí para que trabajara. «Yo era una de las vacas», me contaba mi madre, «o uno de los bueyes». Ella y sus primos y primas se levantaban a las cuatro y media de la mañana, araban los campos y pastoreaban a los animales antes de que el sol empezara a quemar un suelo tan duro como el cemento y el calor solo se pudiera aguantar a la sombra.

Para cenar quizás había un pollo para alimentar a catorce niños. Mi madre tenía que pelearse con los mayores para conseguir un trozo de carne o un poco de salsa, o incluso un hueso para sorberle el tuétano. Y eso cuando había algo para cenar. Cuando no había nada, les robaba comida a los cerdos. Les robaba comida a los perros. Los granjeros sacaban las sobras para los animales y ella se tiraba encima. Tenía hambre; que se apañaran los animales. Había veces en que literalmente comía tierra. Bajaba hasta el río, cogía arcilla de la ribera y la mezclaba con agua para hacer una especie de leche gris. Y se la bebía hasta sentirse llena.

Pero mi madre tuvo la gran suerte de que su aldea fuera uno de los pocos sitios de la reserva donde una escuela de las misiones había conseguido permanecer abierta a pesar de las políticas educativas del gobierno hacia los bantúes. Y allí conoció a un pastor blanco que le enseñó inglés. No tenía ni comida ni zapatos, ni siquiera ropa interior, pero aprendió inglés. Aprendió a leer y a escribir. Así pues, cuando tuvo la edad suficiente, dejó de trabajar en la granja y consiguió empleo en una fábrica de un pueblo cercano. Trabajaba con una máquina de coser, haciendo uniformes escolares. Su paga al final de cada jornada era un plato de comida. Según decía, era la mejor comida que había probado nunca porque se la había ganado ella. Ahora podía cuidar de sí misma. No era una carga para nadie, y tampoco le debía nada a nadie.

Cuando mi madre cumplió veintiún años, la tía con la que vivía enfermó y su familia ya no pudo tenerla en Transkei. Mi madre escribió a mi abuela para pedirle el importe de un billete de tren, unos treinta rand, y así poder volver a casa. De vuelta en Soweto, se apuntó al curso de secretaria que le permitiría agarrarse al escalón inferior del mundo de los trabajos de oficina. Trabajaba y trabajaba sin parar, pero como vivía bajo el techo de mi abuela no le dejaban quedarse con su sueldo. Como secretaria, mi madre llevaba a casa más dinero que nadie, y mi abuela insistía en que todo fuera para la familia. La familia necesitaba una radio, un horno y una nevera, y ahora le tocaba a mi madre costearlo todo.

Muchas familias negras invierten todo su tiempo en tratar de solucionar problemas pasados. Es la maldición de ser negro y pobre, una maldición que se perpetúa generación tras generación. Mi madre lo llama «el impuesto negro». Como las generaciones anteriores a la tuya han sido saqueadas, pierdes todo lo que ganas intentando llevar a esas generaciones al punto cero en vez de usarlo para salir tú adelante. Mientras trabajara para su familia en Soweto, mi madre no tendría más libertad que la que había tenido en Transkei, de forma que se escapó. Fue a la estación de trenes, se subió a un tren y desapareció en la ciudad, decidida a dormir en los lavabos públicos y a depender de la generosidad de las prostitutas hasta que pudiera salir adelante en el mundo.

Mi madre no me sentó un día y me contó de golpe toda la historia de su vida en Transkei. Lo que hacía era ir contándome trozos sueltos y detalles al azar. Cosas como, por ejemplo, que tenía que andarse con mucho cuidado para que no la violaran desconocidos en la aldea. Ella me contaba aquellas cosas y yo pensaba: *Madre mía, no tienes ni idea de qué clase de historias son apropiadas para un niño de diez años.*

Mi madre me contaba estas cosas para que yo no me olvidara de cómo habíamos llegado a estar donde estábamos, pero jamás se dejaba llevar por la autocompasión. «Aprende de tu pasado y haz que ese pasado te ayude a ser mejor persona», me decía. «La vida está llena de dolor. Haz que ese dolor te mantenga despierto, pero no te aferres a él. No te amargues». Y ella no se amargaba nunca. Nunca se quejó ni de las privaciones de su juventud ni de las traiciones de sus padres.

Así como mi madre no se aferraba al pasado, estaba decidida a no repetirlo: tomó la determinación de que mi infancia no se pareciera en nada a la suya. Empezando por mi nombre. Las familias xhosa siempre les ponían a sus hijos nombres que significaban algo, y aquel significado, de una manera u otra, al final encontraba la forma de hacerse realidad. Estaba por ejemplo mi primo Mlungisi, «El que arregla cosas». Y eso mismo era. Siempre que yo me metía en problemas, él era quien me ayudaba a arreglarlo todo. Siempre fue el buen chico, el que hacía las tareas y ayudaba en casa. Luego estaba mi tío, que había sido fruto de un embarazo no deseado: Velile, «El que salió de la nada». Y eso mismo ha hecho toda su vida: desaparecer y reaparecer. Se iba de juerga varios días y volvía a aparecer de la nada al cabo de una semana.

Y estaba mi madre, Patricia Nombuyiselo Noah, «La que devuelve». Y nuevamente es cierto. Siempre está dando, dando y dando. Lo hacía hasta de niña en Soweto. Mientras jugaba en la calle, se encontraba a niños pequeños, de tres y cuatro años, que se pasaban el día corriendo por ahí sin que nadie los vigilara. Sus padres no estaban y sus madres eran unas borrachas. Y mi madre, que no tenía más de seis o siete años, se dedicaba a reunir a todas aquellas criaturas, formar una tropa y llevársela por los *shebeens*. Allí se hacían con las botellas de alcohol vacías de los hombres que habían perdido el conocimiento y las llevaban adonde les pagaran algo a cambio. Luego mi madre recogía el dinero, compraba comida en las tiendas *spaza* y daba de comer a su tropa. Era una niña que se hacía cargo de otros niños.

Cuando le llegó el momento de elegir mi nombre, eligió Trevor, un nombre que no significa nada en Sudáfrica y que tampoco tiene precedente alguno en mi familia. Ni siquiera es un nombre de la Biblia. Es un nombre sin más. Mi madre no quería que su hijo estuviera en deuda con ningún destino. Quería que yo fuera libre para ir adonde quisiera, hacer lo que quisiera y ser quien quisiera.

Y me dio las herramientas para lograrlo. Me enseñó el inglés como primera lengua. Me leía todo el tiempo. El primer libro que aprendí a leer fue *el* libro. La Biblia. Casi todos los demás libros también los conseguíamos en la iglesia. Mi madre traía a casa cajas llenas de libros que donaba la gente blanca: libros ilustrados, novelitas juveniles, cualquier cosa que pudiera conseguir. Luego se suscribió a un programa que nos mandaba libros por correo. Libros de autoayuda. *Cómo ser buen amigo. Cómo ser honrado.* También se compró una enciclopedia; tenía más de quince años y estaba completamente anticuada, pero yo me sentaba y me la devoraba.

Mis libros eran mis posesiones más preciadas. Tenía una estantería para ponerlos y estaba completamente orgulloso de ella. Amaba mis libros y los conservaba en un estado impecable. Los leía una y otra vez, pero no doblaba ni las páginas ni los lomos. Atesoraba hasta el último de ellos. A medida que fui creciendo empecé a comprármelos yo. Me encantaba la fantasía y perderme en mundos que no existían. Me acuerdo de un libro sobre chicos blancos que solucionaban misterios o algo por el estilo. Yo no tenía tiempo para eso. Yo lo que quería era Roald Dahl. *James y el melocotón gigante, El gran gigante bonachón, Charlie y la fábrica de chocolate, La maravillosa historia de Henry Sugar*. Esa era mi droga.

Tuve que pelearme para convencer a mi madre de que me comprara los libros de Narnia. No le gustaban.

—Ese león —me decía— es un dios falso, ¡un ídolo falso! ¿Te acuerdas de lo que pasó cuando Moisés bajó de la montaña después de recibir las tablas...?

—Sí, mamá —le expliqué—, pero es que el león es una representación de Cristo. Técnicamente es Jesús. Es una historia para explicar a Jesús.

A ella eso la incomodaba.

—No, no. Nada de ídolos falsos, amigo mío.

Al final conseguí que cediera. Fue una gran victoria.

El objetivo de mi madre era liberar mi mente. Me hablaba como si yo fuera adulto, lo cual era bastante inusual. En Sudáfrica, los niños juegan con niños y los adultos hablan con adultos. Te tienen vigilado, sí, pero no se rebajan a tu nivel para hablar contigo. Mi madre sí lo hacía. Todo el tiempo. Yo era algo así como su mejor amigo. Ella siempre estaba contándome historias e impartiéndome lecciones, sobre todo lecciones de la Biblia. Le gustaban especialmente los salmos. Yo tenía que leer los salmos a diario. Ella me examinaba. «¿Qué significa este pasaje? ¿Qué significa para *ti*? ¿Cómo lo aplicas a tu vida?». Así eran todos los días de mi vida. Mi madre hacía lo que no hacían las escuelas: me enseñaba a pensar.

El final del *apartheid* llegó de forma gradual. No fue como el Muro de Berlín, que se derribó de un día para otro. Sus muros se fueron resquebrajando y cayendo a trozos a lo largo de muchos años. Se fueron haciendo concesiones aquí y allí, revocando unas leyes y no aplicando otras que estaban en vigor. Llegó un momento, en los meses previos a la liberación de Mandela, en que pudimos vivir de forma menos furtiva. Fue entonces cuando mi madre decidió que necesitábamos mudarnos. Le daba la sensación de que allí ya no teníamos sitio para crecer, escondidos en nuestro diminuto piso de la ciudad.

Ahora el país estaba abierto. ¿Adónde íbamos a ir? Soweto conllevaba sus cargas. Mi madre todavía quería escapar de la sombra de su familia. Además, tampoco podía pasearse conmigo por allí sin que la gente dijera: «Ahí va esa prostituta con el hijo de un blanco». En las zonas negras siempre la veían así. Por tanto, como mi madre no quería mudarse a una zona negra y no tenía dinero para establecerse en una zona blanca, decidió instalarse en una zona de color.

Eden Park era un vecindario para gente de color situado junto a varios municipios segregados de negros del East Rand. Una zona medio de color y medio negra, como nosotros, pensó mi madre. Allí podríamos camuflarnos. La verdad es que no funcionó: nunca llegamos a encajar. Pero eso era lo que ella tenía en mente cuando nos mudamos. Además, era la oportunidad perfecta para comprar una casa, una que fuera nuestra. Eden Park era una de esas zonas «residenciales» que en realidad están en el borde mismo de la civilización, la clase de sitio del que los promotores inmobiliarios dicen: «Eh, gente pobre. Ustedes también pueden vivir bien. Aquí tienen una casa. Está en medio de la nada, pero miren, ¡tienen jardín!». Por alguna razón las calles de Eden Park tenían nombres de autos: calle Jaguar, calle Ferrari, calle Honda. No sé si era coincidencia o no, pero tiene gracia, porque es bien sabido que a la gente de color de Sudáfrica le encantan los carros elegantes. Aquello era como vivir en un barrio blanco donde todas las calles tienen nombres de vinos buenos.

Mis recuerdos de nuestra mudanza allí son fragmentarios e inconexos; recuerdos de ir en carro a un sitio que yo no había visto nunca y de ver gente a la que no había visto nunca. Era una zona llana y con pocos árboles, con la misma tierra polvorienta de color rojo arcilla que en Soweto, pero con casas como Dios manda y las calles asfaltadas y aire de barrio residencial. Nuestra casa era diminuta y ocupaba un recodo justo al lado de la calle Toyota. Era humilde y muy poco espaciosa, pero me acuerdo de que entré y pensé: *Uau, vamos a vivir a lo grande*. Tener una habitación propia era una locura. No me gustaba. Yo llevaba toda la vida durmiendo en la habitación de mi madre o en el suelo con mis primos. Estaba acostumbrado a tener algún otro ser humano a mi lado, así que la mayoría de las noches dormía en la cama de mi madre.

En mi vida todavía no había padrastro ni hermanito bebé que llorara por las noches. Éramos solamente mi madre y yo. Los dos teníamos la sensación de estar embarcándonos en una gran aventura. Ella me decía cosas como: «Somos tú y yo contra el mundo». Desde muy pequeño entendí que no éramos solo madre e hijo. Éramos un equipo.

Fue al mudarnos a Eden Park cuando por fin conseguimos un carro, aquel Volkswagen destartalado y de color mandarina que mi madre compró de segunda mano por casi nada. Una de cada cinco veces no arrancaba. No tenía aire acondicionado. Cada vez que yo cometía el error de encender el ventilador, este me echaba encima una bocanada de polvo y hojas. Cada vez que se rompía, nos tocaba coger varios autobuses, o a veces pedir un aventón. Mi madre me obligaba a esconderme entre los matorrales porque sabía que los hombres paraban para coger a una mujer, pero no a una mujer con un niño. Así que ella se plantaba junto a la carretera, el carro paraba, mi madre abría la portezuela, silbaba y entonces yo echaba a correr hasta el carro. Yo veía cómo a los conductores se les ponía la cara en cuanto se daban cuenta de que no estaban recogiendo a una mujer soltera y atractiva, sino a una mujer soltera y atractiva con un niño gordito.

Cuando nuestro carro arrancaba, bajábamos las ventanillas y el vehículo avanzaba traqueteando y cociéndose bajo el sol. Durante toda mi vida el dial de la radio de aquel carro no se movió de la misma emisora. Se llamaba Radio Pulpit, y tal como sugería su nombre únicamente emitía sermones y alabanzas al Señor. Yo tenía prohibido tocar aquel dial. Cuando a la radio no le llegaba señal, mi madre ponía una casete de sermones de Jimmy Swaggart. (Luego nos enteramos del escándalo... y, madre mía, aquello fue duro).

Pero por muy mierda que fuera nuestro carro, era un carro. Era libertad. Ya no éramos negros atrapados en los municipios segregados y esperando el transporte público. Éramos negros que salían al mundo. Éramos negros capaces de decir: «¿Adónde queremos ir hoy?». Cuando mi madre me llevaba en carro a la escuela, siempre pasábamos por un tramo largo de carretera que estaba completamente desierto. Y allí mi madre me dejaba manejar. En plena carretera. Yo tenía seis años. Mi madre me ponía en su regazo y me dejaba manejar el volante y los intermitentes mientras ella se encargaba de los pedales y la palanca de cambios. Al cabo de unos meses, me enseñó también a manejar la palanca. Ella seguía encargándose del embrague, pero yo me ponía en su regazo y cogía la palanca de cambios y ella iba recitando las marchas mientras conducíamos. Había un tramo de la carretera que bajaba hasta lo más hondo de un valle y volvía a subir por el otro lado. Al llegar allí cogíamos impulso, dejábamos el carro en punto muerto, soltábamos el freno y el embrague y *uaaaaau*, bajábamos a toda velocidad la colina y luego, *zuuuuum*, subíamos disparados. Era como volar.

Cuando no estábamos en la escuela, en el trabajo o en la iglesia, nos dedicábamos a explorar. La actitud de mi madre era: «Yo te escogí, muchacho. Yo te he traído al mundo y te voy a dar todo lo que yo no tuve». Se volcaba en mí. Encontraba destinos para nuestras expediciones donde no hubiera que pagar. Debimos visitar todos los parques de Johannesburgo. Mi madre se sentaba debajo de un árbol a leer la Biblia y yo me dedicaba a correr y a jugar, jugar y jugar. Los domingos por la tarde, después de la iglesia, nos íbamos de excursión por el campo. Mi madre encontraba sitios con vistas bonitas y nos sentábamos a hacer un pícnic. Nada de toda esa parafernalia de las cestas de pícnic, los platos y demás; solamente sándwiches de mortadela, pan integral y margarina envueltos en papel de carnicería. Todavía hoy la mortadela, el pan integral y la margarina me llevan de vuelta a aquellos días. A mí no me vengas con estrellas Michelin; dame mortadela, pan integral y margarina y estoy en el cielo.

La comida, o el acceso a ella, siempre era la medida de cómo de bien o de mal nos iban las cosas. Mi madre me decía siempre: «Mi trabajo es alimentar tu cuerpo, tu espíritu y tu mente». Y eso hacía exactamente, y su forma de conseguir dinero para comida y libros era no gastar ni un céntimo en nada más. Su frugalidad era legendaria. Nuestro carro era una lata con ruedas y vivíamos en medio de la nada. Teníamos unos muebles destartalados y unos sofás todos rotos y con la tela llena de agujeros. Nuestra tele era diminuta y en blanco y negro y funcionaba con antena de cuernos. Cambiábamos de canal con unos alicates porque los botones no funcionaban. La mayor parte del tiempo había que mirar con los ojos entrecerrados para poder ver algo.

Siempre llevábamos ropa de segunda mano, de la tienda de Goodwill o donada por la gente blanca de la iglesia. Todos los demás niños de la escuela iban vestidos y calzados de Nike y Adidas. Yo nunca llevaba nada de marca. Una vez le pedí a mi madre unos zapatos Adidas y ella volvió a casa con unos de imitación, marca Abidas.

—Mamá, estos son falsos —le dije.

—Pues yo no veo la diferencia.

—Mira el logo. Tiene cuatro rayas en vez de tres.

—Qué suerte —dijo ella—. Tienes una más.

Nos las arreglábamos con casi nada, pero siempre tuvimos a la iglesia y siempre tuvimos libros y comida. A ver, eso no quiere decir que la comida fuese siempre *buena*. La carne era un lujo. Cuando las cosas nos iban bien, comíamos pollo. Mi madre era experta en partir los huesos del pollo y sacarles hasta la última gota de tuétano. No nos comíamos los pollos: los hacíamos desaparecer. Nuestra familia era la pesadilla de un arqueólogo. No dejábamos huesos. Cuando terminábamos con el pollo, solo quedaba la cabeza. A veces la única carne que comíamos era una carne envasada que se compraba en la carnicería y que llamaban «aserrín». Eran literalmente los restos de la carne, los trocitos que se caían de los cortes que se empaquetaban para la venta, los pedazos de grasa y otras menudencias. En la carnicería los barrían y los metían en bolsas. En principio eran para los perros, pero mi madre los compraba para nosotros. Había muchos meses en que solo comíamos eso.

La carnicería también vendía huesos. Nosotros los llamábamos «huesos para la sopa», pero en realidad en la tienda los vendían como «huesos para el perro». La gente los cocinaba y se los daba como premio a los perros. Siempre que pasábamos una mala racha, recurríamos a los huesos para perro. Mi madre los hervía para hacer sopa y luego les chupábamos el tuétano. Chupar el tuétano de los huesos es una habilidad que los pobres aprenden desde pequeños. Nunca me olvidaré de la primera vez que, siendo ya adulto, fui a un restaurante elegante y alguien me dijo: «Tienes que probar el tuétano de hueso. Es una exquisitez. Es *divino*». Lo pidieron, el camarero lo trajo y yo pensé: «Coño, hueso para el perro!». No me fascinó precisamente.

Aunque viviésemos tan humildemente, gracias a las numerosas experiencias que vivimos nunca me sentí pobre. Siempre estábamos haciendo algo, yendo a alguna parte. Mi madre solía llevarme en el carro por los vecindarios blancos elegantes. Allí nos dedicábamos a mirar las casas y las mansiones de la gente. Sobre todo mirábamos los muros, porque eran lo único que alcanzábamos a ver desde la calle. Mirábamos un muro que iba de punta a punta de la manzana y decíamos: «Uau. Eso es una *sola* casa. Todo eso es para *una sola* familia». A veces aparcábamos y nos acercábamos al muro y ella me subía en sus hombros como si yo fuera un periscopio. Escudriñaba el jardín y le contaba todo lo que veía: «¡Es una casa grande y blanca! ¡Tienen dos perros! ¡Hay un árbol de limón! ¡Tienen piscina! ¡Y cancha de tenis!».

Mi madre me llevaba a sitios adonde la gente negra no iba nunca. Ella se negaba a dejarse limitar por ideas ridículas acerca de lo que la gente negra podía hacer o no. Por ejemplo, solía llevarme a patinar a la pista de hielo. En Johannesburgo también había un autocine de dimensiones épicas, el Top Star, situado encima del vertedero gigantesco de una mina, en las afueras. Ella me llevaba a ver películas allí; comprábamos algo de picar y colgábamos el altavoz de la ventanilla del carro. El Top Star tenía unas vistas de 360 grados de la ciudad, los pueblos residenciales y Soweto. Desde allí arriba yo podía ver a millas y millas de distancia en todas las direcciones. Me daba la sensación de estar en la cima del mundo.

Mi madre me crio como si las cosas que yo podía hacer y los sitios a los que podía ir no tuvieran límite alguno. Cuando me acuerdo de aquella época me doy cuenta de que me crio como si yo fuera un niño blanco; no en términos culturales, sino en el sentido de hacerme creer que el mundo estaba a mis pies, que tenía que decir siempre lo que pensaba y que mis ideas, pensamientos y decisiones importaban. Nos pasamos el día diciendo que uno tiene que hacer realidad sus sueños, pero uno solamente puede soñar con lo que es capaz de imaginar, y dependiendo de dónde vengas, la imaginación puede ser muy limitada. Si crecías en Soweto, tu sueño podía ser construir otra habitación en tu casa. O tener un garaje. Y quizás, algún día, un portón de hierro forjado en la entrada del garaje. Porque era lo único que conocías. Los escalones superiores de lo posible, en cambio, estaban fuera del mundo que podías ver. Mi madre me enseñó lo que era posible. Y lo que siempre me asombraba de su vida era que a ella no se lo había enseñado nadie. A ella no la había elegido nadie. Lo había hecho todo ella sola. Había encontrado su camino a base de pura voluntad.

Y quizás sea todavía más asombroso el hecho de que mi madre empezara su proyecto personal, o sea yo, en un momento en el que no podía saber que el *apartheid* se iba a terminar. No había razón para pensar algo así, pues había existido durante generaciones enteras. Yo tenía casi seis años cuando soltaron a Mandela y diez cuando se instauró por fin la democracia, y sin embargo ella ya estaba preparándome para vivir una vida de libertad mucho antes de que supiéramos que la íbamos a tener. Las opciones más probables que nos deparaba el futuro eran una vida de penurias en el municipio segregado o un viaje al orfanato para gente de color. Y sin embargo, nunca vivimos así. Nos movíamos solo hacia delante y siempre deprisa. Y para cuando la ley y todos los demás nos alcanzaron, nosotros ya estábamos a muchas millas de distancia, volando por la carretera a bordo de un Volkswagen de mierda de color naranja brillante, con las ventanillas bajadas y Jimmy Swaggart alabando a Jesús a voz en grito.

La gente creía que mi madre estaba loca. Las pistas de hielo, los autocines y las zonas residenciales eran *izinzo zabelungu*: cosas de blancos. Casi toda la gente negra había interiorizado la lógica del *apartheid* y la había hecho suya. ¿Por qué enseñarle cosas de blancos a un niño negro?

Los vecinos y los parientes no dejaban nunca en paz a mi madre.

—¿Por qué haces todo esto? ¿Por qué le enseñas el mundo si nunca va a salir del gueto?

—Pues porque aunque nunca salga del gueto —decía ella—, al menos sabrá que el gueto no es el mundo. Si solamente consigo eso, ya habré hecho suficiente.

El *apartheid*, a pesar de todo su poder, tenía fallos estructurales fatídicos, empezando por el hecho de que nunca tuvo ni pies ni cabeza. El racismo carece de lógica. Por ejemplo, en Sudáfrica a los chinos se los clasificaba como negros. No quiero decir que fueran por ahí actuando como negros. Seguían siendo chinos. Pero, a diferencia de los indios, no había los suficientes chinos como para crear una categoría aparte. A pesar de todas sus complejidades y de su minuciosidad, el *apartheid* no sabía qué hacer con ellos, de forma que el gobierno dijo: «Hum, bueno, los llamaremos negros. Así es más fácil».

Y lo interesante del caso es que a los japoneses se les etiquetaba como blancos. La razón era que el gobierno sudafricano quería establecer buenas relaciones con los japoneses a fin de importar sus sofisticados carros y sus sistemas electrónicos. De forma que dieron a los japoneses el estatus honorario de blancos mientras que los chinos se quedaron como negros. Siempre me gusta imaginarme a un policía sudafricano que no supiese distinguir a un chino de un japonés pero cuyo trabajo fuese asegurarse de que no hubiese gente del color incorrecto haciendo lo que no debía. Si se hubiese encontrado a un asiático

sentado en un banco reservado exclusivamente para blancos.
¿Qué le hubiese dicho?

—¡Eh, levántate de ese banco, chino!

—Perdone, pero soy japonés.

—Oh, disculpe, señor. No era mi intención ser racista. Que
tenga una buena tarde.

6

Vacíos legales

Mi madre solía decirme: «Decidí tenerte porque quería alguien a quien querer y que me quisiera a mí de forma incondicional. Y luego resulta que parí al cabroncete más egoísta de la tierra y lo único que hacías era llorar, comer, cagar y decir: "yo, yo, yo, yo, yo"».

Mi madre pensaba que tener un hijo iba a ser como tener pareja, pero todas las criaturas nacen siendo el centro de su universo: son incapaces de entender el mundo más allá de sus propios deseos y necesidades, y yo no era distinto. Yo era un niño voraz. Consumía cajas enteras de libros y siempre quería más y más. Comía como un cerdo. Lo normal habría sido que fuera obeso. En un momento dado la familia pensó que yo tenía parásitos. Siempre que iba a pasar las vacaciones a casa de mis primos, mi madre dejaba conmigo una bolsa de tomates, cebollas y papas y un saco grande de harina de maíz. Era su forma de adelantarse a las quejas por mi visita. En casa de mi abuela yo siempre repetía en las comidas, cosa que no se les permitía a los demás niños. Mi abuela me daba la olla y me decía: «Termínatelo». Si no querías lavar platos, bastaba con llamar a Trevor. Me llamaban «el bote de basura de la familia». Comía, comía y comía sin parar.

También era hiperactivo. Necesitaba estímulos y actividad constantes. De muy pequeño, si no me tenías agarrado del brazo cuando caminaba por la acera, salía corriendo a toda velocidad hacia la calle. Me encantaba que me persiguieran. Me parecía un juego. Las abuelitas a las que mi madre contrataba para que me cuidaran mientras ella estaba en el trabajo siempre terminaban llorando. Mi madre volvía a casa y se las encontraba llorando como magdalenas. «Renuncio. No puedo hacer esto. Tu hijo es un tirano». Lo mismo pasaba con mis profesores de la escuela y con los de la catequesis. Como no me hicieras caso, estabas perdido. Yo no era mezquino con la gente. No era llorón ni malcriado. Tenía buenos modales. Simplemente rebosaba energía y sabía lo que quería.

Mi madre solía llevarme al parque para que corriera hasta quemar toda mi energía y caer rendido. Ella cogía un frisbee y me lo lanzaba, y yo corría a buscarlo y se lo traía de vuelta. Una y otra vez. A veces me lanzaba una pelota de tenis. Los perros de la gente negra no te traen las cosas que les lanzas; a los perros de la gente negra no se les lanza otra cosa que no sea comida. Así pues, hasta que no empecé a frecuentar los parques de la gente blanca y de sus mascotas, no me di cuenta de que mi madre se dedicaba a adiestrarme como si fuera un perro.

Cuando mi exceso de energía no se quemaba, encontraba salida en forma de travesuras y mala conducta. Me enorgullecía de ser el rey de las bromas. Todos los profesores de mi escuela usaban unos proyectores que colgaban del techo para proyectar sus apuntes en la pared durante la clase. Un día fui y le quité la lente de aumento a todos los proyectores de todas las clases. En otra ocasión, agarré un extintor y lo vacié dentro del piano de la escuela porque sabía que al día siguiente alguien iba a tocarlo en la reunión de las clases en el auditorio. El pianista se sentó, tocó la primera nota y *¡fuuump!*, empezó a salir espuma a chorros del piano.

Las dos cosas que más me gustaban eran el fuego y los cuchillos. Las dos me volvían loco. Los cuchillos me parecían lo máximo. Los conseguía en casas de empeño y mercadillos: navajas automáticas, navajas de mariposa o el machete de Cocodrilo Dundee. Y me encantaba el fuego; sobre todo los fuegos artificiales. En noviembre celebrábamos el aniversario de la Conspiración de la Pólvora, y todos los años mi madre compraba una tonelada de fuegos artificiales, un auténtico miniarsenal. En un momento dado me di cuenta de que podía sacarles la pólvora a todos los fuegos artificiales y crear uno gigantesco con mis propias manos. Y una tarde estaba haciendo justamente eso, haciendo travesuras con mi primo Mlungisi y llenando una maceta de pólvora, cuando me distraje con unos cohetes Black Cat. Lo mejor de los Black Cat era que, en vez de encender la mecha para hacerlos explotar, podías romperlos por la mitad y convertirlos en minilanzallamas. Así que dejé por un momento mi arsenal de pólvora para jugar con los Black Cat y de alguna forma se me cayó un fósforo dentro de la maceta, que explotó y me lanzó una bola de llamas enorme a la cara. Mlungisi soltó un chillido y mi madre salió corriendo al patio, presa del pánico.

—¿Qué ha pasado?

Yo me hice el fresco, aunque todavía sentía el calor de la bola de fuego en la cara.

—Oh, nada. No ha pasado nada.

—¿Estabas jugando con fuego?

—Qué va.

Ella negó con la cabeza.

—¿Sabes qué? Te daría una paliza, pero Jesús ya ha sacado a la luz tus mentiras.

—¿Eh?

—Ve al baño y mírate.

Fui al baño y me miré en el espejo. Me habían desaparecido las cejas y tenía completamente quemados dos dedos de pelo de la parte de delante de la cabeza.

Desde el punto de vista adulto, yo era un chico destructivo e incontrolable, pero de niño yo no lo veía así. Yo nunca quería destruir. Yo quería crear. No es que me hubiera quemado las cejas. Lo que había hecho era crear fuego. Y no es que me dedicara a destruir proyectores. Me dedicaba a crear caos para ver cómo reaccionaba la gente.

Y no podía evitarlo. Los niños sufren un trastorno, un desorden compulsivo que los lleva a hacer cosas que ellos mismos no entienden. Puedes decirle a un niño: «Hagas lo que hagas, no dibujes en la pared. Puedes dibujar en este papel. Puedes dibujar en este libro. Puedes dibujar en cualquier superficie. Pero no dibujes, escribas ni pintes en la pared». El niño te mirará a los ojos y te dirá: «Está bien». Diez minutos más tarde ya estará pintando la pared. Le gritarás: «¡¿Por qué demonios estás dibujando en la pared?!». Y el niño te mirará y lo cierto es que no tendrá ni idea de por qué ha dibujado en la pared. Me acuerdo de que de niño yo tenía esa sensación todo el tiempo. Cada vez que me castigaban o que mi madre me estaba dando nalgadas, pensaba: «Pero ¿por qué lo he hecho? Si sabía que no tenía que hacerlo. Ella me ha dicho que no lo hiciera». Luego, cuando la paliza terminaba, me decía a mí mismo: «A partir de ahora voy a ser buenísimo. No voy a volver a hacer nada malo nunca nunca nunca nunca en la vida; y para acordarme de que no tengo que hacer nada malo, voy a escribirlo en la pared...». Y cogía un lápiz de color y me ponía a ello otra vez, y nunca entendía por qué.

Mi relación con mi madre era como esa relación de algunos policías y criminales en las películas, del detective incansable y el genio del mal al que está decidido a atrapar. Son enemigos acérrimos, pero se respetan y hasta pueden llegar a caerse bien. A veces mi madre me pillaba, pero normalmente iba un paso por detrás de mí, y siempre me estaba mirando con cara de: «Algún día, pequeño, te atraparé y te meteré entre rejas para el resto de tu vida». Yo la saludaba con la cabeza a modo de respuesta. «Que tenga buena noche, agente». Y así fue mi infancia entera.

Mi madre siempre estaba intentando controlarme. A lo largo de los años, sus técnicas se fueron volviendo cada vez más sofisticadas. Yo tenía de mi lado la juventud y la energía, pero ella tenía su astucia, y siempre estaba ideando nuevas formas de controlarme. Un domingo fuimos de compras y nos encontramos con un mostrador enorme de manzanas caramelizadas. A mí me encantaban las manzanas caramelizadas y no paré de repetírselo mientras ella hacía la compra. «¿Me compras una, *por favor*? ¿Me compras una manzana caramelizada, *por favor*? ¿Me compras una, *por favor*? ¿Me compras una, *por favor*?».

Por fin, cuando mi madre ya tenía toda la compra en el carro y se dirigía a la caja a pagar, conseguí vencerla por cansancio.

—Está bien —me dijo—. Ve y busca una manzana caramelizada.

Así que fui corriendo, agarré una manzana caramelizada y la dejé sobre el mostrador, al lado de la caja registradora.

—Y esto, por favor —dije.

El cajero me miró con gesto escéptico.

—Espera a que te toque, muchacho. Estoy atendiendo a esta señora.

—No —le dije yo—. Pero si es ella quien me la compra.

Mi madre se volvió hacia mí.

—¿Quién te la compra?

—Tú me la compras.

—No, no. ¿Por qué no te la compra tu madre?

—¿Qué? ¿Mi madre? Mi madre eres tú.

—¿Que tu madre soy yo? No, yo no soy tu madre. ¿Dónde está tu madre?

Yo estaba completamente confundido.

—Mi madre *eres tú*.

El cajero la miró a ella, luego me miró a mí y después volvió a mirarla a ella. Mi madre se encogió de hombros, como diciendo: «No tengo ni idea de qué está diciendo este niño». Luego me miró con cara de no haberme visto en su vida.

—¿Te has perdido, niño? ¿Dónde está tu madre?

—Sí —dijo el cajero—. ¿Dónde está tu madre?

Yo señalé a mi madre.

—Mi madre es esta.

—¿Qué? Esta no puede ser tu madre, chico. Es negra. ¿No lo ves?

Mi madre negó con la cabeza.

—Pobre niñito mestizo, ha perdido a su madre. Qué pena.

Me entró el pánico. ¿Me había vuelto loco? ¿Acaso no era mi madre? Me puse a llorar.

—Eres mi madre. Eres mi madre. Mi madre *es esta*. Mi madre *es esta*.

Ella se volvió a encoger de hombros.

—Qué pena. Espero que encuentre a su madre.

El hombre asintió con la cabeza. Ella le pagó, agarró nuestra compra y salió de la tienda. Yo dejé caer la manzana caramelizada, salí corriendo detrás de ella presa del llanto y la alcancé en el carro. Ella se dio la vuelta, riendo histéricamente, como si me hubiera tomado el pelo a lo grande.

—¿Por qué lloras? —me preguntó.

—Porque has dicho que no eras mi madre. ¿Por qué has dicho eso?

—Porque no parabas con el tema de la manzana caramelizada. Ahora métete en el carro. Vamos.

Para cuando cumplí siete u ocho años, yo ya era demasiado listo para dejarme tomar el pelo de esa manera, así que ella cambió de táctica. Nuestra vida se convirtió en un drama judicial donde dos abogados debatían constantemente sobre vacíos legales y tecnicismos. Mi madre era lista y tenía una lengua afilada, pero yo era más rápido en las discusiones. Y ella se ponía nerviosa porque no podía seguirme el ritmo. De forma que empezó a escribirme cartas. Así podía llevar a término sus argumentos sin necesidad de caer en discusiones. Si yo tenía tareas pendientes, por ejemplo, al llegar a casa me encontraba con que mi madre me había pasado un sobre por debajo de la puerta, como si fuera el casero.

Querido Trevor:

«Niños: obedeced a vuestros padres en todo, porque esto agrada al Señor».
Colosenses 3:20.

Hay ciertas cosas que espero de ti, como hijo mío y como jovencito. Tienes que limpiar tu habitación. Tienes que tener la casa limpia. Tienes que cuidar de tu uniforme de la escuela. Por favor, hijo mío, te lo pido. Respeta mis reglas para que yo también pueda respetarte a ti. Te lo pido ahora: por favor, ve a fregar los platos y a arrancar las hierbas del jardín.

Atentamente,
tu madre.

Yo hacía mis tareas y si tenía algo que decir al respecto le contestaba. Como mi madre era secretaria y yo me pasaba horas en su oficina todos los días después de la escuela, aprendí mucho sobre correspondencia empresarial, y estaba extremadamente orgulloso de mi talento para escribir cartas:

A quien pueda interesar:
Querida mamá:

He recibido tu misiva. Me complace señalarte que voy adelantado con los platos y que continuaré lavándolos dentro de una hora aproximadamente. Date cuenta, por favor, de que el jardín está mojado y por esa razón no puedo arrancar las hierbas ahora mismo, pero te aseguro que la tarea estará completada al acabar este fin de semana. También estoy completamente de acuerdo en lo que dices acerca de mis niveles de respeto y voy a mantener mi habitación en un estado satisfactorio.

Atentamente,
Trevor

Eran cartas muy educadas. Si habíamos tenido una discusión real y a viva voz, o si yo me había metido en líos en la escuela, me encontraba misivas mucho más acusatorias esperándome cuando llegaba a casa.

Querido Trevor:

«La necedad es inseparable del corazón del niño; la vara de la disciplina la desprenderá de él».
Proverbios 22:15

Tus notas han sido muy decepcionantes este trimestre, y tu conducta en clase sigue siendo molesta e irrespetuosa. Me queda claro por tu comportamiento que no me respetas. Tampoco respetas a tus maestras. Aprende a respetar a las mujeres de tu vida. Porque la forma en que me tratas a mí y tratas a tus maestras será la forma en que trates al resto de las mujeres del mundo. Aprende a cambiar esa tendencia y eso te hará un hombre mejor. Por esta conducta tuya vas a estar castigado una semana. No tendrás ni televisión ni videojuegos.

Atentamente,
tu madre

Por supuesto, a mí aquel castigo me parecía completamente injusto. Así que cogía la carta e iba a echársela en cara.

—¿Puedo hablar contigo de esto?

—No. Si quieres responder, vas a tener que escribirme una carta.

De forma que yo me iba a mi habitación, sacaba papel y bolígrafo, me sentaba a mi pequeño escritorio y me ponía a rebatir sus argumentos uno por uno.

A quien pueda interesar:
Querida mamá:

En primer lugar, ha sido una época particularmente dura en la escuela, y que tú digas que mis notas son malas es extremadamente injusto, sobre todo teniendo en cuenta el hecho de que tú no fuiste muy buena estudiante y yo soy, a fin de cuentas, un producto tuyo, y por consiguiente en parte la culpa es tuya, porque si tú no eras buena estudiante, ¿cómo voy a serlo yo, si genéticamente somos iguales? La abuela siempre cuenta lo mal que te portabas, así que es obvio que mi mala conducta procede de ti, de manera que no me parece bien ni justo que digas todas esas cosas.

Atentamente,
Trevor.

Le llevaba la carta y me quedaba allí esperando mientras la leía. Invariablemente mi madre rompía la carta y la tiraba a la papelera. «¡Tonterías! ¡Puras tonterías!». A continuación empezaba a echarme la caballería encima y yo le decía:

—Ah, ah, ah. No. Me tienes que escribir una carta.

Luego me iba a mi habitación y esperaba su respuesta. A veces este tira y encoge duraba días.

La escritura de cartas era para disputas de poca monta. Para las infracciones importantes, mi madre prefería los azotes. Igual que la mayoría de los padres y madres negros de Sudáfrica, en temas de disciplina mi madre era de la vieja escuela. Si yo la enfadaba mucho, echaba mano del cinturón o de la vara. Así se hacía en aquella época. Y prácticamente todos mis amigos pasaban por lo mismo.

Mi madre me habría dado las nalgadas sentada y como Dios manda si yo le hubiera dado la oportunidad, pero nunca me agarraba. Mi abuela me llamaba Springbok en honor de la gacela que persiguen los guepardos, el segundo mamífero más rápido en la faz de la tierra después del ciervo que el guepardo caza. A mi madre no le quedó más remedio que convertirse en guerrillera. Me tenía que golpear donde y como podía, con cinturón, vara o zapato, y siempre al vuelo.

Una cosa que yo respetaba de mi madre era que siempre me dejaba bien claro por qué me estaba golpeando. No era por rabia ni por furia. Era una disciplina que nacía del amor. Mi madre se las tenía que ver sola con un niño chiflado. Yo destruía pianos. Me cagaba en el suelo. Así pues, si hacía alguna de las mías, ella me daba una paliza, me dejaba llorar un rato y luego volvía a entrar en mi habitación con una sonrisa de oreja a oreja y me decía:

—¿Estás listo para la cena? Tenemos que darnos prisa si queremos ver *Rescate 911*. ¿Vienes?

—¿Qué? ¿Pero qué clase de psicópata eres? ¡Me acabas de dar una paliza!

—Sí. Porque te has portado mal. Eso no quiere decir que ya no te quiera.

—¿Qué?

—A ver, ¿te has portado mal o no?

—Sí.

—¿Y entonces qué ha pasado? Que te he pegado. Pero ya está, ya he terminado. ¿Qué haces ahí sentado llorando? Es la hora de *Rescate 911*. William Shatner nos está esperando. ¿Vienes o no?

En lo concerniente a la disciplina, la escuela católica no se andaba con bromas. Cada vez que me metía en líos, las monjas de Maryvale me daban en los nudillos con el borde de una regla metálica. Por decir palabrotas me lavaban la boca con jabón. Por ofensas graves, me mandaban al despacho del director. El director era el único que te podía dar una paliza oficial. Tenías que inclinarte hacia delante y él te pegaba en el culo con una cosa plana de goma que parecía una suela de zapato.

El director siempre me pegaba como si tuviera miedo de darme demasiado fuerte. Un día me estaba dando una paliza y yo pensé: «Caramba, ojalá mi madre me pegara así», y me eché a reír. Se me escapó la risa. El director se quedó bastante preocupado.

—Si te ríes mientras te están dando una paliza —me dijo—, es que tienes un problema.

Aquella fue la primera de las tres veces que la escuela obligó a mi madre a llevarme al psicólogo. Todos los psicólogos que me examinaban salían y decían: «A este chico no le pasa nada». No tenía un desorden de déficit de atención. No era un sociópata. Solamente era un chico creativo, independiente y lleno de energía. Los psicólogos me hicieron una serie de pruebas y llegaron a la conclusión de que o bien iba a ser un criminal excelente o bien me iba a ser muy fácil atrapar criminales, porque siempre encontraba los vacíos que dejaba la ley. Siempre que me parecía que una regla no era lógica, encontraba la forma de eludirla.

Las normas para comulgar en la misa del viernes, por ejemplo, no tenían ni pies ni cabeza. Nos pasábamos allí una hora poniéndonos de rodillas, de pie, sentados, de rodillas, de pie, sentados, de rodillas, de pie, sentados, y al final yo ya me moría de hambre, pero nunca me dejaban comulgar porque no era católico. Los otros muchachos podían comer el cuerpo de Cristo y beber la sangre de Cristo, pero yo no. Y la sangre de Cristo era jugo de uva, que a mí me encantaba. Jugo de uva y galletas: ¿qué más podía querer un niño? Pero no me dejaban ni probarlo. Así que siempre estaba discutiendo con las monjas y con el cura.

—Los únicos que pueden comer el cuerpo de Cristo y beber la sangre de Cristo son los católicos, ¿verdad?

—Sí.

—Pero Jesús no era católico.

—No.

—Jesús era judío.

—Bueno, sí.

—Entonces, ¿me está diciendo usted que si Jesús entrara ahora mismo en su iglesia, ¿no le dejarían comulgar con el cuerpo y la sangre de Cristo?

—Bueno... eh... hum...

Nunca tenían una respuesta satisfactoria.

Una mañana antes de la misa decidí: «Pues yo voy a probar el cuerpo y la sangre de Cristo». Me metí detrás del altar y me bebí la botella entera de jugo de uva y me comí la bolsa entera de la eucaristía para compensar todas las veces que no había podido hacerlo.

En mi mente yo no estaba violando las reglas, porque las reglas no tenían ningún sentido. Y solamente me descubrieron porque ellos sí que las violaron. Otro niño me delató en la confesión y el sacerdote me entregó.

—No, no —protesté yo—. Las reglas las ha quebrantado *usted*. Era información confidencial. El sacerdote no puede repetir lo que uno dice en la confesión.

No les importó. La escuela podía romper las reglas que quisiera. El director arremetió contra mí.

—¿Qué clase de persona enferma es capaz de comerse todo el cuerpo de Cristo y beberse toda su sangre?

—Una persona con hambre.

Por aquello me cayó otra paliza y un segundo viaje al psicólogo. El tercero, y la gota que colmó el vaso, se produjo en sexto grado. Un muchacho me estaba acosando. Me dijo que me iba a dar una paliza y yo me llevé uno de mis cuchillos a la escuela. No tenía intención de usarlo, solo quería llevarlo encima. A la escuela eso le dio igual. Para ellos fue el colmo. No me expulsaron exactamente. El director me hizo sentarme y me dijo:

—Trevor, podemos expulsarte. Tienes que pensar si realmente quieres seguir en Maryvale el año que viene.

Creo que él pensaba que me estaba dando un ultimátum que me metería en cintura. Pero a mí me pareció que me estaba ofreciendo una salida, así que la acepté.

—No —le dije—. No quiero seguir aquí.

Y ahí se acabó para mí la escuela católica.

Lo más curioso del caso es que, cuando esto pasó, mi madre no se enfadó conmigo. No me dieron ninguna paliza al llegar a casa. Ella había perdido la beca al dejar su trabajo en la ICI y se le estaba poniendo complicado pagarme la escuela privada. Pero, por encima de todo, consideró que la escuela estaba exagerando. La verdad es que seguramente se puso más veces de mi lado y en contra de la Maryvale que al revés. Y en lo de la eucaristía estaba al cien por ciento de acuerdo conmigo.

—A ver si lo entiendo —le dijo al director— ¿Está usted castigando a un niño porque *quiere* el cuerpo y la sangre de Cristo? ¿Y por qué no puede comulgar? Claro que puede.

Cuando me llevaron a ver a un psicólogo por reírme mientras el director me pegaba, ella dijo que aquello también era ridículo.

—Señora Noah, su hijo se estaba riendo mientras le pegábamos.

—Bueno, está claro que no saben pegarle a un niño. Eso es problema de ustedes, no mío. Trevor no se ha reído nunca mientras yo le pegaba, eso se lo aseguro.

Esto era lo más extraño y casi asombroso de mi madre. Si estaba de acuerdo conmigo en que una regla era estúpida, no me castigaba por quebrantarla. Tanto ella como los psicólogos coincidían en que el problema lo tenía la escuela, no yo. La escuela católica no es el lugar idóneo para ser creativo e independiente.

La escuela católica se parece al *apartheid* en que los dos son implacablemente autoritarios y en que esa autoridad se basa en una serie de normas que no tienen sentido. Mi madre había crecido con esas normas y las cuestionaba. Cuando veía que no se sostenían, se limitaba a eludirlas. La única autoridad que reconocía era la de Dios. Dios es amor y la Biblia es la verdad: todo lo demás es discutible. Ella me enseñó a desafiar a la autoridad y a cuestionar el sistema. Si le salió el tiro por la culata fue solamente porque yo también la desafiaba y la cuestionaba a ella todo el tiempo.

Cuando yo tenía siete años, mi madre debía de llevar más o menos un año saliendo con su nuevo novio, Abel, pero por entonces yo era demasiado pequeño para entender la relación que tenían. Simplemente me limitaba a pensar: «Oh, es ese amigo de mamá que viene tanto a casa». Me caía bien. Era un tipo muy simpático.

En esa época, si eras una persona negra y querías vivir en las zonas residenciales, necesitabas que una familia blanca te alquilara los cuartos del servicio o, a veces, el garaje, que era el caso de Abel. Abel vivía en un barrio llamado Orange Grove, en el garaje de una familia blanca, que él había convertido en una especie de casita de campo con un hornillo eléctrico y una cama. A veces se quedaba a dormir en nuestra casa y a veces nosotros nos quedábamos en la suya. Quedarse en un garaje cuando teníamos casa propia no era lo ideal, pero Orange Grove quedaba cerca de mi escuela y del trabajo de mi madre, así que la cosa tenía sus ventajas.

Aquella familia blanca también tenía una sirvienta negra que vivía en las habitaciones del servicio, en la parte de atrás de la casa, y cuando nos quedábamos allí yo a veces jugaba con su hijo. A esa edad, mi amor por el fuego estaba en pleno apogeo. Una tarde, todos los adultos estaban trabajando —mi madre, Abel y los padres blancos—, y el chico y yo estábamos jugando juntos mientras su madre limpiaba en la casa. Una cosa que me encantaba hacer en aquella época era usar una lupa para grabar mi nombre a fuego sobre madera. Tenías que apuntar con el lente y apuntar bien hasta que brotaba la llama, y entonces la movías despacio para quemar formas, letras y dibujos. Eso me fascinaba.

La tarde en cuestión yo estaba enseñándole mi técnica a aquel chico. Estábamos en las habitaciones del servicio, que eran más bien un cobertizo añadido a la parte trasera de la casa, lleno de escaleras de mano de madera, cubos de pintura vieja y trementina. Además de la lupa, yo me había traído una caja de fósforos: todo mi arsenal para encender fuegos. Nos habíamos sentado en un colchón viejo que ellos usaban para dormir en el suelo, básicamente un saco relleno de paja seca. El sol entraba a raudales por la ventana y yo le estaba enseñando al muchacho a grabar su nombre con fuego en un trozo de contrachapado.

En un momento dado hicimos una pausa para comer algo. Yo dejé la lupa y los fósforos sobre el colchón y nos fuimos unos minutos. Al volver nos dimos cuenta de que la puerta del cobertizo era de esas que se cierran solas por dentro. No podíamos entrar sin recurrir a su madre, así que decidimos ir a la parte de delante y jugar en el jardín. Al cabo de unos minutos vi que salía humo de las rejas de la ventana. Me acerqué corriendo y miré dentro. Ya había un pequeño fuego en medio del colchón de paja en el que habíamos dejado los fósforos y la lupa. Fuimos a llamar a la madre del chico, que vino pero tampoco supo qué hacer. La puerta estaba cerrada por dentro, y antes de que pudiéramos encontrar la forma de entrar en el cobertizo, ya estaba todo en llamas: el colchón, las escaleras de mano, la pintura, la trementina, todo.

Las llamas avanzaron deprisa. Pronto se incendió también el tejado, y de ahí el fuego pasó a la vivienda principal y todo empezó a arder y a arder y a arder. Una columna enorme de humo se elevaba en el cielo. Un vecino había llamado a los bomberos y las sirenas ya estaban de camino. El muchacho, su madre y yo salimos corriendo hasta el camino de entrada y nos quedamos mirando cómo los bomberos intentaban apagar el fuego, pero para cuando llegaron ya era demasiado tarde. No quedó más que un armazón chamuscado de ladrillo y mortero, sin tejado y destruido por dentro.

La familia blanca regresó y se quedó plantada en la calle, mirando las ruinas de su casa. Le preguntaron a la sirvienta qué había pasado y ella se lo preguntó a su hijo, y el niño cantó como un canario:

—Trevor tenía fósforos —confesó.

La familia no me dijo nada. Creo que no supieron qué decir. Estaban completamente aturdidos. No llamaron a la policía ni tampoco amenazaron con poner una demanda. ¿Qué iban a hacer, arrestar a un niño de siete años por pirómano? Y además, éramos tan pobres que aunque nos demandaran no podrían sacarnos nada. Y estaban asegurados, así que la cosa se quedó ahí.

A Abel lo echaron del garaje, lo cual me pareció el colmo, porque el garaje estaba en un edificio independiente y era la única parte de la propiedad que había quedado intacta. Yo no entendía por qué tenían que echar a Abel, pero lo echaron. Nosotros le ayudamos a hacer las maletas, las metimos en el carro y nos volvimos a Eden Park; a partir de entonces Abel básicamente vivió con nosotros. Mi madre y él tuvieron una pelea tremenda: «¡Tu hijo me ha quemado la vida!». Pero aquel día nadie me castigó. Mi madre estaba totalmente en shock. Una cosa eran las travesuras, pero quemar la casa de unos blancos era completamente distinto. No sabía qué hacer.

Sin embargo, yo no sentí remordimientos. Y sigo sin sentirlos. Mi abogado interior mantiene que soy completamente inocente. Había fósforos y había una lupa y había un colchón, y está claro que se produjo una serie de coincidencias desgraciadas. Las cosas a veces se incendian. Por eso existen los bomberos. En mi familia, sin embargo, todo el mundo te dirá: «Trevor quemó una casa». Si ya antes todo el mundo me consideraba travieso, después del incendio me hice famoso. Uno de mis tíos dejó de llamarme Trevor y empezó a llamarme «Terror».

—No dejen a ese muchacho solo en casa —decía—. Se las quemará entera.

Mi primo Mlungisi nunca ha conseguido entender cómo sobreviví portándome tan mal como me portaba, cómo soportaba todas las palizas que me daban. ¿Por qué seguía portándome tan mal? ¿Cómo era posible que nunca aprendiera la lección? Tanto mi primo como mi prima eran buenísimos. A Mlungisi debieron de darle una sola pela en su vida. Y como decía que no quería volver a pasar nunca por nada parecido, después de aquel día obedeció siempre las normas. Pero yo tenía la gran suerte de haber heredado otro rasgo de mi madre: su capacidad para olvidar el dolor en la vida. Me acuerdo de lo que causó el trauma, pero no retengo el trauma en sí. Nunca dejo que un recuerdo doloroso me impida probar algo nuevo. Si piensas demasiado en la pela que te dio tu madre, o en las pelas que te ha dado la vida, dejarás de desafiar los límites y de romper las normas. Es mejor recibir la paliza, llorar un rato y despertarte al día siguiente y seguir en lo tuyo. Tendrás unos cuantos moretones que te recordarán lo que ha pasado, lo cual está bien, pero los moretones no tardan en irse, y es por algo: porque es hora de volver a meterse en líos.

Crecí en una familia negra de un barrio negro de un país negro. He viajado a otras ciudades negras de países negros de todo el continente negro. Y en todo este tiempo nunca he encontrado un sitio en el que a la gente negra le gusten los gatos. Una de las principales razones de esto, como bien sabemos en Sudáfrica, es que solo las brujas tienen gatos y que todos los gatos son brujas. Hace unos años hubo un famoso incidente durante un partido de fútbol de los Orlando Pirates. Un gato se coló en el estadio, se puso a correr por entre el público y terminó saltando al campo en mitad del partido. Un guardia de seguridad, al ver al gato, hizo lo que haría cualquier persona negra sensata. Se dijo a sí mismo: «Ese gato es una bruja». Así que lo agarró y —en directo, por televisión— se puso a patearlo y a pisotearlo y lo mató a golpes con un *sjambok*, un látigo de cuero duro.

Salió en las portadas de los periódicos de todo el país. Los blancos se subieron por las paredes. Oh, dios mío, qué locura. Al guardia de seguridad lo detuvieron, lo llevaron a juicio y lo declararon culpable de maltrato animal. Tuvo que pagar una multa enorme para evitar varios meses de cárcel. Lo irónico para mí era que la gente blanca se había pasado años viendo vídeos de otra gente blanca matando a palos a los negros, y sin embargo lo que les hizo perder los papeles era ese vídeo de un hombre negro dando patadas a un gato. La gente negra no entendía lo que estaba pasando. No veían nada malo en lo que había hecho el hombre. Decían: «Es obvio que el gato era una bruja. Si no, ¿cómo se iba a meter un gato en un campo de fútbol? Alguien lo mandó para dar mala suerte a uno de los equipos. El hombre tenía que matar al gato. Estaba protegiendo a los jugadores».

En Sudáfrica la gente negra tiene perros.

7

Fufi

Un mes después de mudarnos a Eden Park, mi madre se trajo a casa dos gatos. Los dos negros. Unas criaturas preciosas. Una compañera suya del trabajo había tenido una camada de gatitos de los que estaba intentando deshacerse, y mi madre terminó con dos. Yo estaba emocionado porque nunca había tenido mascota. Mi madre estaba emocionada porque le encantan los animales. Ella no creía en tonterías sobre los gatos. También en aquel sentido era una rebelde: se negaba a aceptar las ideas imperantes sobre lo que podían hacer los negros y lo que no.

En un barrio negro era impensable tener un gato, sobre todo si era negro. Era como llevar un letrero que dijera: «Hola, soy bruja». Era un suicidio. Pero como nos habíamos mudado a un barrio de gente de color, mi madre pensó que aquellos gatos no serían problema. En cuanto crecieron, empezamos a dejar que salieran a pasear por el vecindario durante el día. Una noche llegamos a casa y nos los encontramos colgados por la cola en la puerta de nuestra casa, destripados, desollados y desangrándose, con las cabezas cortadas. En la fachada de nuestra casa, alguien había escrito en afrikaans: *Heks*, «bruja».

Al parecer, la gente de color no era más progresista que los negros en materia de gatos.

Yo no me quedé exactamente devastado por la muerte de aquellos gatos. Creo que no los tuvimos el tiempo suficiente como para que les cogiera cariño. Ni siquiera me acuerdo de cómo se llamaban. Y los gatos suelen ser bastante cabrones. Por mucho que lo intenté, nunca me parecieron realmente mascotas. Nunca me mostraron afecto ni tampoco aceptaron el mío. Si los gatos se hubieran esforzado un poco más, quizás sí que hubiese tenido la sensación de haber perdido algo. Pero aun siendo un niño, me quedé mirando a aquellos animales muertos y mutilados y pensé: «Bueno, es normal. Quizás si hubieran sido más simpáticos podrían haber evitado esto».

Después de que nos mataran a los gatos, nos pasamos una temporada sin mascotas. Luego tuvimos perros. Los perros son geniales. Casi todas las familias negras que yo conocía tenían perro. Daba igual lo pobre que fueras: tenías perro. Eso sí, no los tratábamos como los blancos. Los blancos tratan a los perros como si fueran hijos o miembros de la familia. Los perros de los negros son más bien un elemento de protección, una alarma antirrobo para pobres. Te compras un perro y lo tienes en el patio. La gente negra les pone nombres basados en sus rasgos. Si tiene rayas, lo llamas Tigre. Si es agresivo, lo llamas Peligro. Si tiene manchas, lo llamas Manchitas. Y como el número de rasgos que puede tener un perro es limitado, básicamente todos los perros se llaman igual; la gente se limita a reciclar los nombres.

En Soweto nunca habíamos tenido perros. Un buen día, sin embargo, otra compañera de trabajo de mi madre nos ofreció dos perritas. No las querían. A la poodle maltesa de aquella mujer la había preñado el bull terrier del vecino, una mezcla de lo más extraña. Mi madre le dijo que se quedaba las dos. Las trajo a casa y yo fui el niño más feliz del mundo.

Mi madre las llamó Fufi y Pantera. El nombre de Fufi no sé de dónde salió. Pantera tenía la nariz rosa, así que primero la llamamos Pantera Rosa y al final se quedó solo con Pantera. Las perras eran hermanas y se querían y se odiaban a partes iguales. Se cuidaban la una a la otra, pero también se peleaban todo el tiempo. Peleas con sangre. Mordiscos. Zarpazos. Tenían una relación extraña y truculenta.

Pantera era la perra de mi madre y Fufi era la mía. Fufi era una perra preciosa. Figura definida y cara feliz. Parecía del todo bull terrier, aunque un poco más flaca por la mezcla de poodle maltés. Pantera, que era más mitad y mitad, había salido con una pinta más rara y desaliñada. Pantera era lista. Fufi era tonta de cojones. O al menos siempre nos pareció tonta de cojones. Siempre que las llamábamos, Pantera venía al instante y Fufi ni se movía. Luego Pantera corría a buscar a Fufi y entonces venían las dos. Al final resultó que Fufi era sorda. Años más tarde, Fufi murió cuando un ladrón intentó entrar en nuestra casa. El ladrón empujó el portón y le cayó a ella encima del lomo y le rompió la columna. La llevamos al veterinario y la tuvo que sacrificar. Después de examinarla, el veterinario vino a darnos la noticia.

—Debe de haber sido extraño para su familia vivir con una perra sorda —dijo.

—¿Qué?

—¿No sabían que su perra era sorda?

—No, pensábamos que era tonta.

Fue entonces cuando nos dimos cuenta de que, durante toda su vida, una de las perras le había estado indicando de alguna forma a la otra lo que tenía que hacer. La lista y la que oía ayudaba a la tonta y sorda.

Fufi fue el amor de mi vida. Preciosa pero tonta. Yo la crie. Yo la enseñé a hacer sus necesidades. Dormía en mi cama. Para un niño, es genial tener perro. Es como tener una bicicleta con emociones.

Fufi sabía hacer toda clase de trucos. Pegaba unos saltos tremendos. Y cuando digo tremendos quiero decir *tremendos*.

Yo sujetaba un trozo de comida por encima de mi cabeza y ella pegaba un salto y lo agarraba como si nada. Si por entonces hubiera existido YouTube, Fufi habría sido una estrella.

Fufi también era supertraviesa. De día teníamos a los perros en el patio, que estaba rodeado por una cerca de al menos un metro y medio de alto. Al cabo de poco tiempo, cada vez que volvíamos a casa nos encontrábamos a Fufi esperándonos al otro lado de la reja. Eso siempre nos confundía. ¿Acaso alguien se la abría? ¿Qué estaba pasando? Nunca se nos ocurrió que pudiera escalar una cerca de más de metro y medio, y sin embargo eso era exactamente lo que hacía. Todas las mañanas, Fufi esperaba a que nos marcháramos, saltaba por encima de la cerca y se iba a pasear por el vecindario.

La pillé un día que tenía vacaciones de la escuela y me había quedado en casa. Mi madre se había ido a trabajar y yo estaba en la sala de estar. Fufi no sabía que yo estaba allí; pensaba que me había ido porque no estaba el carro. Oí que Pantera ladraba en el patio de atrás y vi a Fufi saltar la cerca. Pegó un salto, trepó el último medio metro y desapareció.

No podía creer lo que estaba viendo. Salí corriendo, agarré la bicicleta y me puse a seguirla para ver adónde iba. Y se fue muy lejos, a muchas calles de distancia, a otra parte del barrio. Luego se acercó a una casa, saltó la cerca y se les metió en el patio. ¿Qué diablos estaba pasando? Me acerqué a la reja y llamé al timbre. Salió a abrirme un chico de color.

—¿Puedo ayudarte? —me dijo.

—Sí. Mi perra está en tu patio.

—¿Qué?

—Mi perra. Está en tu patio.

Fufi se acercó y se puso entre nosotros.

—¡Fufi, ven! —le dije—. ¡Vámonos!

El muchacho miró a Fufi y la llamó por algún otro nombre idiota, Manchitas o alguna tontería por el estilo.

—Manchitas, métete en casa, anda.

—¡Eh, para el carro! —le dije—. ¿Manchitas? ¡Esta es Fufi!

—No, es mi perra Manchitas.

—No, es Fufi, mi amiga.

—No, es Manchitas.

—Pero ¿cómo va a ser Manchitas? Si ni siquiera tiene manchas. No sabes ni lo que estás diciendo.

—¡Es Manchitas!

—¡Fufi!

—¡Manchitas!

Y claro, como Fufi era sorda, no respondía ni cuando la llamabas Manchitas ni cuando la llamabas Fufi. Así que se limitó a quedarse allí plantada. Empecé a gritar al muchacho.

—¡Devuélveme a mi perra!

—No sé quién eres —me dijo—, pero más te vale largarte de aquí.

Luego se metió en la casa para llamar a su madre y salió ella.

—¿Qué quieres? —me dijo.

—¡Esa es mi perra!

—Es nuestra perra. Vete.

Me eché a llorar.

—¿Por qué me están robando a mi perra? —Me dirigí a Fufi y me puse a suplicarle—. Fufi, ¡¿por qué me haces esto?! ¡¿Por qué, Fufi?! ¡¿Por qué?! —La llamé. Le supliqué que viniera. Pero Fufi era sorda a mis súplicas. Como a todo lo demás.

Me monté en mi bicicleta y volví a casa a toda velocidad, con las lágrimas cayéndome por la cara. Yo quería mucho a Fufi. Verla con otro chico y actuando como si no me conociera, después de que yo la había criado, después de todas las noches que habíamos pasado juntos... Estaba destrozado.

Aquella noche Fufi no vino a casa. Como la otra familia pensaba que yo iba a ir a robarles a su perra, habían decidido encerrarla en casa, de forma que no pudo volver como de costumbre para esperarnos al otro lado de la cerca. Mi madre llegó del trabajo. Yo estaba hecho un mar de lágrimas. Le dije que habían secuestrado a Fufi. Volvimos a la casa. Mi madre llamó al timbre y le plantó cara a la otra madre.

—Oiga, esa perra es nuestra.

La mujer le mintió en su cara:

—Esa perra no es suya. Nosotros la compramos.

—Cómo es posible si es nuestra.

Y siguieron así un rato. La mujer no daba su brazo a torcer, así que nos fuimos a casa en busca de pruebas: fotos nuestras con las perras y certificados del veterinario. Yo me pasé todo el rato llorando hasta que mi madre perdió la paciencia conmigo.

—¡Deja de llorar! ¡Vamos a recuperar a la perra! ¡Tranquilízate!

Reunimos toda la documentación y volvimos a la otra casa. Esta vez nos llevamos a Pantera como parte de nuestro muestrario de pruebas. Mi madre le enseñó a aquella mujer las fotos y la información del veterinario. Aun así, la mujer no quiso devolvernos a Fufi. Mi madre amenazó con llamar a la policía. Se estaba montando un lío enorme. Por fin mi madre dijo:

—Muy bien, le daré cien rand.

—Está bien —dijo la mujer.

Mi madre le dio el dinero y ella nos trajo a Fufi. El otro chico, que creía que Fufi era Manchitas, tuvo que ver cómo su madre vendía el perro que él creía que era suyo. Y entonces el que se echó a llorar fue él.

—¡Manchitas! ¡No! ¡Mamá, no puedes vender a Manchitas!

Pero a mí no me importó. Yo solamente quería recuperar a Fufi.

En cuanto Fufi vio a Pantera salió inmediatamente. Los perros se vinieron con nosotros y nos marchamos de allí. No paré de hacer pucheros durante todo el trayecto de vuelta, todavía con el corazón roto. Mi madre ya estaba cansada de mis gimoteos.

— Pero ¡¿por qué lloras?!

—Porque Fufi quiere a otro chico.

—¿Y qué? ¿Por qué te duele eso? A ti no te ha costado nada. Fufi está aquí. Y sigue siendo tuya. Así que déjalo ya.

Fufi fue mi primer desengaño amoroso. No he sufrido mayor traición en mi vida. Sin embargo, para mí fue una lección valiosa. Lo que más me costó fue entender que Fufi no me estaba engañando con otro chico. Simplemente estaba viviendo su vida al máximo. Hasta que no supe que ella salía sola durante el día, su otra relación no me había afectado en absoluto. Fufi no había tenido ninguna mala intención.

Yo estaba convencido de que Fufi era mía, pero por supuesto no era verdad. Fufi era una perra. Yo era un niño. Nos llevábamos bien. Se daba el caso de que ella vivía en mi casa. Y esa experiencia dio forma a lo que llevo toda la vida pensando sobre las relaciones: uno no es dueño de aquello a lo que ama. Tuve la suerte de aprender esa lección siendo tan pequeño. Tengo muchos amigos y amigas que, aun siendo adultos, siguen lidiando con la sensación de que los han traicionado. Acuden a mí furiosos y llorando y diciendo que les han engañado o les han mentido y yo lo siento por ellos. Entiendo su situación. Me siento a su lado, les invito a una copa y les digo:

—A ver, déjame que te cuente la historia de Fufi.

Cuando yo tenía veinticuatro años, un día, sin venir a cuento de nada, mi madre me dijo:

—Tienes que encontrar a tu padre.

—¿Por qué? —le pregunté yo. Por aquella época yo ya llevaba diez años sin verlo y no pensaba que fuera a volverlo a ver nunca.

—Porque él es parte de ti —me dijo—. Y si no lo encuentras, tampoco te encontrarás a ti mismo.

—No lo necesito para eso —le dije yo—. Ya sé quién soy.

—No es cuestión de saber quién eres. Es cuestión de que él sepa quién eres tú y de que tú sepas quién es él. Hay demasiados hombres que crecen sin sus padres y se pasan la vida teniendo una impresión falsa de quién es su padre y de lo que un padre debería ser. Tú necesitas encontrar al tuyo. Y necesitas enseñarle quién eres ahora. Necesitas cerrar esa historia.

8

Robert

Mi padre es un misterio absoluto. Hay demasiadas preguntas sobre su vida de las que todavía hoy no sé la respuesta.

¿Dónde creció? En alguna parte de Suiza.

¿A qué universidad fue? Ni siquiera sé si fue.

¿Cómo terminó en Sudáfrica? Ni idea.

Nunca he conocido a mis abuelos suizos. No sé cómo se llaman ni sé nada de ellos. Sé que mi padre tiene una hermana mayor pero no la conozco. Sé que trabajó una temporada de chef en Montreal y en Nueva York antes de mudarse a Sudáfrica a finales de los años 70. Sé que trabajó para una empresa de catering industrial y que abrió un par de bares y restaurantes en sitios distintos. Y eso es todo.

Nunca llamé a mi padre «papá» o «padre». No podía. Me enseñaron a no hacerlo. Si en público o en cualquier sitio donde nos pudieran oír yo lo hubiese llamado «papá», alguien podría haber hecho preguntas o podría haber llamado a la policía. Así pues, desde que me alcanza la memoria siempre lo he llamado «Robert».

Aunque no sé nada de su vida antes de mí, gracias a mi madre y al tiempo que he podido pasar con él tengo cierta idea de la clase de persona que es. Es muy suizo: pulcro y detallista y preciso. Es la única persona que conozco que se aloja en una habitación de hotel y la deja más limpia de lo que la encontró. No le gusta que nadie le sirva. Ni criados ni empleados domésticos. Siempre limpia lo que ensucia. Le gusta que lo dejen tranquilo. Vive en su mundo y se lo hace todo él.

Sé que nunca se ha casado. Solía decir que la mayoría de la gente se casa porque quiere controlar a otra persona, y él nunca ha querido que nadie lo controlara. Sé que le encanta viajar y que le encanta recibir visitas y tener a gente en su casa. Pero al mismo tiempo, su intimidad es lo primero para él. Allí donde vive, nunca figura en la guía telefónica. Estoy seguro de que a mis padres los habrían descubierto durante el tiempo que estuvieron juntos si él no hubiera sido tan celoso de su intimidad. Mi madre era alocada e impulsiva. Mi padre era reservado y racional. Ella era fuego y él, hielo. Eran opuestos que se atraen, y yo soy una mezcla de ambos.

Una cosa que sí sé de mi padre es que odia el racismo y la homogeneidad más que nada en el mundo, y no por una cuestión de fariseísmo ni de superioridad moral. Simplemente nunca entendió cómo los blancos podían ser racistas en Sudáfrica. «África está llena de gente negra», decía. «¿Por qué te vienes a África si odias a los negros? Si tanto odias a los negros, ¿por qué te has mudado a su casa?». Para él era una locura.

Y como mi padre nunca entendió el racismo, tampoco suscribió ninguna de las reglas del *apartheid*. A principios de los 80, antes de que yo naciera, abrió uno de los primeros restaurantes integrados de Johannesburgo, una brasería. Solicitó una licencia especial para montar un establecimiento que sirviera tanto a clientes negros como blancos. Aquellas licencias existían porque los hoteles y restaurantes las necesitaban para servir a viajeros y diplomáticos negros de otros países, que en teoría no estaban sometidos a las mismas restricciones que la población negra de Sudáfrica; a su vez, los sudafricanos negros con dinero se aprovechaban de esta trampa legal para usar esos hoteles y restaurantes.

El restaurante de mi padre fue un éxito instantáneo y sonado. Los negros iban porque había muy pocos locales elegantes donde les permitiesen comer y querían poder sentarse en un restaurante bonito y vivir la experiencia. Los blancos iban porque querían ver cómo era compartir local con gente negra. Los blancos se sentaban y miraban comer a los negros, y los negros se sentaban y miraban cómo los blancos los miraban comer. La curiosidad de estar juntos vencía la animosidad que mantenía separada a la gente. Reinaba una atmósfera fantástica.

El restaurante cerró solamente porque unos cuantos vecinos del barrio se empeñaron en protestar. Presentaron quejas y el gobierno empezó a buscar formas de cerrar el establecimiento. Lo primero que hicieron fue mandar inspectores para intentar pillar a mi padre violando alguna normativa higiénico-sanitaria. Estaba claro que nunca habían oído hablar de aquel suizo. Su estrategia fue un fracaso rotundo. Luego decidieron ir a por él imponiéndole más restricciones arbitrarias.

—Tiene usted licencia, o sea que puede mantener abierto el restaurante —le dijeron—. Pero deberá tener baños separados para cada categoría racial. Un baño para blancos, otro para negros, otro para gente de color y otro para indios.

—Pero entonces el restaurante no tendrá nada más que baños.

—Bueno, si no quiere hacerlo, la otra opción es que sea un restaurante normal y sirva solamente a los blancos.

Así que cerró el restaurante.

Después de la caída del *apartheid*, mi padre se mudó de Hillbrow a un vecindario llamado Yeoville, un antiguo barrio residencial, antaño tranquilo, que se había transformado en un animado hervidero de negros, blancos y gente de todos los colores. Allí llegaban montones de inmigrantes de Nigeria, Ghana y del resto del continente, llevando consigo sus distintas cocinas y toda clase de músicas alegres. La arteria principal de la zona era la calle Rockey, cuyas aceras estaban llenas de vendedores ambulantes, restaurantes y bares. Era una explosión de culturas.

Mi padre vivía a dos manzanas de la calle Rockey, en la calle Yeo, justo al lado de un parque increíble al que me encantaba ir porque allí corrían y jugaban niños de todas las razas y países. La casa de mi padre era sencilla. Bonita pero nada pretenciosa. Creo que mi padre tenía dinero para vivir cómodamente y viajar, pero que nunca derrochaba en nada. Es un hombre extremadamente austero, de esos que se pasan veinte años con el mismo carro.

Mi padre y yo nos regíamos por el calendario. Yo lo visitaba todos los domingos por la tarde. Y por mucho que se hubiera terminado el *apartheid*, la decisión de mi madre era firme: no quería casarse. De forma que nosotros teníamos nuestra casa y él tenía la suya. Yo había hecho un trato con mi madre: si por la mañana la acompañaba a la iglesia mixta y a la de los blancos, luego por la tarde podía saltarme la iglesia de los negros e ir a casa de mi padre, donde veía la Fórmula 1 en vez de las expulsiones de demonios.

Yo siempre celebraba mi cumpleaños con mi padre, y también pasábamos la Navidad con él. A mí me encantaba celebrar la Navidad con mi padre porque la celebraba a la europea. La Navidad europea era la mejor de todas. Mi padre no escatimaba. Tenía luces de Navidad y árbol de Navidad. Tenía nieve falsa y esferas de nieve y calcetines colgados junto a la chimenea y un montón de regalos envueltos que venían de Santa Claus. La Navidad africana era mucho más práctica. Íbamos a la iglesia, volvíamos a casa y cenábamos carne de la buena y montones de crema dulce y mermelada. Y te hacían un regalo, pero normalmente era ropa, un atuendo nuevo. O puede que te regalaran un juguete, pero no venía envuelto y nunca era de parte de

Santa Claus. Todo el asunto de Santa Claus es bastante controvertido en la Navidad africana por una cuestión de orgullo. Cuando un padre africano le compra un regalo a su hijo, lo último que quiere es otorgarle el mérito a un blanco gordo. El padre africano te lo dice directamente: «No, no, no. Te lo he comprado *yo*».

Fuera de los cumpleaños y de las ocasiones especiales, solo nos veíamos los domingos por la tarde. Él cocinaba para mí. Me preguntaba qué quería comer y yo siempre le pedía exactamente lo mismo: un plato alemán llamado *Rösti*, que consiste básicamente en una torta de papas servida con alguna clase de carne con salsa. Me lo comía acompañado de una botella de Sprite, y de postre un envase plástico de natillas con caramelo por encima.

Una buena parte de aquellas tardes transcurría en silencio. Mi padre no hablaba mucho. Era cariñoso y dedicado, estaba atento a los detalles, siempre me mandaba una tarjeta por mi cumpleaños y cuando iba a visitarlo siempre preparaba mi comida favorita y me regalaba mis juguetes favoritos; pero al mismo tiempo era un libro cerrado. Hablábamos de la comida que él me preparaba y de las carreras de Fórmula 1 que veíamos. De vez en cuando me soltaba alguna migaja de información, sobre algún sitio que había visitado o sobre su brasería. Pero nada más. Estar con mi padre era como ver una serie en Internet. Durante unos minutos yo obtenía un poco de información, y después me tocaba esperar otra semana entera hasta la siguiente entrega.

Cuando yo tenía trece años, mi padre se mudó a Ciudad del Cabo y perdimos el contacto. Ya hacía tiempo que habíamos empezado a perderlo, por dos razones. Primero, yo era adolescente. De pronto tenía otro mundo con el que lidiar. Me interesaban más los videojuegos y las computadoras que pasar tiempo con mis padres. Y segundo, mi madre se había casado con Abel, y a mi padrastro le enfurecía la idea de que mi madre estuviera en contacto con su anterior pareja, así que mi madre decidió que era más seguro para todo el mundo no poner a prueba su furia. Por eso pasé de ver a mi padre todos los domingos a verlo cada dos domingos o quizás una vez al mes, es decir, las pocas veces que mi madre me podía llevar allí en secreto, algo que ya había hecho en los tiempos de Hillbrow. Habíamos pasado de vivir bajo el *apartheid* a vivir bajo otra clase de tiranía, la de un alcohólico maltratador.

Al mismo tiempo, Yeoville había empezado a experimentar los efectos de la marcha de la gente blanca y el abandono y la decadencia generalizada. La mayoría de las amistades alemanas de mi padre se habían ido a Ciudad del Cabo. Si de todas formas no me iba a poder ver, él tampoco tenía razones para quedarse, así que se marchó. Su marcha no fue nada traumático, porque no éramos conscientes de que podíamos perder el contacto y no volver a vernos. Me limité a pensar: «Mi padre se muda a Ciudad del Cabo una temporada. Da igual».

Y se marchó. Yo me dediqué a vivir mi vida, sobrevivir al instituto, sobrevivir a mis veintipocos años y hacerme humorista. Mi carrera despegó enseguida. Conseguí trabajo de DJ en una radio y de presentador de un reality show de aventuras para niños en la televisión. Fui cabeza de cartel en clubes de todo el país. Pero mientras mi vida avanzaba, las preguntas sobre mi padre seguían en mi cabeza, en un segundo plano, emergiendo de vez en cuando a la superficie con un borboteo. «Me pregunto dónde estará. ¿Pensará en mí? ¿Sabrá lo que estoy haciendo? ¿Estará orgulloso?». Cuando pierdes relación con un padre o una madre, te quedas en la estacada del no saber, y es muy fácil llenar ese espacio con pensamientos negativos. «No le importo». «Es egoísta». Lo único que me salvaba era que mi madre nunca hablaba mal de él. Siempre lo elogiaba. «Tienes facilidad con el dinero, eso te viene de tu padre». «Tienes la sonrisa de tu padre». «Eres limpio y ordenado igual que tu padre». Nunca caí en el rencor porque ella se aseguró de que yo supiera que su ausencia se debía a las circunstancias y no a que no me quisiera. Siempre me contaba la historia de cuando ella había vuelto a casa del hospital y mi padre le había dicho, «¿dónde está mi hijo? Quiero a ese niño en mi vida». Mi madre me decía: «No te olvides nunca: él eligió ser tu padre». Y al final, cuando tenía veinticuatro años, fue mi madre la que me empujó a buscarlo.

Como mi padre es tan celoso de su intimidad, no fue fácil encontrarlo. No teníamos su dirección. No figuraba en la guía telefónica. Empecé poniéndome en contacto con algunos viejos conocidos suyos, expatriados alemanes de Johannesburgo, una mujer que solía salir con uno de sus amigos, que a su vez conocía a alguien que sabía dónde había estado viviendo en los últimos tiempos. No conseguí nada. Por fin mi madre me sugirió que lo intentara con la embajada suiza. «Allí tienen que saber dónde está», me dijo, «porque necesita mantenerse en contacto con ellos».

Escribí a la embajada suiza para preguntarles dónde estaba mi padre, pero como mi padre no figura en mi certificado de nacimiento, no tenía ninguna prueba de que mi padre era mi padre. La embajada me contestó diciendo que no podían darme ninguna información porque no sabían quién era yo. Probé a llamarlos y también por teléfono me dieron largas. «Mira, muchacho», me dijeron, «no podemos ayudarte. Somos la embajada *suiza*. ¿Es que no sabes nada de los suizos? La discreción es nuestra máxima especialidad. Es lo nuestro. Mala suerte». Yo seguí insistiendo y al final me dijeron: «Vale, aceptamos que nos mandes tu carta, y si existe ese hombre que estás describiendo tal vez se la reenviemos. Y si no existe, pues tal vez no. Vamos a ver qué pasa».

Al cabo de unos meses me llegó una carta. «Muy contento de saber de ti. ¿Cómo estás? Te quiere, tu padre». Me daba también su dirección de Ciudad del Cabo, en un barrio llamado Camps Bay; unos meses después fui a visitarlo.

No me olvidaré nunca de ese día. Seguramente fue uno de los días más extraños de mi vida, ir a ver a una persona a la que conocía y sin embargo no conocía de nada. Mis recuerdos de él me resultaban inalcanzables. Intentaba acordarme de cómo hablaba, de cómo se reía y de sus gestos. Estacioné el carro en su calle y eché a andar en busca de su casa. Camps Bay está lleno de gente blanca mayor y a punto de jubilarse, y mientras andaba por la calle no paré de cruzarme con viejos blancos. Por entonces mi padre ya rondaba los setenta, y a mí me daba miedo haberme olvidado de su cara. Así que me dediqué a mirar a la cara a todos los viejos blancos que se cruzaban conmigo, en plan: «¿Eres mi papá?». Básicamente parecía que estuviera rastreando a los hombres blancos mayores en mitad de una comunidad playera de jubilados. Por fin llegué a la dirección que me había dado y toqué el timbre, y nada más abrirme la puerta lo reconocí: «¡Eh, eres tú!», pensé. «Claro que eres tú. Quién si no. Te conozco».

Reanudamos nuestra relación donde la habíamos dejado; es decir, él se puso a tratarme exactamente igual que cuando yo tenía trece años. Como el animal de costumbres que era, retomó esa actitud de inmediato. «¡Muy bien! ¿Dónde lo dejamos? Ten, tu comida favorita. *Rösti* de papas. Una botella de Sprite. Y natillas con caramelo». Por suerte mis gustos no habían evolucionado demasiado desde los trece años, así que me adapté sin problemas.

Mientras yo comía, él se levantó y fue a buscar un libro, un álbum de fotos de formato grande, y lo trajo a la mesa. «Te he estado siguiendo», me dijo, y lo abrió. Era una colección de recortes de todo lo que yo había hecho y de todas las veces que mi nombre había salido mencionado en la prensa, desde portadas de revistas hasta anuncios diminutos de clubes, desde el principio de mi carrera hasta aquella misma semana. Me lo enseñó todo con una sonrisa de oreja a oreja, mirando los titulares. «Trevor Noah estará este sábado en la Blues Room». «Trevor Noah presentará un nuevo programa de televisión».

Sentí que me invadía una oleada de emociones. A duras penas conseguí no echarme a llorar. Me pareció que en un solo instante se cerraba una brecha de diez años en mi vida, como si solo hubiera pasado un día sin ver a mi padre. Yo llevaba años acosado por los interrogantes. ¿Pensará en mí? ¿Sabrá lo que estoy haciendo? ¿Estará orgulloso? Y resultaba que había estado conmigo todo el tiempo. Siempre había estado orgulloso de mí. Las circunstancias nos habían separado, pero él nunca había dejado de ser mi padre.

Aquel día salí de su casa con la frente bien alta. Nuestro encuentro reafirmaba el hecho de que él me había elegido. Había elegido tenerme en su vida. Había elegido contestar mi carta. Él me quería. Elegirlo es el regalo más grande que le puedes hacer a otro ser humano.

Una vez retomamos el contacto, me venció el deseo de compensar todos los años que habíamos pasado separados. Decidí que la mejor forma de hacerlo era entrevistarlo. Enseguida me di cuenta de que era una equivocación. Las entrevistas proporcionan datos e información, pero no eran datos e información lo que yo buscaba. Lo que yo quería era una relación, y las entrevistas no son relaciones. Las relaciones se construyen con los silencios. Pasas tiempo con alguien, lo observas, interactúas con él, y así llegas a conocerlo; y eso fue justamente lo que nos robó el *apartheid*: el tiempo. Y es algo que no se puede compensar con las entrevistas, pero yo tenía que darme cuenta de eso por mí mismo.

Me fui a pasar unos días con mi padre y me propuse esa misión: este fin de semana conoceré a mi padre. Apenas llegué comencé a acribillarlo a preguntas. «¿De dónde eres? ¿Dónde estudiaste? ¿Por qué hiciste esto? ¿Cómo hiciste aquello?». Y él se empezó a irritar visiblemente.

—¿Esto qué es? —me dijo—. ¿Por qué me estás interrogando? ¿Qué está pasando aquí?

—Pues que quiero conocerte.

—¿Y es así como conoces normalmente a la gente, interrogándola?

—No.

—¿Y cómo conoces a la gente entonces?

—No sé. Pasando tiempo con ella, supongo.

—Muy bien. Pues pasa tiempo conmigo. Y a ver qué averiguas.

Así que pasamos el fin de semana juntos. Cenamos y hablamos de política. Vimos la Fórmula 1 y hablamos de deportes. Nos sentamos en silencio en su jardín y escuchamos discos antiguos de Elvis Presley. Y en todo ese tiempo no me dijo ni una palabra de sí mismo. Luego, cuando ya estaba recogiendo mis cosas para marcharme, se me acercó y se sentó.

—Bueno —me dijo—, en este tiempo que hemos pasado juntos, ¿qué dirías que has averiguado de tu padre?

—Nada. Lo único que sé es que eres completamente hermético.

—¿Lo ves? Ya estás empezando a conocerme.

Segunda parte

Cuando los colonos holandeses desembarcaron en la punta sur de África, hace trescientos años, se encontraron con un pueblo indígena conocido como los khoisan. Los khoisan eran los nativos americanos de Sudáfrica, una tribu perdida de bosquimanos, cazadores-recolectores y nómadas, distintos de los pueblos de piel más oscura e idiomas bantúes que más tarde emigrarían al sur para convertirse en las tribus zulú, xhosa y sotho de la Sudáfrica moderna. Mientras se asentaban en Ciudad del Cabo y en la frontera circundante, los colonos blancos se divirtieron todo lo que quisieron con las mujeres khoisan, y así nació la primera generación mestiza de Sudáfrica.

Pronto se importaron esclavos para trabajar en los ranchos y granjas de los colonos, procedentes de todos los rincones del imperio holandés, África Occidental, Madagascar y las Indias Orientales. Los esclavos y los khoisan se casaron entre ellos y los colonos siguieron metiendo mano y tomándose sus libertades, y con el tiempo los khoisan desaparecieron de Sudáfrica. La mayoría fueron exterminados por las enfermedades, el hambre y las guerras, mientras que el resto se extinguió a fuerza de mezclarse con los descendientes de los blancos y los esclavos hasta formar una raza completamente nueva: la gente de color. La gente de color es un híbrido, una mezcla total. Algunos tienen la piel clara y otros la piel oscura. Unos tienen rasgos asiáticos, otros tienen rasgos blancos y otros tienen rasgos negros. No es nada extraño que un hombre de color y una mujer de color tengan un hijo que no se parezca nada a ellos.

La maldición que lleva consigo la gente de color es no tener herencia que reivindicar. Si investigan a sus ancestros durante el suficiente número de generaciones, llegado un punto su linaje se divide en blancos y nativos y una intrincada red de «otros». Como sus madres nativas ya no están, siempre han tenido una mayor afinidad con sus padres blancos, los afrikáner. La mayoría de las personas de color no habla idiomas africanos. Habla afrikaans. Su religión, sus instituciones y todas las cosas que han dado forma a su cultura vienen de los afrikáner.

En ese sentido, la historia de la gente de color de Sudáfrica es peor que la historia de la gente negra de Sudáfrica. Porque a pesar de todo lo que han sufrido, los negros al menos saben quiénes son. La gente de color, no.

9

La morera

Al final de nuestra calle en Eden Park, en un recodo de la parte más alta, había una morera que crecía en el jardín de una casa. Todos los años, cuando daba fruto, los niños del vecindario iban a cogerle las moras, se comían todas las que podían y el resto lo metían en bolsas para llevárselo a casa. También solían jugar todos juntos debajo del árbol. Yo, en cambio, tenía que jugar solo debajo del árbol. No tenía amigos en Eden Park.

Allá donde viviéramos, yo era la anomalía. En Hillbrow vivíamos en una zona blanca y nadie se parecía a mí. En Soweto vivíamos en una zona negra y nadie se parecía a mí. Eden Park era una zona mestiza. En Eden Park *todo el mundo* se parecía a mí, pero no podían ser más distintos. Era una puta locura, la más grande que he vivido nunca.

La animosidad y el resentimiento hacia mí que yo veía en la gente de color es una de las cosas más duras que he tenido que afrontar. Me enseñó que es más fácil estar dentro cuando estás fuera que estar fuera cuando estás dentro. Si un blanco decide meterse hasta las cejas en la cultura hip-hop y andar por ahí solamente con gente negra, los negros dirán: «Bueno, chico blanco. Haz lo que te parezca». Si un negro decide acallar su negrura para vivir entre los blancos y pasarse el día jugando al golf, los blancos dirán: «Okay. Me cae bien Brian. No representa ningún peligro». Pero intenten ustedes ser un negro que se sumerge en la cultura blanca sin dejar de vivir en la comunidad negra. O intenten ser un blanco que adopta los distintivos de la cultura negra sin dejar de vivir en la comunidad blanca. Se encontrarán con más odio, burlas y ostracismo de los que se pueden imaginar. La gente está dispuesta a aceptarte si ve que eres alguien de fuera que intenta asimilarse en su mundo. En cambio, cuando te ven como a un miembro de su misma tribu que está intentando renegar de la tribu, no te lo perdonan nunca. Y eso mismo es lo que me pasó a mí en Eden Park.

Cuando llegó el *apartheid*, la gente de color desafiaba toda categorización fácil, de forma que el sistema los usó —de una manera bastante brillante— para sembrar confusión, odio y desconfianza. Las personas de color se convirtieron en los cuasi-blancos. Eran ciudadanos de segunda clase, se les negaban los derechos de la gente blanca, pero se les otorgaban unos privilegios especiales de los que la gente negra no gozaba, solamente para tenerlos siempre esperando más. Los afrikáner los llamaban *amperbass*: «los cuasi-jefes». Los cuasi-amos. «Ya casi estás ahí. No te queda nada. Estás *a puntito* de ser blanco. Lástima que tu abuelo no pudiera resistirse al chocolate, ¿eh? Pero no es culpa tuya, así que no te rindas. Porque si te esfuerzas lo bastante podrás eliminar esa suciedad de tu sangre. Sigue casándote con gente más blanca y de piel más clara y no toques el chocolate, y quizás, *quizás*, algún día, si tienes suerte, podrás convertirte en blanco».

Lo cual parece ridículo, pero sucedía. Todos los años, mientras el *apartheid* estuvo vigente, había unos cuantos individuos de color que eran ascendidos a blancos. Esto no es un mito, pasaba de verdad. Había gente de color que mandaba solicitudes al gobierno. Si tenías el pelo lo bastante liso, la piel lo bastante clara o el acento lo bastante refinado, podían reclasificarte como blanco. Lo único que tenías que hacer era denunciar a tu gente, denunciar tu historia y dejar atrás a tu familia y amigos de piel más oscura.

Durante el *apartheid*, la definición legal de persona blanca era: «alguien que por su apariencia es obviamente blanco y por lo general no es aceptado como persona de color; o bien alguien a quien por lo general se acepta como persona blanca aunque por su apariencia no sea obviamente una persona blanca». En otras palabras, una definición completamente arbitraria. Y fue por eso por lo que el gobierno se inventó cosas como la prueba del lápiz. Si estabas postulándote para ser blanco, tenías que meterte un lápiz en el pelo. Si se te caía, eras blanco. Si se te quedaba enredado en el pelo, eras negro. Eras lo que el gobierno decía que eras. A veces la decisión recaía en un solo funcionario que simplemente te echaba un vistazo a la cara y tomaba una decisión en el momento. Dependiendo de cuán marcados tuvieras los pómulos o cuán ancha fuera tu nariz, podía marcar la casilla que le pareciera, y así decidía dónde podías vivir, con quién te podías casar y qué trabajos, derechos y privilegios te correspondían.

Y a la gente de color no solamente la ascendían a blanca. A veces se volvía india. Y a veces la gente india se volvía de color. A veces los negros eran ascendidos a gente de color y a veces la gente de color era degradada a negra. Y por supuesto, también los blancos podían ser degradados a individuos de color. Esto era crucial. La sangre mezclada siempre estaba al acecho, esperando para asomar la cabeza, y el miedo a perder el estatus hacía que la gente blanca se controlara. Si una pareja blanca tenía un hijo y el gobierno decidía que era demasiado oscuro, por mucho que tanto el padre como la madre presentaran documentos demostrando que eran blancos, la criatura podía ser clasificada como de color, y entonces la familia tenía que tomar una decisión. ¿Renunciaban a su estatus de blancos para irse a vivir con la gente de color a una zona de color? ¿O bien se separaban y la madre se llevaba al niño de color a vivir al gueto mientras el padre conservaba la identidad blanca que le permitiría ganar el dinero suficiente para mantenerlos?

Muchas personas de color vivían en ese limbo, un auténtico purgatorio, siempre anhelando regresar con los padres blancos que los habían repudiado, y en consecuencia podían ser horriblemente racistas entre ellos. El insulto más común para la gente de color era *boesman*, «bosquimano», o su diminutivo, *bushie*. Era un insulto porque aludía a su negrura y a su condición de primitivos. Y la peor forma de insultar a una persona de color era sugerir que en cierta medida era negra. Una de las características más siniestras del *apartheid* era que convencía a la gente de color de que eran los negros quienes les impedían salir adelante en la vida. El *apartheid* afirmaba que la única razón de que la gente de color no pudiera tener estatus de ciudadanos de primera clase era que los negros podían aprovecharse del mestizaje para saltar las vallas del gueto y disfrutar los beneficios de la gente blanca.

A eso se dedicaba el *apartheid*: a convencer a todos los grupos de que si no podían entrar en el club era por culpa de las otras razas. Básicamente era como el portero de discoteca que te dice: «No te podemos dejar entrar por culpa de tu amigo Darren y de esos zapatos tan feos que lleva». De forma que tú miras a Darren y le dices: «Jódete, Darren. Eres negro y por tu culpa no me dejan entrar». Luego, cuando Darren lo intenta, el portero le dice: «No, en realidad es por tu amigo Bongani y ese pelo raro que tiene». Así que Darren te dice: «Jódete, Bongani». Y de pronto todo el mundo odia a todo el mundo. Pero la verdad es que nunca los hubieran dejado entrar, ni juntos ni separados.

La gente de color lo tenía jodido. Imagínense: les han lavado el cerebro para que crean que tienen la sangre sucia. Se han pasado toda la vida asimilándose y aspirando a ser blancos. Y luego, cuando ya les parecía que estaban a punto de alcanzar la línea de meta, llega un fulano llamado Nelson Mandela y le da la vuelta al país. Y ahora la línea de meta vuelve a ser la línea de salida y el punto de referencia es negro. Los negros mandan. Los negros son guapos. Los negros tienen poder. Durante siglos, a la gente de color le habían dicho: los negros son monos. No te cuelgues de los árboles como ellos. Aprende a caminar erguido como el hombre blanco. Y de pronto estás en *El planeta de los simios* y los monos se han alzado con el poder.

Así que imagínense lo raro que fue todo para mí. Yo era mestizo, pero no era de color. Tenía piel de persona de color, pero no su cultura. Y por esa razón se me consideraba una persona de color que no quería ser de color.

En Eden Park me encontré con dos clases de personas de color. Había algunas que me odiaban por negro. Yo tenía el pelo rizado y estaba orgulloso de mi afro. Sabía idiomas africanos y me encantaba hablarlos. La gente me oía hablar xhosa o zulú y me decían: *Wat is jy? 'n Boesman?* «¿Qué eres, un bosquimano?». ¿Por qué estás intentando ser negro? ¿Por qué hablas ese idioma de gallinas? Mírate la piel clara. Ya casi has llegado a la meta y lo estás echando todo por tierra.

Otra gente de color me odiaba por blanco. Por mucho que yo me identificara como negro, mi padre era blanco. Iba a una escuela privada donde se impartían las clases en inglés. Había aprendido a llevarme bien con los blancos en la iglesia. Hablaba un inglés perfecto y apenas chapurreaba afrikaans, que era el idioma que se suponía que tenía que hablar la gente de color. De forma que la gente de color pensaba que yo me creía mejor que ellos. Se burlaban de mi acento, como si yo me estuviera dando aires. *Dink jy, jy is grênd?* «¿Qué te crees, que eres de clase alta?». O un arribista, como se diría en Estados Unidos.

Aun cuando yo creía estar cayendo bien, no era así. Un año me regalaron una bicicleta nueva durante las vacaciones de verano. Mi primo Mlungisi y yo nos estábamos turnando para andar con ella por nuestra calle. Era mi turno e iba pedaleando cuando una chica de color muy guapa salió a la calzada y me paró. Me sonrió y me saludó amablemente con la mano.

—Eh —me dijo—. ¿Me dejas tu bicicleta?

Yo me quedé pasmado. *Oh, uau*, pensé, *he hecho una amiga.*

—Sí, claro —le dije.

Me bajé, ella se subió y pedaleó unos ocho o diez metros. Entonces apareció un muchacho mayor corriendo, ella se detuvo, se bajó y el muchacho se subió a la bici y se largó. Yo estaba tan contento de que una chica hubiera hablado conmigo que no entendí que me habían robado la bicicleta. Me fui corriendo de vuelta a casa, sonriendo y dando brincos. Mi primo me preguntó dónde estaba la bici. Se lo expliqué.

—Trevor, te la han robado —me dijo—. ¿Por qué no los has perseguido?

—Pensaba que estaban siendo simpáticos conmigo. Pensaba que había hecho una amiga.

Mlungisi era mayor que yo y era mi protector. Salió corriendo, encontró a los chicos y al cabo de media hora volvió con mi bici.

Esta clase de cosas pasaba muy a menudo. Los otros niños abusaban de mí todo el tiempo. Seguramente el peor incidente fue el de la morera. Un día a media tarde, yo estaba jugando solo por el vecindario, como siempre, corriendo de un lado a otro. Calle arriba había un grupo de unos cinco o seis chicos de color cogiendo moras de la morera y comiéndoselas. Yo me acerqué y empecé a agarrar moras para llevármelas a casa. Los chicos eran un poco mayores que yo, debían de tener unos doce o trece años. Ni ellos me dirigieron la palabra ni yo se la dirigí a ellos. Hablaban en afrikaans y no entendía lo que estaban diciendo. Entonces uno de ellos, el cabecilla del grupo, se me acercó. *Mag ek jou moerbeie sien?* «¿Me enseñas tus moras?». Lo primero que pensé fue: *Oh, genial, he hecho un amigo.* Así que levanté la mano y le enseñé mis moras. Él me las tiró al suelo de un manotazo y las pisoteó. Los demás muchachos se echaron a reír. Yo me quedé allí plantado, mirándolo. Para entonces ya me había insensibilizado a aquellas cosas. Estaba acostumbrado a que abusaran de mí. Me encogí de hombros y volví a agarrar más moras.

Como claramente no estaba consiguiendo la reacción que él quería, el muchacho se puso a insultarme. *Fok weg, jou onnosele Boesman!* «¡Largo de aquí! ¡Lárgate, bosquimano estúpido!». Yo no le hice caso y seguí a lo mío. De pronto sentí un *chof* en el pescuezo. Me acababa de tirar una mora. No fue doloroso, solamente sorprendente. Me volví para mirarlo y ¡*chof*!, me dio con otra en medio de la cara.

Luego, en una fracción de segundo, antes de darme tiempo a reaccionar siquiera, todos aquellos muchachos empezaron a acribillarme a moras, bombardeándome sin piedad. Algunas de las moras no estaban maduras y se clavaban como pedradas. Intenté taparme la cara con las manos, pero la lluvia de moras me llegaba desde todos los costados. Ellos se reían y me acribillaban y me insultaban. «¡Bushie! ¡Bosquimano!». Yo estaba aterrado. Fue tan repentino que no supe qué hacer. Me eché a llorar y salí corriendo. Corrí como si me fuera la vida en ello y no paré hasta llegar a mi casa.

Cuando entré corriendo, parecía que me hubieran dado una paliza, porque estaba llorando y cubierto de jugo de mora de color rojo violáceo. Mi madre me miró horrorizada.

—¿Qué te ha pasado?

Yo le conté lo sucedido entre sollozos.

—Los chicos esos... los de la morera... me han tirado moras... —Cuando terminé, ella se echó a reír—. ¡No tiene gracia! —le dije yo.

—No, no, Trevor —me dijo ella—. No me estoy riendo porque tenga gracia. Me estoy riendo de alivio. Pensaba que te habían pegado una paliza. Pensaba que todo eso era sangre. Y resulta que solo es jugo de mora.

A mi madre todo le hacía gracia. No había tema demasiado oscuro o doloroso para que ella no lo abordara con humor.

—Míralo por el lado bueno —me dijo, riendo y señalando la mitad de mí que estaba cubierta de jugo oscuro de moras—. Ahora eres medio blanco y medio negro de verdad.

—*¡No tiene gracia!*

—Trevor, estás bien —me dijo—. Ve a lavarte. No te han hecho daño. Estás dolido emocionalmente. Pero no físicamente.

Media hora más tarde apareció Abel. En aquella época era solo el novio de mi madre. No trataba de ser mi padre ni tampoco mi padrastro. Era más un hermano mayor que otra cosa. Bromeaba todo el tiempo conmigo y nos divertíamos. No lo conocía demasiado, pero una cosa que sí sabía era que tenía muy mal genio. Era encantador cuando quería, e increíblemente gracioso, pero podía ser un cabrón también. Había crecido en la reserva, donde tenías que pelear para sobrevivir. Y Abel era un tipo grande de metro noventa, alto y delgado. No le había pegado nunca a mi madre. Ni a mí tampoco. Pero yo sabía que era peligroso. Lo había visto. Si alguien nos adelantaba en un atasco, Abel se ponía a gritarle por la ventanilla. El otro conductor le contestaba también a gritos y tocando la bocina y, en un abrir y cerrar de ojos, Abel salía del carro, se acercaba al otro vehículo, agarraba al tipo desde la ventanilla del conductor y se ponía a gritarle a la cara y a levantar el puño. Podías ver cómo al otro tipo le entraba el pánico.

—Eh, eh, eh, lo siento, lo siento.

Cuando Abel vino a casa aquella noche, se sentó en el sofá y vio que yo había estado llorando.

—¿Qué te ha pasado? —me preguntó.

Yo empecé a explicárselo. Mi madre me interrumpió.

—No se lo cuentes —me dijo. Sabía lo que pasaría. Lo sabía mejor que yo.

—¿Que no me diga qué? —insistió Abel.

—Nada —dijo ella.

—No es nada —dije yo.

Ella me fulminó con la mirada.

—No se lo digas.

Abel estaba perdiendo la paciencia.

—¿Qué? ¿Qué es lo que no me puede decir?

Había estado bebiendo; nunca volvía sobrio del trabajo, y la bebida siempre le empeoraba el humor. Fue extraño, pero en aquel momento me di cuenta de que, si elegía bien mis palabras, conseguiría que él interviniera. Éramos casi familia, y yo sabía que si le hacía sentir que aquellos chicos habían insultado a su familia él me ayudaría a vengarme de ellos. Yo sabía que Abel tenía un demonio dentro, y lo odiaba. Me aterraba lo violento y peligroso que era cuando perdía los papeles. Pero en aquel momento supe exactamente lo que tenía que decir para tener al monstruo de mi lado.

Le conté lo que había pasado, los insultos que me habían dicho y la forma en que me habían atacado. Mi madre seguía riéndose y quitándole importancia al asunto, diciéndome que me olvidara, que los niños son así y que no pasaba nada. Yo estaba furioso con ella.

—¡A ti te parece un chiste, pero no tiene gracia! ¡*No tiene gracia*!

Abel no se reía. A medida que le contaba lo que habían hecho aquellos matones, pude ver cómo se le acumulaba la rabia por dentro. Cuando Abel se ponía furioso, no gritaba o despotricaba, ni tampoco cerraba los puños. Se quedó allí sentado en el sofá, escuchándome y sin decir palabra. Luego, con total serenidad, se puso de pie.

—Llévame hasta esos chicos.

Sí, pensé yo, *lo conseguí. Mi hermano mayor se va a vengar por mí.*

Nos metimos en su carro y manejamos calle arriba hasta pararnos a unas cuantas casas del árbol. Estaba oscuro salvo por la luz de las farolas, pero pudimos ver que los tipos seguían allí, jugando debajo del árbol. Yo señalé al cabecilla.

—Ese de ahí. Ese es el líder.

Abel pisó el acelerador y dio un golpe de volante para meterse por la hierba y poner rumbo directo a la base del árbol. Luego salió corriendo del carro. Y yo también. Nada más verme, los chicos supieron exactamente lo que estaba pasando. Se dispersaron y echaron a correr como alma que lleva el diablo.

Abel era rápido. Carajo, qué velocidad tenía. El cabecilla había salido disparado y estaba intentando saltar una valla. Abel lo agarró, lo tiró al suelo y se lo llevó a rastras. Arrancó una rama de un árbol que le sirviera de vara y se puso a azotarlo. Le pegó una paliza *brutal*, y a mí me encantó. Nunca en la vida he disfrutado tanto como en aquel momento. La venganza es realmente dulce. Te lleva a un sitio oscuro, pero es tremendo cómo te sacia.

Luego hubo un momento extraño en que todo cambió. Yo pude a ver la cara de terror del muchacho y me di cuenta de que Abel ya no estaba cobrándose la venganza por mí. No estaba haciendo aquello para enseñarle una lección al niño. Simplemente lo estaba moliendo a palos. Era un adulto desfogándose con un niño de doce años. Y en un momento dado pasé de pensar: «*Sí, me he vengado*» a «*No, no, no, es demasiado, demasiado. Mierda, mierda, mierda. Dios bendito. Pero ¿qué he hecho?*».

Cuando el muchacho estuvo hecho mierda, Abel lo arrastró hasta el carro y lo sostuvo erguido delante de mí.

—Pide perdón —le dijo.

El muchacho gimoteaba y temblaba. Me miró a los ojos. Yo nunca había visto en la mirada de nadie un miedo como el que vi en la suya. Un desconocido le acababa de pegar la paliza más grande de su vida. A continuación me pidió perdón, pero no dio la sensación de que se estuviera disculpando por lo que me había hecho a mí. Más bien parecía que estuviera pidiendo perdón por todas las cosas malas que había hecho en su vida, porque no sabía que pudiera existir un castigo así.

Cuando miré al chico aquel a los ojos, me di cuenta de que teníamos mucho en común. Él era un niño. Yo era un niño. Él estaba llorando. Yo estaba llorando. Era un chico de color en Sudáfrica, a quien habían enseñado a odiar y a odiarse a sí mismo. ¿Quién lo había acosado a él para que él me acosara a mí? Me había hecho sentir miedo, sí, y a fin de vengarme yo había provocado un cataclismo en su mundo. Pero yo era consciente de haber hecho algo terrible.

En cuanto el chico se disculpó, Abel lo apartó bruscamente y le pegó una patada.

—Largo —le dijo. El niño se fue corriendo y nosotros nos metimos en el carro y volvimos a casa en silencio.

Cuando llegamos, Abel y mi madre tuvieron una discusión tremenda. Ella siempre le estaba echando la bronca por su mal genio.

—¡No puedes dedicarte a pegarle a los niños de la gente! ¡No eres la ley! ¡Esa rabia no es forma de vivir!

Un par de horas más tarde el padre del niño vino para plantar cara a Abel. Abel salió a la cerca y yo lo miré desde dentro de casa. Para entonces Abel ya estaba borracho de verdad. El padre del niño no tenía ni idea de en qué se estaba metiendo. Era un tipo de color de mediana edad, apacible. No recuerdo gran cosa de él porque solo podía mirar a Abel. No le podía quitar los ojos de encima. Yo sabía que el peligro estaba en él.

Abel todavía no tenía pistola; se la compraría más adelante. Pero no le hacía falta pistola para aterrorizar por completo a alguien. Vi cómo gritaba a la cara a aquel tipo. No oí lo que el otro hombre estaba diciendo, pero sí que oí a Abel.

—No me jodas o te mato.

El tipo dio media vuelta a toda prisa, se metió en su carro y se marchó. Había pensado que venía a defender el honor de su familia. Y se fue contento de haber salido vivo.

Cuando yo era pequeño, mi madre dedicaba un montón de tiempo a intentar enseñarme a tratar con las mujeres. Siempre me estaba dando lecciones, pequeños discursos y consejos. No me sentaba y me soltaba una charla entera sobre relaciones, eran siempre comentarios de pasada. Y yo nunca entendía por qué, porque era un niño. Las únicas mujeres de mi vida eran mi madre, mi abuela, mi tía y mi prima. A mí no me gustaba ninguna chica, pero mi madre insistía. No paraba de hablarme de una amplia gama de temas.

—Trevor, acuérdate de que el valor de un hombre no depende de cuánto dinero gana. Puedes ser el hombre de la casa aunque ganes menos que la mujer. Un hombre no es lo que tiene, es lo que es. Ser más hombre no significa que tu mujer tenga que ser menos que tú.

»Trevor, asegúrate de que tu mujer sea la mujer de tu vida. No seas uno de esos hombres que obligan a su mujer a competir con su madre. Un hombre casado no puede vivir entregado a su madre.

Cualquier cosa podía darle pie a empezar con el temita. Yo atravesaba la casa de camino a mi habitación y la saludaba: «Hola, mamá» sin levantar la vista. Y ella me decía:

—¡No, Trevor! Mírame. Salúdame. Demuéstrame que existo para ti, porque la forma en que me tratas a mí será la forma en que trates a tu mujer. A las mujeres les gusta que te fijes en ellas. Ven y salúdame y hazme saber que me estás viendo. No me veas solamente cuando necesites algo.

Lo gracioso del caso es que aquellas pequeñas lecciones siempre versaban sobre las relaciones adultas. Ella estaba tan ocupada enseñándome a ser un hombre que nunca me enseñó a ser niño. Cómo hablar con una chica o cómo pasarle una nota en clase... de eso nada. Solamente me enseñaba cosas de adultos. Hasta me daba charlas sobre sexo. Y cuando yo era pequeño, se creaban situaciones muy incómodas.

—Trevor, no te olvides: con una mujer tienes relaciones sexuales en su mente antes que en su vagina.

»Trevor, los preliminares empiezan durante el día. No empiezan en el dormitorio.

Y yo pensaba: *¿Qué? ¿Qué son los preliminares? ¿Qué significa eso?*

10

La larga, torpe, ocasionalmente trágica y a menudo humillante educación de un jovencito en los asuntos del corazón, primera parte: el Día de San Valentín

Era mi primer año en la H. A. Jack, la escuela primaria a la que me cambié después de Maryvale. Faltaba muy poco para el Día de San Valentín. Yo tenía doce años y nunca había celebrado San Valentín. En la escuela católica no lo celebrábamos. Yo entendía aquella festividad como concepto: el bebé desnudo te dispara una flecha y tú te enamoras. Esa parte la entendía. Sin embargo, era la primera vez que me lo presentaban como actividad. En la H. A. Jack, el Día de San Valentín se usaba para recaudar fondos. Los alumnos iban por ahí vendiendo flores y tarjetas y yo tuve que preguntarle a una amiga qué estaba pasando.

—Oh, ya sabes —me dijo ella—. Es el Día de San Valentín. Eliges a una persona especial y le dices que la quieres y ella te dice que te quiere a ti.

Uau, pensé yo. *Qué impetuoso.* Pero a mí Cupido no me había disparado ninguna flecha, y tampoco conocía a nadie que hubiera recibido el flechazo en mi honor. Y no tenía ni idea de qué estaba pasando. Las chicas de la escuela llevaban toda la semana preguntándome: «¿Quién es tu pareja de San Valentín?

¿Quién es tu pareja de San Valentín?». Yo no sabía qué tenía que hacer. Por fin una de las chicas, blanca, me dijo: «Se lo tienes que pedir a Maylene». Las demás chicas se mostraron de acuerdo. «Sí, a Maylene. Está claro, pídeselo a Maylene. Se lo tienes que pedir a ella. Son el uno para el otro».

Maylene era una chica con la que yo solía volver caminando de la escuela a casa. Ahora vivíamos en la ciudad: mi madre, Abel, que ya era mi padrastro, mi hermanito, Andrew, y yo. Habíamos vendido la casa de Eden Park para invertir en el nuevo garaje de Abel. Luego aquel plan se vino abajo y terminamos mudándonos a un vecindario llamado Highlands North, que estaba a media hora a pie de la H. A. Jack. Todas las tardes, un grupo de muchachos salíamos juntos de la escuela y cada uno se separaba al llegar a su casa y se iba por su cuenta. Maylene y yo éramos los que más lejos vivíamos, así que éramos los últimos en separarnos. Caminábamos juntos hasta el punto en el que nuestros caminos se separaban, y entonces nos despedíamos.

Maylene era chévere. Jugaba bien al tenis, era lista y atractiva. Me caía bien. No estaba enamorado de ella; ni siquiera pensaba en las chicas de esa forma todavía. Simplemente me gustaba estar con ella. Maylene era también la única chica de color de la escuela. Éramos las dos únicas personas con nuestro aspecto. Las chicas blancas insistían en que yo le pidiera a Maylene que fuera mi pareja de San Valentín. Me decían: «Trevor, *se lo tienes* que pedir. Son los *únicos*. Es tu *responsabilidad*». Parecía que nuestra especie se fuera a extinguir si no nos apareábamos. Que es algo que la gente blanca hace sin darse cuenta, según he aprendido a lo largo de mi vida. «Tienen la misma aparencia, o sea que tenemos que encargarnos de que se acuesten». Sinceramente a mí no se me había ocurrido pedírselo a Maylene, pero cuando las chicas me lo plantearon, pasó eso que pasa cuando la gente te mete una idea en la cabeza y esa idea te cambia la percepción.

—A Maylene le gustas seguro.

—*¿Ah, sí?*

—¡Sí, hacen una bonita pareja!

—*¿Ah, sí?*

—Por supuesto.

—Ah, está bien. Si ustedes lo dicen.

A mí me gustaba Maylene tanto como me gustaba cualquiera, supongo. Sobre todo creo que me gustaba la idea de gustar a alguien. Así que decidí pedirle que fuera mi pareja de San Valentín, pero no tenía ni idea de cómo pedírselo. No tenía ni idea de cómo funcionaba lo de tener novia. Todavía tenían que enseñarme en la escuela todo el asunto de la burocracia amorosa. Estaba el tema ese de que no tenías que hablar directamente con la persona en cuestión. Tú tenías a tu grupo de amigos y ella tenía a su grupo de amigas, y tu grupo de amigos tenía que acudir a su grupo de amigas y decirle: «Epa, a Trevor le gusta Maylene. Quiere que sea su pareja de San Valentín. Nosotros estamos a favor. Si ustedes lo aprueban, estamos dispuestos a suscribir el acuerdo». Y sus amigas decían: «De acuerdo. Suena bien. Se lo tenemos que preguntar a Maylene». Y ellas hablaban con Maylene. Lo consultaban con ella. Le decían lo que pensaban. «Trevor dice que le gustas. Nosotras estamos a favor. Creemos que hacen buena pareja. ¿Tú qué dices?». Maylene decía: «Trevor me gusta». Y ellas decían: «Muy bien. Pues adelante». Y volvían a nuestro grupo. «Maylene dice que lo aprueba y que está esperando que Trevor se lo pida formalmente». Las chicas me explicaron que este era el procedimiento que se debía seguir. Yo les dije: «Okay. Pues adelante». Sus amigas lo arreglaron, Maylene se apuntó y todo quedó preparado.

La semana antes de San Valentín, Maylene y yo volvíamos caminando juntos a casa y yo traté de reunir el coraje necesario para pedírselo. Estaba supernervioso. Nunca había hecho nada parecido. Yo ya sabía la respuesta; sus amigas me habían dicho que me diría que sí. Es como en el Congreso. Sabes que tienes los votos antes de entrar al hemiciclo, pero aun así estás nervioso porque puede pasar algo. Yo no sabía cómo hacerlo, solamente sabía que quería que fuese perfecto, así que me esperé hasta que estuvimos delante del McDonald's. Reuní todo mi valor y me volví hacia ella.

—Eh, ya casi es San Valentín, y me estaba preguntando si querrías ser mi pareja.

—Sí, quiero ser tu pareja de San Valentín.

Y entonces, bajo los arcos dorados, nos besamos. Era la primera vez que yo besaba a una chica. No fue más que un besito, nuestros labios se tocaron solamente unos segundos, pero aquello desencadenó una serie de explosiones en mi cabeza. *¡Sí! Oh, sí. Esto. No sé qué es esto, pero me gusta.* Se había despertado algo. Y había sido en la puerta del McDonald's, o sea que era superespecial.

Ahora sí que estaba emocionado. Tenía pareja de San Valentín. Tenía novia. Me pasé la semana entera pensando en Maylene y deseoso de hacer que su Día de San Valentín fuera memorable. Ahorré mi paga semanal y le compré flores, un osito de peluche y una tarjeta. En la tarjeta escribí un poema con su nombre, lo cual era complicado porque no hay muchas palabras buenas que rimen con Maylene (¿nene?, ¿higiene?, ¿cheyene?). Por fin llegó el gran día. Agarré mi tarjeta de San Valentín, las flores y el peluche, lo preparé todo y lo llevé a la escuela.

Los profesores habían dejado una hora libre antes del recreo para que todo el mundo intercambiara los regalos de San Valentín. Delante de nuestras clases había un pasillo y yo sabía que Maylene estaría allí, así que allí la esperé. A mi alrededor el amor florecía por todas partes. Chicos y chicas intercambiando tarjetas y regalos, soltando risitas y risotadas y robando besos. Esperé y esperé. Por fin apareció Maylene y se me acercó. Yo estaba a punto de decirle: «¡Feliz Día de San Valentín!». cuando ella me interrumpió y me dijo:

—Ah, hola, Trevor. Hum, escucha, ya no puedo ser tu novia. Lorenzo me ha pedido que sea su pareja de San Valentín y no puedo tener dos parejas, así que ahora soy su novia y no la tuya.

Lo dijo en un tono tan natural que yo no tuve ni idea de cómo procesarlo. Era la primera vez que tenía novia, así que de entrada pensé: «Oh, bueno, quizás la cosa funciona así».

—Oh, vale —le dije—. Bueno, hum... feliz Día de San Valentín.

Le ofrecí la tarjeta, las flores y el oso de peluche. Ella lo cogió todo, me dio las gracias y se fue.

Me sentí como si alguien acabara de sacar una pistola y me hubiera llenado el cuerpo de balazos. Pero al mismo tiempo una parte de mí pensó: «Bueno, tiene lógica». Lorenzo era todo lo que yo no era. Era popular. Era *blanco*. Y había trastornado el equilibrio de todas las cosas pidiéndole salir a la única chica de color de la escuela. A las chicas les encantaba y era más tonto que un zapato. Un chico atractivo, pero que se las daba de malote. Las chicas le hacían los deberes; era uno de esos tipos. Y era muy guapo. Era como si, al crear su personaje, hubiera cambiado todos sus puntos de inteligencia por puntos de guapura. Por destrozado que estuviese, entendía la elección de Maylene. Yo también habría elegido a Lorenzo en vez de a mí. Todos los demás muchachos estaban correteando por ahí, por los pasillos y el patio, riendo y sonrientes, con sus tarjetas y sus flores de color rojo y rosa, y yo me volví a clase y me senté a solas y esperé a que sonara el timbre.

La gasolina para el carro era como la comida, un gasto que no podíamos evitar, pero mi madre podía sacarle más kilómetros a un tanque de gasolina que ningún otro ser humano que haya viajado por una carretera en toda la historia automotriz. Se sabía todos los trucos. Cuando conducía por Johannesburgo en nuestro viejo y oxidado Volkswagen, apagaba el motor en cada semáforo. Cuando los carros se ponían en marcha ella volvía a encender el motor. Esa tecnología de arranque y parada que usan ahora los carros híbridos ya la había inventado ella. Mi madre era un carro híbrido antes de que se fabricaran los carros híbridos. Era la reina del punto muerto. Se conocía todas las cuestas abajo que había entre su trabajo y mi escuela y las que había entre la escuela y nuestra casa. Sabía exactamente dónde cambiaba el gradiente para poner el carro en punto muerto. Podía calcular el intervalo de los semáforos para que pudiéramos pasar muy despacio por los distintos cruces sin usar el freno ni perder impulso.

Había veces que estábamos en medio del tráfico y teníamos tan poco dinero para gasolina que a mí me tocaba empujar el carro. Si estábamos en mitad de un atasco, mi madre apagaba el motor y mi tarea era salir y empujarlo poco a poco. La gente venía a ofrecerme ayuda.

—¿Se han quedado botados?

—No. Estamos bien.

—¿Seguro?

—Sí.

—¿Podemos ayudarlos?

—No.

—¿Necesitan que los remolque?

¿Y qué les ibas a decir? ¿La verdad? «¿Gracias, pero es que somos tan pobres que mi madre pone a su hijo a empujar el carro?».

Era una de las cosas más vergonzosas de mi puñetera vida, tener que empujar el carro hasta la escuela como si fuéramos los putos Picapiedra. Y es que los demás muchachos llegaban a la escuela por la misma calle. Yo me quitaba la chaqueta para que nadie viera a qué escuela iba, enterraba la cabeza y empujaba el carro, confiando en que nadie me reconociera.

11

Forastero

Después de graduarme en la H. A. Jack, entré en la Sandringham High School para hacer octavo. Por mucho que se
hubiera terminado el *apartheid*, la mayoría de la gente negra
seguía viviendo en los municipios segregados y en los espacios
destinados a las reservas, donde las únicas escuelas públicas que
había eran los restos ruinosos del sistema bantú. Los chicos
blancos y ricos —junto con los escasos negros, indios y gente
de color que tenían dinero o podían conseguir becas— estaban atrincherados en las escuelas privadas, que eran supercaras,
pero prácticamente te garantizaban el ingreso en la universidad. Sandringham era una escuela cooperativa, lo cual quiere
decir que era una mezcla de pública y privada, un poco como
las escuelas chárter de los Estados Unidos. Y era una escuela
enorme: un millar de muchachos en un campus gigantesco con
pistas de tenis, campos de deporte y piscina.

Como era una escuela cooperativa y no una escuela de barrio, la Sandringham atraía a muchachos de todas partes, y
eso la convertía en un microcosmos perfecto del conjunto de
la Sudáfrica posterior al *apartheid*; un ejemplo perfecto de lo
que Sudáfrica podía llegar a ser. Había chicos blancos ricos,
chicos blancos de clase media y chicos blancos de clase obrera.
Había chicos negros nuevos ricos, chicos negros de clase me-

dia y chicos negros de los municipios segregados. Había chicos de color, indios y hasta unos pocos chinos. Los estudiantes estaban todo lo integrados que podían estar teniendo en cuenta que el *apartheid* acababa de terminar. En la H. A. Jack, las razas estaban divididas en bloques. En la Sandringham más bien formaban un espectro.

Las escuelas sudafricanas no tienen cafeterías. En la Sandringham comprábamos el almuerzo en lo que llamábamos «el quiosco», que era una pequeña barra de cafetería. Luego podíamos ir a comer adonde quisiéramos dentro del campus: el claustro, los jardines, la zona de juegos, donde fuera. Los muchachos salían y se juntaban con sus pandillas y grupos respectivos. Casi todos seguían agrupándose por colores, pero también se veía que los grupos se mezclaban y se solapaban entre sí. La mayoría de los chicos que jugaban al fútbol eran negros. La mayoría de los chicos que jugaban al tenis eran blancos. Los chicos que jugaban a cricket eran de color. Los chicos chinos siempre se juntaban al lado de los edificios prefabricados. Los matriculados, que es como los sudafricanos llaman a los alumnos de último año, pasaban el rato en el claustro. Las chicas guapas y populares se iban por un lado y los frikis de la informática se iban por otro. Si eran grupos raciales, se debía a la forma en que las razas se solapaban con las clases sociales y la geografía en el mundo real. Los muchachos de las zonas residenciales iban con otros muchachos de las zonas residenciales. Los muchachos de los municipios segregados iban con otros muchachos de los municipios segregados.

En todas las pausas del almuerzo, y en calidad de único chico mestizo entre un millar, yo afrontaba la misma situación que en el patio de la H. A. Jack: ¿adónde ir? Aun con tantos grupos distintos donde elegir, yo no era integrante natural de ninguno. Estaba claro que no era ni indio ni chino. Los muchachos de color me ponían a parir todo el tiempo por ser demasiado negro, de forma que allí no era bienvenido. Como siempre, me llevaba lo bastante bien con los chicos blancos como para que no se metieran conmigo, pero los chicos blancos siempre estaban yendo de compras, al cine, de viaje... cosas que requerían dinero. Nosotros no teníamos dinero, así que allí también sobraba. El grupo con el que sentía una mayor afinidad era el de los chicos negros pobres. En la escuela me juntaba con ellos y nos llevábamos bien, pero la mayoría tomaba el autobús desde los municipios segregados, desde Soweto, Tembisa y Alexandra, así que iban a la escuela como pandilla y se volvían casa como pandilla. Tenían sus propios grupos. Los fines de semana y las vacaciones los pasaban juntos, y yo no podía visitarlos. Soweto quedaba a cuarenta y cinco minutos en carro de mi casa. Y no teníamos dinero para gasolina. Así pues, después de la escuela yo estaba solo. Los fines de semana estaba solo. Como siempre era el marginado, me acabé inventando mi propio mundo pequeño y extraño. Lo hice por necesidad. Necesitaba alguna forma de encajar. Y también necesitaba dinero para comer las cosas que comían los demás y hacer las mismas cosas que hacían ellos. Y así fue como me convertí en el muchacho del quiosco.

Debido a la larga caminata que tenía desde mi casa a la escuela, llegaba tarde a clase todos los días. Cada mañana me tocaba pasar por el despacho del jefe de estudios y poner mi nombre en el registro de los castigos. Yo era el santo patrono de los castigados. Llegaba corriendo a mis clases matinales: matemáticas, inglés, biología, lo que fuera. En la última hora antes del almuerzo se celebraba la reunión de las clases. Todos los alumnos se juntaban en el auditorio, con los distintos cursos ordenados por filas, y los maestros y el jefe de estudios subían al escenario y repasaban todas las novedades de la escuela: los anuncios, los premios, esas cosas. Cada día en el auditorio se comunicaban también los nombres de los chicos castigados, y yo siempre era uno de ellos. Siempre. Cada día, sin falta. Ya era una broma recurrente. El jefe de estudios decía: «Los castigados de hoy...». y yo me ponía de pie sin pensarlo. Como si aquello fueran los Oscar y yo Meryl Streep. Hubo un día en que me puse de pie, el jefe de estudios nombró a los cinco castigados y yo no estaba entre ellos. Todo el mundo se echó a reír. Alguien gritó: «¿Y Trevor?». El jefe de estudios miró el papel y negó con la cabeza. «No», dijo. El auditorio entero estalló en gritos y aplausos.

Inmediatamente después de la reunión de clases se producía una estampida hasta el quiosco porque la cola para comprar comida era larguísima. Cada minuto que pasabas en la cola era un minuto menos de recreo. Cuanto antes la compraras, más tiempo tendrías para comer, jugar un partido de fútbol o estar con los amigos. Además, si llegabas tarde, la mejor comida ya se había agotado.

Dos cosas eran ciertas sobre mí a aquella edad. Una: seguía siendo el muchacho más rápido de la escuela. Y dos: no tenía orgullo. En cuanto terminaba la reunión de clases, echaba a correr como alma que lleva el diablo hasta el quiosco para llegar el primero. Yo *siempre* era el primero de la cola. Me hice famoso por esa razón, hasta el punto de que la gente empezó a acercarse a mí para decirme: «Eh, ¿me puedes comprar una cosa?». Esto molestaba a los muchachos que tenía detrás, porque básicamente era colarse. De forma que la gente empezó a abordarme ya en el auditorio. Me decían: «Eh, tengo diez rand. Si me compras la comida, te doy dos». Fue entonces cuando aprendí que el tiempo es dinero. Y que la gente estaba dispuesta a pagarme para que le comprara la comida porque yo estaba dispuesto a correr por ella. Así que le dije a todo el mundo en el auditorio: «Hagan sus pedidos. Denme una lista de lo que quieran, denme un porcentaje de lo que van a gastar y yo les compro la comida».

Fue un éxito instantáneo. Mis mejores clientes eran los gordos. Les encantaba comer pero eran incapaces de correr. Así que tenía a un montón de chicos blancos gordos y ricos a mi alrededor pensando: «¡Esto es fantástico! Mis padres me malcrían, tengo dinero y ahora además tengo una forma de conseguir comida sin necesidad de esforzarme; ¡y encima no me pierdo el recreo!». Tenía tantos clientes que me veía obligado a rechazar a algunos. Solamente aceptaba cinco pedidos al día, los de quienes más ofrecían. Ganaba tanto dinero que podía comprarme mi almuerzo con lo que me pagaban los demás muchachos y guardarme el dinero que me daba mi madre y gastármelo en lo que quisiera. Así me alcanzaba para volver a casa en autobús en vez de caminar, o bien para comprarme lo que me viniese en gana. Cada día apuntaba los pedidos, esperaba a que se terminara la reunión de clases y salía como un bólido para comprar perritos calientes, coca-colas y magdalenas para todo el mundo. Si me pagabas un poco más, podías decirme dónde ibas a estar y yo te llevaba la comida hasta allí.

Había encontrado mi nicho de mercado. Como no pertenecía a ningún grupo, aprendí a moverme con naturalidad entre todos ellos. Flotaba. Seguía siendo un camaleón, un camaleón cultural. Aprendí a camuflarme. Podía hacer deporte con los atletas de la clase. Podía hablar de computadoras con los frikis. Podía saltar al círculo y bailar con los muchachos de los municipios segregados. Me paraba para hablar con quien fuera, trabajaba, charlaba, contaba chistes y hacía mis entregas.

Yo era como un *dealer* pero con comida. El *dealer* siempre es bienvenido en la fiesta. No forma parte del círculo, pero lo invitan temporalmente al círculo por lo que tiene que ofrecer. Así era yo. Siempre forastero. Y en calidad de forastero, puedes esconderte en tu caparazón, ser anónimo e invisible. O bien puedes hacer lo contrario: protegerte a base de abrirte. No pides que te acepten por todo lo que eres, solamente por la parte de ti que estás dispuesto a compartir. Y para mí esa parte era el humor. Aprendí que, aunque no perteneciera a un grupo, podía formar parte de cualquiera que se estuviera riendo. Me unía a ellos, les entregaba la comida y les contaba unos cuantos chistes. Actuaba para ellos. Escuchaba un trozo de su conversación, recababa información sobre su grupo y me marchaba. Nunca me quedaba más tiempo del que debía. No era popular, pero tampoco era un marginado. Estaba en todas partes con todo el mundo y al mismo tiempo estaba solo.

No me arrepiento de nada de lo que he hecho en mi vida ni de ninguna de las decisiones que he tomado. En cambio, me consumen los remordimientos por las cosas que no he hecho, las decisiones que no he tomado y las cosas que no he dicho. El miedo a fracasar y el miedo al rechazo nos hacen perder mucho tiempo. Y sin embargo, lo que más miedo debería darnos son los remordimientos. El fracaso es una respuesta. El rechazo es una respuesta. Pero los remordimientos son una pregunta eterna para la que nunca vas a obtener respuesta. «¿Qué habría pasado si...?». «Ojalá hubiera...». «Me pregunto cómo habría sido...». Jamás lo sabrás, y eso te atormentará durante el resto de tu vida.

12

La larga, torpe, ocasionalmente trágica y a menudo humillante educación de un jovencito en los asuntos del corazón, segunda parte: el enamoramiento

En el instituto, la atención de las chicas no era algo que yo sufriera. No era el galán de la clase. Ni siquiera era el chico tierno. La pubertad no estaba siendo amable conmigo. Tenía tanto acné que la gente me veía y me preguntaba si me pasaba algo, si había tenido una reacción alérgica, por ejemplo, o cosas así. Tenía esa clase de acné que se puede clasificar como enfermedad. *Acne vulgaris*, lo llamaba el médico. No estamos hablando de granitos, muchachos. Estamos hablando de pústulas, espinillas negras y granos enormes y llenos de pus. Me salieron primero en la frente y luego se me extendieron por ambos lados de la cara hasta cubrirme las mejillas y el cuello y arrasarme entero.

Ser pobre tampoco me ayudaba precisamente. No solo no me podía permitir un corte de pelo decente y me tenía que conformar con un afro enorme y rebelde, sino que además a mi madre le enfurecía que los uniformes de la escuela se me quedaran pequeños demasiado rápido, así que para ahorrar dinero empezó a comprarme la ropa tres tallas más grande. La chaqueta me quedaba larga, los pantalones demasiado anchos y los zapatos se me salían. Parecía un payaso. Y por supuesto, la ley de Murphy: el año que mi madre empezó a comprarme la ropa demasiado grande fue el año que dejé de crecer. Así que aquella ropa nunca iba a ser de mi talla y yo iba a tener que ir de payaso indefinidamente. Mi único consuelo era ser alto, pero era el clásico alto desgarbado y de pinta torpe. Pies de pato. Culo alto. Un desastre.

Después de que Maylene y el apuesto y encantador Lorenzo me rompieran el corazón por San Valentín, aprendí una valiosa lección sobre el hecho de salir con chicas. Lo que aprendí fue que los tipos *cool* se llevan a las chicas y que los tipos chistosos solo pueden aspirar a ir con los tipos *cool* y con sus chicas. Yo no era un tipos cool, o sea que no tenía chica. Había entendido aquella fórmula enseguida y por consiguiente conocía mi lugar. No pedía a las chicas que salieran conmigo. No tenía novia. Ni siquiera lo intentaba. Que yo intentara salir con una chica habría trastornado el orden natural de las cosas. Parte de mi éxito en la cola del quiosco era que en todas partes era bienvenido, y en todas partes era bienvenido porque no era nadie. Era el payaso con acné y pies de pato al que se le salían los zapatos. No suponía una amenaza para los chicos ni tampoco para las chicas. En el momento mismo en que me convirtiera en «alguien», me arriesgaría a dejar de ser aceptado como «nadie». Las chicas guapas ya tenían pareja. Los tipos populares ya se habían repartido el pastel. Decían: «Me gusta Zuleika», y tú sabías que eso significaba que, si intentabas algo con Zuleika, la cosa terminaría en pelea. En aras de la supervivencia, lo inteligente era quedarse al margen y no meterse nunca en problemas.

En Sandringham el único momento en que las chicas me miraban era cuando querían que yo le pasara una nota al galán de la clase. Pero había una chica a la que yo ya conocía. Se llamaba Johanna. Johanna y yo habíamos ido coincidiendo de forma intermitente en distintas escuelas a lo largo de nuestra vida. Primero habíamos ido juntos al parvulario en la Maryvale. Luego ella se había cambiado a otra escuela. Luego habíamos hecho juntos los cursos intermedios en la H. A. Jack. Luego ella se había cambiado a otra escuela. Ahora, finalmente, estábamos juntos en la Sandringham. Y así habíamos llegado a ser amigos.

Johanna era una de las chicas populares. Su mejor amiga se llamaba Zaheera. Johanna era preciosa. Zaheera era espectacular. Zaheera era de color, de la etnia cape malay. Se parecía a Salma Hayek. Johanna ya se dedicaba a besar a los chicos, así que todos le iban detrás. Zaheera, en cambio, por preciosa que fuera, era extremadamente tímida, y por tanto no tenía tantos pretendientes.

Johanna y Zaheera siempre estaban juntas. Iban un curso por detrás de mí, pero en términos de popularidad estaban tres cursos por encima. Aun así, yo hablaba con ellas porque conocía a Johanna por aquello de que habíamos ido juntos a varias escuelas distintas. Quizás no pudiera plantearme salir con chicas, pero hablar con ellas sí estaba permitido, porque las hacía reír. A los seres humanos les gusta reírse, y por suerte para mí las chicas guapas son seres humanos. Así que al menos podía relacionarme con ellas de esa forma, ya que no podía hacerlo de otra. Y sabía que no podía porque cuando ellas terminaban de reírse de mis bromas o de mis chistes, iban y me decían: «¿Y cómo crees que puedo conseguir que Daniel me pida salir?». Yo siempre tuve una idea muy clara de cuál era mi sitio.

De puertas para afuera había cultivado meticulosamente mi estatus de tipo gracioso y no amenazador, pero en secreto yo estaba completamente loco por Zaheera. Era *tan* guapa y *tan* graciosa. Nuestras conversaciones eran geniales. Yo pensaba en ella constantemente, pero nunca en la vida me habría considerado digno de salir con ella. Me decía a mí mismo: *Estaré siempre flechado por ella y nunca pasará nada más.*

En un momento dado decidí trazar una estrategia. Decidí que me haría amigo íntimo de Zaheera y que seguiría siendo amigo suyo durante el tiempo suficiente como para pedirle que fuera mi pareja del baile de matriculados, que es como llamamos en Sudáfrica al baile de graduación de último año. Hay que tener en cuenta que estábamos en noveno. Para el baile de matriculados faltaban tres años. Sin embargo, yo había decidido seguir una estrategia a largo plazo. Pensaba: *Me voy a tomar mi tiempo, ya lo creo.* Porque es lo que pasa en el cine, ¿verdad? Había visto unas cuantas películas norteamericanas sobre institutos. Si pasas el tiempo suficiente siendo el amigo buena persona y la chica sale con una cantidad suficiente de cabrones, y al final un día se gira hacia ti y te dice: «Oh, eres tú. Siempre has sido tú. Eres el chico con el que debía haber estado desde el principio».

Ese era mi plan. Un plan infalible.

Salía con Zaheera siempre que podía. Hablábamos de chicos, de cuáles le gustaban a ella y de a cuáles les gustaba ella. Yo le hacía de consejero. En un momento dado se juntó con un tipo llamado Gary. Empezaron a salir juntos. Gary estaba en el grupo de los chicos populares, pero era un poco tímido, y Zaheera estaba en el grupo de las chicas populares, pero también era un poco tímida, de forma que sus amigos y amigas respectivos los juntaron, como un matrimonio concertado. A ella no le caía nada bien Gary. Me lo dijo. Hablábamos de todo.

Un día, no sé ni cómo, reuní valor para pedirle a Zaheera su número de teléfono, lo cual, por entonces, no era una gran hazaña; no era como ahora, cuando todo el mundo tiene el número de todo el mundo para mandarse mensajes de texto y tal. Aquel era un número de teléfono fijo. El de su casa. Que podían contestar sus padres. Una tarde estábamos hablando en la escuela y yo le pregunté: «¿Me puedes dar tu número de teléfono? Puedo llamarte para hablar alguna vez desde casa». Ella me dijo que sí y a mí me explotó la cabeza. *¡¡¡¿¿¿Qué???!!!!* *¡¡¡¿¿¿Una chica me está dando su teléfono???!!!* *¡¡¡Qué locura!!!* *¡¡¿¿Ahora qué hago??!!* Estaba muy nervioso. Nunca olvidaré cómo ella me fue dictando los dígitos uno a uno mientras yo los apuntaba, intentando que no me temblara la mano. Nos despedimos y nos fuimos a nuestras clases respectivas y yo me quedé pensando: *Okay, Trevor. Hazte el indiferente. No la llames enseguida.* La llamé aquella noche. A las siete. Ella me había dado el número a las dos. Esa era mi idea de hacerme el indiferente. *No la llames a las cinco, que se te va a ver el plumero. Llámala a las siete.*

Así que la llamé a su casa aquella noche. Me contestó su madre. Le dije: «¿Puedo hablar con Zaheera, por favor?». Su madre fue a buscarla, ella se puso al teléfono y hablamos. Durante una hora. Después de aquella llamada empezamos a hablar más, tanto en la escuela como por teléfono. Yo nunca le conté lo que sentía. Jamás hice una movida. Nada. Me daba demasiado miedo.

Zaheera y Gary rompieron. Luego volvieron a estar juntos. Luego rompieron. Luego volvieron a estar juntos. Se besaron una vez, pero no les gustó, de forma que no se besaron más. Luego rompieron de verdad. Y yo me pasé todo ese tiempo esperando. Vi cómo Gary el Popular ardía mientras yo seguía siendo el buen amigo. *El plan está funcionando, ya lo creo. Baile de matriculados, vete preparándote. Ya solo faltan dos años y medio...*

Luego nos fuimos de vacaciones. El primer día de clase, a la vuelta, Zaheera no vino a la escuela. Tampoco vino al día siguiente. Al final me encontré a Johanna en el claustro.

—Eh, ¿dónde está Zaheera? —le pregunté—. Lleva días sin venir. ¿Está enferma?

—No —me dijo ella—. ¿No te lo ha dicho nadie? Se ha ido de la escuela. Ya no va a volver.

—¿Qué?

—Sí, se ha ido.

Lo primero que pensé fue: *Uau, qué noticia. Tengo que llamarla para que me lo cuente todo.*

—¿Y a qué escuela se ha cambiado?

—A ninguna. Su padre ha encontrado trabajo en Estados Unidos. Se han mudado allí durante las vacaciones. Han emigrado.

—¿Qué?

—Sí. Se ha ido. Y era superbuena amiga. Estoy muy triste. ¿Tú estás tan triste como yo?

—Eh... sí —le dije, todavía intentando procesarlo todo—. Me caía bien Zaheera. Era genial.

—Sí, y ella también estaba supertriste, porque estaba superenamorada de ti. Siempre estaba esperando que le pidieras salir con ella. ¡Bueno, me tengo que ir a clase! ¡Adiós!

Se fue corriendo y me dejó allí plantado, pasmado. Johanna me había lanzado un montón de información de golpe: primero que Zaheera ya no estaba, después que se había ido a Estados Unidos y por fin que yo le había gustado durante todo ese tiempo. Era como si me hubieran golpeado tres olas seguidas de dolor, cada una de ellas más grande que la anterior. Mi mente repasó a toda velocidad las horas que habíamos pasado hablando en el claustro o por teléfono, todas las veces que yo le podría haber dicho: «Eh, Zaheera, me gustas. ¿Quieres ser mi novia?». Ocho palabras que me podrían haber cambiado la vida de haber tenido yo el coraje de decirlas. Pero no las había dicho y ahora ella ya no estaba.

En todos los barrios buenos hay una familia blanca a la que no le importa nada. Ya sabéis de qué familia estoy hablando. No cortan el césped, no pintan la cerca y no arreglan el tejado. Tienen la casa hecha una porquería. Pues bien: mi madre encontró esa casa y la compró, y de esta forma consiguió meter a una familia negra en un sitio tan blanco como Highlands North.

La mayoría de la gente negra que se integraba en zonas residenciales blancas se instalaba en sitios como Bramley y Lombardy East. Por alguna razón, sin embargo, mi madre escogió Highlands North. Era una zona residencial, con muchas tiendas. De gente trabajadora. No gente con dinero, pero sí con estabilidad y de clase media. Las casas eran algo antiguas, pero aun así era un sitio agradable. En Soweto yo había sido el único chico blanco de todo el municipio segregado negro. En Eden Mark yo había sido el único niño mestizo de toda la zona de color. En Highlands North yo era el único chico negro de todo el barrio blanco; y cuando digo el «único», quiero decir exactamente eso. En Highlands North los blancos no se habían marchado. Era un barrio muy judío, y los judíos no huyen. Están hartos de hacerlo. Tuvieron suficiente en el pasado. De manera que llegan a un sitio, construyen su sinagoga y se quedan allí. Y como la gente blanca que nos rodeaba no iba a moverse de allí, no había muchas familias como la nuestra esperando para mudarse detrás de nosotros.

En Highlands North me pasé muchísimo tiempo sin hacer amigos. Francamente, me había costado menos hacer amigos en Eden Park. En los barrios residenciales todo el mundo vivía en sus recintos amurallados. Los barrios blancos de Johannesburgo estaban construidos en base al miedo de los blancos —miedo a los crímenes de los negros, miedo a los levantamientos y revanchas de los negros—, y en consecuencia prácticamente todas las casas estaban atrincheradas detrás de un muro de tres metros con un alambrado eléctrico encima. Todo el mundo vivía en cómodas y elegantes prisiones de máxima seguridad. Nadie se sentaba en su pórtico ni saludaba desde allí a los vecinos, y tampoco había niños corriendo de una casa a otra. Podía pasarme horas recorriendo el barrio en bicicleta sin ver a un solo niño. Los oía, eso sí. Quedaban para jugar al otro lado de los muros de ladrillo y a mí no me invitaban. Oía risas y a gente jugando, y me bajaba de la bicicleta y me acercaba con sigilo para asomarme por encima del muro y veía un grupo de chicos blancos chapoteando en una piscina. Era como un voyeur, pero en busca de amistad.

Tardé aproximadamente un año en averiguar la clave para hacer amigos negros en los barrios residenciales: los hijos del servicio doméstico. En Sudáfrica muchas empleadas domésticas son despedidas cuando se quedan embarazadas. O bien, si tienen suerte, la familia para la que trabajan las deja quedarse y pueden tener al bebé, pero luego el bebé tiene que irse a vivir con parientes en las reservas. Entonces la madre negra cría a los niños blancos mientras que a su hijo solamente lo puede ver una vez al año por vacaciones. Pero unas pocas familias dejan que sus empleadas domésticas tengan a sus hijos con ellas, y viven en las habitaciones o en el pisito del servicio, detrás de la casa.

Durante mucho tiempo, aquellos fueron mis únicos amigos.

13

Daltonismo

En la Sandringham conocí a un chico llamado Teddy. Era un tipo gracioso y encantador como él solo. Mi madre lo llamaba Bugs Bunny; tenía una sonrisa descarada con dos dientes enormes en el medio. Teddy y yo nos llevábamos de maravilla; era uno de esos amigos a los que conoces y desde el primer día ya son inseparables. También nos unía que los dos nos portábamos como el culo. Al conocer a Teddy por fin conocí a alguien que me hacía sentirme normal. Yo era el terror de mi familia y él era el terror de la suya. Cuando nos juntabas, aquello era el caos. En el camino de la escuela a casa apedreábamos los cristales de las ventanas solo para ver cómo se rompían y luego nos escapábamos corriendo. Siempre nos castigaban a los dos juntos. Los profesores, los alumnos, el director y todo el mundo en la escuela lo sabía: Teddy y Trevor, uña y carne.

La madre de Teddy trabajaba de empleada doméstica para una familia de Linksfield, un barrio residencial de gente rica próximo a la escuela. Linksfield quedaba lejos de mi casa, a unos cuarenta minutos caminando, pero aun así se podía ir a pie. A fin de cuentas, por aquella época caminar era básicamente lo único que yo hacía. No tenía dinero para hacer nada más y tampoco para trasladarme de otra forma. Si te gustaba caminar, eras mi amigo. Teddy y yo nos pateamos juntos todo Johannesburgo. Primero yo iba caminando a casa de Teddy y nos quedábamos un rato allí. Luego veníamos los dos a pie hasta mi casa y nos quedábamos otro rato. Después caminábamos hasta el centro, que estaba a unas tres horas, solamente para pasar un rato allí, y por fin hacíamos todo el camino de vuelta.

Los viernes y sábados por la noche caminábamos hasta el centro comercial. El centro comercial de Balfour Park quedaba a pocas manzanas de mi casa. No era grande, pero tenía de todo: salón recreativo, cine, restaurantes, la versión sudafricana del Target, la versión sudafricana del Gap. Una vez en el centro comercial, como nunca teníamos dinero ni para ir de compras ni para ver una película ni para comer algo, nos limitábamos a deambular por ahí.

Una noche estábamos allí y casi todas las tiendas habían cerrado ya, pero el cine seguía abierto y por tanto el edificio también. Había una papelería que vendía tarjetas de felicitación y revistas y que no tenía puertas, de forma que cuando cerraba por la noche solo bajaba una reja metálica, como una celosía, que bloqueaba la entrada y se cerraba con candado. Y cuando aquella noche pasamos por delante de la papelería, Teddy y yo nos dimos cuenta de que si metíamos el brazo por la reja podíamos alcanzar el estante de bombones que había nada más entrar. Y no eran bombones ordinarios: eran bombones rellenos de alcohol. A mí me encantaba el alcohol. Me volvía loco. Llevaba toda la vida robando sorbos de las bebidas de los mayores siempre que tenía ocasión.

Así pues, metimos el brazo, agarramos unos cuantos bombones, nos bebimos el licor y engullimos el chocolate. Nos había tocado el premio gordo. Empezamos a ir al centro comercial una y otra vez para robar más. Esperábamos a que cerraran las tiendas, nos sentábamos apoyando la espalda contra la reja de la papelería y fingíamos que estábamos pasando el rato sin hacer nada. Después mirábamos para asegurarnos de que no había nadie y por fin uno de nosotros metía la mano, agarraba un bombón y se bebía el whisky. Metía la mano, agarraba un bombón y se bebía el ron. Nos tiramos al menos un mes haciendo aquello todos los fines de semana y pasándolo bomba. Pero al final tentamos demasiado a la suerte.

Era un sábado por la noche. Estábamos en la puerta de la papelería, apoyados en la reja. Yo metí el brazo para coger un bombón y, en ese preciso instante, un guardia de seguridad del centro comercial dobló la esquina y me vio con el brazo metido en la reja hasta el hombro. Saqué la mano con un puñado de bombones dentro. Fue casi como una película. Yo lo vi. Él me vio. Puso unos ojos como platos. Yo intenté alejarme con naturalidad. Y entonces él gritó: «*¡Eh! ¡Alto!*».

Y empezó la persecución. Salimos disparados hacia las puertas. Yo sabía que, si un guardia nos cortaba el paso en la salida, nos quedaríamos atrapados en el edificio, de forma que movimos el culo tan deprisa como pudimos. Atravesamos las puertas. Nada más poner un pie en el estacionamiento, sin embargo, empezaron a perseguirnos guardias del centro comercial de todas las direcciones, por lo menos una docena. Yo corría con la cabeza gacha. Aquellos guardias me conocían. Me pasaba la vida en aquel centro comercial. Y también conocían a mi madre. La oficina de su banco estaba allí. Si me veían estaba perdido.

Cruzamos el estacionamiento en línea recta, agachándonos y zigzagueando entre los carros estacionados, con los guardias pisándonos los talones y gritando. Conseguimos llegar a la gasolinera que había al final de la calle, la cruzamos y giramos a la izquierda por la avenida. Ellos nos perseguían y nos perseguían y nosotros corríamos y corríamos y era *genial*. El riesgo de que te pillaran era la mitad de la gracia de portarse mal, y ahora estábamos en plena persecución. A mí me estaba encantando. Estaba cagado de miedo, sí, pero también lo estaba disfrutando. Aquel era mi territorio. Era mi barrio, y en mi barrio no podías atraparme. Me conocía todos los callejones y calles, todos los muros por los que trepar y todas las cercas con agujeros por los que meterme. Conocía todos los atajos imaginables. De niño, allí donde fuera, estuviera en el edificio que estuviera, siempre me dedicaba a planear la forma de escapar. Ya sabéis, en caso de que la cosa se me pusiera fea. En la realidad yo era un niño rarito que apenas tenía amigos, pero en mi mente era un hombre importante y peligroso que necesitaba saber dónde estaban todas las cámaras de seguridad y todas las vías de escape.

Yo sabía que no podíamos correr eternamente. Necesitábamos un plan. Cuando Teddy y yo dejamos atrás el cuartel de los bomberos, apareció ante nosotros una calle a la izquierda, un callejón sin salida que terminaba en una cerca metálica. Yo sabía que aquella cerca tenía un agujero por el que podíamos estrujarnos para pasar y que al otro lado había un descampado vacío que daba a la avenida y de allí a mi casa. Por el agujero no podía pasar un adulto, pero un niño sí. Por fin estaban dando fruto todos mis años de imaginarme una vida de agente secreto. Y ahora que por fin necesitaba escaparme de verdad, podía.

—¡Teddy, por aquí! —le grité.

—¡No, no hay salida!

—¡Hay un agujero! ¡Sígueme!

Pero no me siguió. Yo giré por el callejón sin salida. Teddy se fue por el otro lado. La mitad de los policías lo siguieron a él y la otra mitad a mí. Alcancé la cerca y supe exactamente cómo escurrirme hasta el otro lado. Primero la cabeza, después el hombro, después una pierna, luego retorcerse y por fin la otra pierna: hecho. Ya estaba al otro lado. Los policías llegaron a la cerca detrás de mí, pero no pudieron seguirme. Atravesé el descampado hasta la cerca que había en el otro extremo, crucé por allí y por fin llegué a la avenida, a tres cuadras de mi casa. Me metí las manos en los bolsillos y eché a andar tranquilamente: un simple peatón inofensivo que había salido a pasear.

Llegué a casa y me puse a esperar a Teddy. Pero no apareció. Esperé treinta minutos, cuarenta, una hora. Ni rastro de Teddy.

Mierda.

Fui corriendo hasta su casa, en Linksfield. No estaba. El lunes por la mañana fui a la escuela. Ni rastro de él.

Mierda.

Ahora yo estaba preocupado. Al salir de la escuela me fui a mi casa a ver si estaba allí. Nada. Luego a casa de Teddy. Nada. Por fin me volví corriendo a la mía.

Al cabo de una hora se presentaron allí los padres de Teddy. Mi madre salió a recibirlos a la puerta.

—Han detenido a Teddy por robo —le dijeron.

Mieeeerda.

Escuché toda la conversación desde la otra habitación. Mi madre tuvo claro desde el principio que yo estaba involucrado.

—¿Y dónde estaba Trevor? —preguntó ella.

—Teddy dice que no estaba con Trevor —le dijeron.

Mi madre se mostró escéptica.

—Hum. ¿Están *seguros* de que Trevor no anda metido en esto?

—No, parece que no. La policía dice que había otro niño pero que se les escapó.

—O sea que *sí que estaba* con Trevor.

—No, se lo hemos preguntado a Teddy y él dice que no era Trevor. Dice que era otro chico.

—Hum... bueno. —Mi madre me hizo ir—. ¿Sabes algo de esto?

—¿Qué es «esto»?

—Han agarrado a Teddy robando en una tienda.

—¿*Quéeee*? —Me hice el tonto—. Noooo. Qué locura. No me lo puedo creer. ¿*Teddy*? No.

—¿Tú dónde estabas? —me preguntó ella.

—En casa.

—Pero si siempre estás con Teddy.

Yo me encogí de hombros.

—Supongo que no siempre.

Por un momento mi madre pensó que me había agarrado in fraganti, pero Teddy me había dado una coartada de lo más sólida. Yo me volví a mi cuarto, pensando que ya estaba fuera de peligro.

Al día siguiente, mientras estaba en clase, me llamaron por megafonía: «Trevor Noah, preséntese en el despacho del director». Todos los muchachos dijeron: «Oooooh». Aquellos anuncios se escuchaban en todas las aulas, de forma que ahora la escuela entera sabía que yo andaba metido en líos. Me levanté, fui al despacho del director y esperé ansioso sentado en un incómodo banco de madera que había frente a la puerta.

Por fin salió el director, el señor Friedman. «Entra, Trevor». En su despacho estaban esperando el jefe de seguridad del centro comercial, dos policías uniformados y la tutora de la clase de Teddy y mía, la señora Vorster. Una habitación llena de figuras de autoridad blancas, silenciosas y con cara de palo, contemplándome a mí, el joven negro y culpable. El corazón me iba a cien. Me senté.

—Trevor, no sé si sabes esto —dijo el señor Friedman—, pero el otro día detuvieron a Teddy.

—¿*Qué*? —Repetí mi pantomima—. ¿A Teddy? Oh, no. ¿Por qué?

—Por robar en una tienda. Lo han expulsado y ya no volverá a esta escuela. Sabemos que había otro chico involucrado, y estos agentes están yendo por las escuelas de la zona para investigar. Te hemos hecho venir porque la señora Vorster nos ha dicho que eres el mejor amigo de Teddy y queremos preguntarte si sabes algo de todo esto.

Yo dije que no con la cabeza.

—No, no sé nada.

—¿Sabes con quién estaba Teddy?

—No.

—Muy bien. —Se puso de pie y se acercó a un televisor que había en la esquina de la habitación—. Trevor, los agentes tienen imágenes en vídeo de todo lo que pasó. Queremos que les eches un vistazo.

Mieeeeeeeeeeeeeeeeeerda.

Ahora el corazón me iba a mil por hora. *Bueno, vida, ha sido divertido,* pensé yo. *Me van a expulsar y voy a ir a la cárcel. Se acabó todo.*

El señor Friedman pulsó la tecla *play* del reproductor de vídeo. Arrancó la grabación. Eran imágenes de una cámara de seguridad, en blanco y negro y con grano, pero se veía todo lo sucedido con una claridad meridiana. Hasta lo tenían grabado desde múltiples ángulos. Teddy y yo corriendo hacia la puerta. Estaba todo grabado. Al cabo de unos segundos, el señor Friedman levantó una mano y detuvo la cinta: en mitad de la pantalla se me veía a mí, congelado a unos pocos metros de distancia. Yo esperaba que el director se volviera hacia mí y me dijera: «¿Quieres confesar ya?». Pero no sucedió eso.

—Trevor —me dijo—. ¿Conoces a algún chico blanco que vaya con Teddy?

Yo casi me cagué encima.

—*¿¡Qué!?*

Miré la pantalla y por fin lo entendí: en la imagen, Teddy era oscuro. Yo era claro; tengo la piel cetrina. La cámara no puede exponer la luz y la oscuridad al mismo tiempo. Así pues, cuando aparezco en una pantalla en blanco y negro al lado de una persona negra, la cámara no sabe qué hacer. Si la cámara tiene que elegir algo, elige mostrarme blanco. Mi color sale sobreexpuesto. En aquel vídeo había una persona negra y otra blanca. Pero aun así era yo. La imagen no era muy buena y mis rasgos estaban un poco borrosos, pero si mirabas de cerca era yo. El mejor amigo de Teddy. El único amigo de Teddy. El cómplice más probable con diferencia. Como mínimo tendrían que haber *sospechado* de mí. Pero no. Se dedicaron a interrogarme durante diez minutos largos, pero solamente porque estaban seguros de que yo tenía que saber quién era aquel chico blanco.

—Trevor, eres el mejor amigo de Teddy. Dinos la verdad. ¿Quién es ese muchacho?

—No lo sé.

—¿No lo reconoces?

—No.

—¿Y Teddy nunca te ha hablado de él?

—Nunca.

En un momento dado la señora Vorster se puso a repasar una lista de todos los chicos blancos que ella creía candidatos.

—¿Es David?

—No.

—¿Rian?

—No.

—¿Frederik?

—No.

Yo seguía esperando que todo fuera una trampa, que de pronto se giraran y me dijeran «¡Eres tú!». Pero no. En un momento dado me sentí tan invisible que me dieron ganas de reivindicarme. Me dieron ganas de levantarme de un salto, señalar la tele y decir: «Pero ¡¿están ciegos o qué?! ¡Soy yo! ¡¿Es que no ven que soy yo?!». Pero no lo hice, claro. Y ellos no podían verlo. Aquella gente estaba tan jodida por sus prejuicios raciales que no veían que la persona blanca que estaban buscando estaba sentada delante de sus narices.

Al final me mandaron de vuelta a clase. El resto de aquel día y las dos semanas siguientes me las pasé esperando a que se descubriera el pastel, esperando a que mi madre recibiera la llamada: «¡Ya lo tenemos! ¡Hemos resuelto el misterio!». Pero la llamada no llegó nunca.

Sudáfrica tiene once idiomas oficiales. Cuando llegó la democracia, la gente dijo: «Muy bien, ¿cómo establecemos un orden sin que algunos grupos vuelvan a sentirse otra vez excluidos del poder?». El inglés es el idioma internacional, el idioma del dinero y de los medios de comunicación, así que necesitábamos conservarlo. La mayoría de la gente se veía obligada a aprender al menos un poco de afrikaans, así que también era útil mantenerlo. Además, no queríamos que la minoría blanca se sintiera marginada en la nueva Sudáfrica, porque podían coger todo su dinero y marcharse.

El idioma africano más hablado en el país era el zulú, pero no podíamos conservarlo sin incluir también el xhosa, el tswana y el ndebele. Luego estaban el swazi, el tsonga, el venda, el sotho y el pedi. Queríamos tener contentos a todos los grupos importantes, así que casi sin quererlo terminamos con once idiomas oficiales. Y estos eran solamente los idiomas con el suficiente número de hablantes como para exigir reconocimiento. Había docenas más.

Sudáfrica es la Torre de Babel. Todos los días, todos los santos días, ves a gente completamente perdida, intentando mantener una conversación y sin idea alguna de qué le está diciendo la otra persona. El zulú y el tswana son bastante comunes. El tsonga y el pedi, bastante marginales. Cuanto más común sea tu lengua, menos probable es que vayas a aprender otra. Cuando más marginal, más probable que acabes aprendiendo dos o tres más. En las ciudades, casi todo el mundo habla algo de inglés y normalmente un poco de afrikaans, lo suficiente para entenderse. Estás en una fiesta donde hay una docena de personas y no paran de llegarte fragmentos de conversaciones en dos o tres idiomas distintos. Una parte la pierdes, otra parte te la traduce alguien al vuelo para que te enteres de lo básico, el resto lo pillas por el contexto y así terminas entendiendo. Lo más loco del caso es que la cosa, de alguna forma, funciona. La sociedad funciona. Salvo cuando no lo hace.

14

La larga, torpe, ocasionalmente trágica y a menudo humillante educación de un jovencito en los asuntos del corazón, tercera parte: el baile

En mis últimos meses de instituto yo ya me había convertido en un magnate. Mi negocio del quiosco había evolucionado hasta convertirse en un mini-imperio que incluía la venta de CD piratas que grababa en casa. Había convencido a mi madre, a pesar de su austeridad, de que necesitaba una computadora para la escuela. No era verdad. La quería para navegar por Internet y jugar a *Leisure Suit Larry*. Pero fui tan convincente que ella acabó cediendo y me la compró. Gracias a la computadora, a Internet y a la suerte que tuve de que un amigo me regalara una grabadora de CD, pude montar mi negocio.

Había encontrado mi nicho de mercado y la estaba pasando muy bien. La vida sin formar parte de ningún grupo me iba tan bien que ni siquiera pensaba en salir con chicas. Las únicas chicas de mi vida eran las que aparecían desnudas en Internet. Mientras me descargaba música y tonteaba en los chats, iba mirando páginas porno aquí y allí. Solo fotos, claro, nada de vídeos. Con el porno en red de hoy en día llegas directamente a la locura, pero con los accesos telefónicos de entonces las imágenes tardaban una eternidad en descargarse. Comparado con lo de ahora era casi una actividad de caballeros. Te pasabas cinco minutos mirando a la chica a la cara y conociéndola como persona. Al cabo de unos minutos le mirabas un poco las tetas. Para cuando llegabas a la vagina, ya tenías una relación bastante estrecha con ella.

En septiembre de mi duodécimo curso teníamos el baile de matriculados. La fiesta de graduación. El gran evento. Nuevamente me enfrenté al dilema al que ya me había enfrentado en San Valentín: aquel era otro ritual extraño que yo no entendía. Lo único que sabía del baile de graduación era que, de acuerdo con las películas americanas que yo había visto, era «donde pasaba». Donde perdías la virginidad. Ibas en una limusina y luego la chica y tú lo hacían. Literalmente esa era mi única referencia. Pero también conocía la regla: los tipos *cool* conseguían a las chicas y los tipos chistosos solo podían aspirar a ir con los tipos *cool* y sus chicas. De forma que había dado por sentado que no iría al baile, o bien que, si iba, no sería con pareja.

Yo tenía dos intermediarios que trabajaban para mí en mi negocio de los CD: Bongani y Tom. Se encargaban de vender los CD que yo copiaba a cambio de una comisión. A Tom lo había conocido en el salón recreativo del centro comercial de Balfour Park. Igual que Teddy, vivía cerca porque su madre trabajaba de empleada doméstica. Tom iba al mismo curso que yo, pero en una escuela pública, la Northview, una escuela del gueto total, y me llevaba el negocio allí.

Tom hablaba por los codos, era hiperactivo y no se quedaba quieto ni un segundo. También era un embaucador profesional, siempre estaba intentando negociar y colarte alguna. Podía conseguir que la gente hiciera cualquier cosa. Era un tipo genial, pero también estaba como una puta cabra y era mentiroso compulsivo. Una vez fui con él a Hammanskraal, un asentamiento semejante a las reservas. Como sugiere su nombre en

afrikaans, Hammanskraal no era una reserva tribal propiamente dicha. Era el kraal de Hammans, la antigua granja de unos
blancos. Las reservas propiamente dichas, Venda, Gazankulu y
Transkei, eran sitios donde vivía la gente negra, y el gobierno
trazaba una línea a su alrededor y les decía: «Quédense ahí».
Hammanskraal y otros asentamientos parecidos eran espacios
vacíos del mapa a los que el gobierno trasladaba a los negros
deportados. Eso era lo que nuestro gobierno hacía. Primero
encontraba un trozo de tierra árida, polvorienta e inservible,
y cavaba hileras y más hileras de hoyos en la tierra: un millar
de letrinas para cuatro mil familias. Luego sacaba a la fuerza a
la gente que estaba ocupando ilegalmente alguna zona blanca
y la dejaba en medio de la nada con unas cuantas paletas de
madera contrachapada y láminas metálicas. «Tomen. Aquí está
su nuevo hogar. Construyan unas cuantas casas. Buena suerte».
Nosotros lo veíamos en las noticias. Era como un reality show
televisivo despiadado y basado en la pura supervivencia, pero
donde nadie ganaba ni un centavo.

Una tarde, Tom me propuso que fuéramos a ver un concurso de talentos en Hammanskraal. Por entonces yo tenía unas
botas Timberland que me acaba de comprar. Eran la única
prenda decente que tenía. En aquella época no había casi nadie
en Sudáfrica que tuviera unas Timberland. Eran imposibles de
conseguir, pero todo el mundo las quería porque las llevaban
los raperos americanos. Yo había estado ahorrando y dosificán-
dome el dinero que ganaba en el quiosco y con los CD hasta
poder comprármelas. Cuando ya estábamos saliendo de casa,
Tom me dijo:

—Sobre todo, ponte las Timberland.

El concurso de talentos se celebraba en un pequeño centro cívico construido en medio de la nada, sin casas alrededor.
Cuando llegamos, Tom se dedicó a recorrer el lugar, estrechando
manos y charlando con todo el mundo. Había gente cantando,

bailando y recitando poesía. Luego el presentador se subió al escenario y dijo: *Re na le modiragatsi yo o kgethegileng. Ka kopo amogelang... Spliff Star!* «Tenemos a un invitado especial, un rapero venido de Estados Unidos. Por favor, den la bienvenida a... ¡Spliff Star!».

Por entonces Spliff Star era el rapero que acompañaba a Busta Rhymes. Yo me quedé allí sentado y sin entender nada. *¿Cómo? ¿Spliff Star? ¿En Hammanskraal?* De pronto todo el mundo en la sala se giró para mirarme. Tom se me acercó y me habló al oído en voz baja.

—Colega, sube al escenario.

—¿Qué?

—Sube al escenario.

—Pero ¿qué estás diciendo?

—Colega, por favor, me vas a meter en tremendo problema. Ya me han pagado.

—¿Te han *pagado*? ¿Quién te ha pagado?

Por supuesto, lo que Tom no se había acordado de mencionarme era que le había contado a aquella gente que había traído a un rapero famoso de Estados Unidos para que subiera a rapear en su concurso de talentos. El rapero había exigido que le pagaran por adelantado su actuación, y yo, con mis Timberland, era el famoso rapero americano.

—Jódete —le dije yo—. No pienso moverme de aquí.

—Por favor, colega, te lo suplico. Por favor, hazme este favor. Por favor. Hay una chica aquí que quiero cogerme y le he dicho que conozco a un montón de raperos... Por favor, te lo suplico.

—Yo no soy Spliff Star. ¡¿Qué quieres que haga?!

—Rapea canciones de Busta Rhymes y ya está.

—Pero si no me sé la letra de ninguna.

—No importa. Esta gente no habla inglés.

—Coño.

Me subí al escenario y Tom hizo un beat-boxing terrible —*Bff ba-dff, bff bff ba-dff*— mientras yo me las apañaba como podía con un puñado de letras de Busta Rhymes que me iba inventando sobre la marcha. El público estalló en gritos y aplausos. Había venido un rapero americano a Hammanskraal y era lo más épico que habían visto en la vida.

En fin, así es Tom.

Una tarde Tom vino a mi casa y nos pusimos a hablar del baile. Yo le dije que no tenía pareja, que no podía conseguirla y que no la iba a conseguir.

—Yo puedo conseguirte a una chica que vaya contigo al baile —me dijo.

—No, no puedes.

—Sí que puedo. Hagamos un trato.

—No quiero hacer uno de tus tratos, Tom.

—No, escúchame. Este es el trato. Si me subes la comisión de los CD que estoy vendiendo y me das unos cuantos gratis para mí, yo vuelvo aquí con la chica más preciosa que hayas visto en tu vida y ella será tu pareja en el baile.

—Vale, acepto el trato porque eso no va a pasar nunca.

—¿Tenemos un trato?

—Tenemos un trato, pero eso no va a pasar nunca.

—Pero ¿tenemos un *trato*?

—Trato hecho.

—Muy bien, me voy a buscarte una pareja. Será la chica más linda que hayas visto en tu vida y tú la vas a llevar al baile y vas a ser una superestrella.

Todavía faltaban dos meses para el baile. Yo no tardé en olvidarme de Tom y de su ridículo trato. Pero una tarde él se presentó en mi casa y asomó la cabeza en mi habitación.

—Te he encontrado a la chica.

—¿De verdad?

—Sí. Tienes que venir a conocerla.

Yo sabía que Tom era un mentiroso, pero lo que hace que un estafador tenga éxito es justamente que siempre te da un poco. Te da siempre lo mínimo para tenerte en vilo. Tom me había presentado a muchas chicas preciosas. Ninguna era su novia, pero tenía labia y siempre estaba rodeado de ellas. Así que cuando me dijo que me había conseguido a una chica, yo me lo creí. Nos subimos a un autobús y nos fuimos para el centro.

La chica vivía en un bloque de apartamentos arruinados. Encontramos su edificio y una chica se asomó al balcón y se puso a hacernos señas para que entráramos. Era la hermana de la chica, Lerato, me dijo Tom. Más tarde yo me enteraría de que él había estado intentando salir con Lerato, y que emparejarme a mí con su hermana era su forma de llegar a ella; por supuesto, Tom siempre tenía una estrategia.

El vestíbulo del edificio estaba oscuro. El ascensor estaba estropeado, así que nos tocó subir varios pisos por las escaleras. La tal Lerato nos invitó a entrar en el apartamento. En la sala de estar había una gorda gigantesca, literalmente, una mujer absolutamente enorme. Yo pensé: *Oh, Tom, ya veo lo que has hecho. Bien jugado.* Tom también era un bromista empedernido.

—¿Esta es mi pareja? —le pregunté.

—No, no, no —me dijo—. Esta no es tu pareja. Esta es su hermana mayor. Tu pareja es Babiki. Babiki tiene tres hermanas mayores y Lerato es su hermana pequeña. Babiki ha ido a comprar comida. Volverá en un momento.

Esperamos y nos pusimos a charlar con la hermana mayor. Diez minutos más tarde se abrió la puerta y entró la chica más preciosa que yo había visto en mi vida. Era... Dios bendito. Unos ojos preciosos y una piel dorada con tonos ocre también preciosa. Parecía que resplandeciera. En todo mi instituto no había ni una chica como ella.

—Hola —me dijo.

—Hola —contesté yo.

Estaba pasmado. No tenía ni idea de cómo hablar con una chica tan bonita. Ella era tímida y tampoco hablaba demasiado. Hubo una especie de pausa incómoda. Por suerte Tom siempre hablaba por los codos. Así que intervino y lo arregló todo. «Trevor, esta es Babiki. Babiki, Trevor». Y siguió largando y largando sobre lo genial que era yo, las ganas que tenía ella de ir al baile, cuándo iba a pasar yo a buscarla... todos los detalles. Nos quedamos unos minutos más y luego Tom dijo que tenía que marcharse, de forma que nos fuimos hacia la puerta. Babiki se volvió hacia mí, me sonrió y se despidió con la mano mientras salíamos.

—Adiós.

—Adiós.

Cuando salimos de aquel edificio, era el hombre más feliz del mundo. No me lo podía creer. Yo era el tipo que no podía salir con ninguna chica de su instituto. Me había resignado a no salir nunca con chicas, no me consideraba digno. Pero ahora iba a ir al baile de graduación con la chica más preciosa del mundo.

Durante las semanas siguientes fuimos unas cuantas veces más a Hillbrow para pasar el rato con Babiki, sus hermanas y sus amigas. La familia de Babiki era de la etnia pedi, una de las tribus más pequeñas de Sudáfrica. A mí me gustaba conocer a gente de orígenes distintos, o sea que aquello también me resultó divertido. Babiki y sus amigas eran lo que nosotros llamábamos *amabhujua*. Ellos son igual de pobres que la mayoría de la gente negra, pero fingen que no. Se visten a la moda y actúan como ricos. Los *amabhujua* reservan una camisa en la tienda, una sola camisa, y se pasan siete meses pagándola. Viven en chozas, pero llevan zapatos de cuero italiano que cuestan miles de rand. Son una comunidad interesante.

Babiki y yo nunca tuvimos una cita los dos solos. Siempre estábamos con más gente. Ella era tímida y yo me pasaba la mayor parte del tiempo hecho un manojo de nervios, pero aun así la pasábamos bien. Tom se encargaba de que la situación fuera distendida y de que todo el mundo se divirtiera. Cada vez que nos despedíamos, Babiki me daba un abrazo y una vez hasta me dio un besito. Yo estaba en el cielo. Estaba en plan: *Sí, tengo novia. Qué bien.*

A medida que se acercaba el día del baile, empecé a ponerme más y más nervioso. No tenía carro. No tenía ropa decente. Era la primera vez que llevaba a una chica preciosa a alguna parte y quería que fuera perfecto.

Después de que el taller de mi padrastro quebrara, mi familia se había mudado a Highlands North y él había trasladado su taller a casa. Teníamos un patio bien grande y un garaje en la parte de atrás, que básicamente se convirtió en su nuevo taller. Estacionados en la entrada de la propiedad, el patio y la calle de delante, siempre había como mínimo diez o quince carros; carros de clientes en los que Abel estaba trabajando o bien montones de chatarra de los que obtenía piezas de repuesto. Una tarde que estábamos los dos en casa, Tom se puso a hablarle a Abel de mi cita y Abel decidió ser generoso. Me dijo que podía llevarme un carro para ir al baile.

Teníamos un Mazda rojo que llevaba rondando por ahí una buena temporada. Era un montón de chatarra, pero todavía funcionaba bastante bien, y yo lo había cogido prestado alguna vez. Sin embargo, el carro que quería ahora era el BMW de Abel. Estaba igual de viejo y destartalado que el Mazda, pero un BMW hecho mierda sigue siendo un BMW. Le supliqué que me lo dejara.

—Por favor, por favor, ¿puedo llevarme el BMW?

—Ni en tus putos sueños.

—Por favor, es el momento más importante de mi vida. Por favor. Te lo suplico.

—No.

—Por favor.

—No. Puedes llevarte el Mazda.

Entonces intervino Tom, el típico negociante:

—Hermano Abie —le dijo—. Creo que no lo entiendes. Si vieras a la chica que Trevor va a llevar al baile, entenderías por qué esto es tan importante. Hagamos un trato. Si la traemos aquí y es la chica más preciosa que has visto en tu vida, le dejas el BMW.

Abel se lo pensó.

—Está bien, trato hecho.

Fuimos al piso de Babiki, le dijimos que mis padres la querían conocer y la llevamos a mi casa. Luego la condujimos hasta el garaje, donde Abel y sus empleados estaban trabajando. Tom y yo nos acercamos a él y se la presentamos.

—Abel, esta es Babiki. Babiki, este es Abel.

Abel sonrió de oreja a oreja, encantador como siempre.

—Un placer —le dijo.

Charlaron unos minutos. Luego Tom y Babiki se marcharon y Abel se dirigió a mí:

—¿Esa es la chica?

—Sí.

—Puedes usar el BMW.

Una vez conseguido el carro, necesitaba desesperadamente algo que ponerme. Iba a llevar al baile a una chica a la que le encantaba la moda, y con la única excepción de mis Timberland, toda mi ropa era una mierda. Mis opciones de indumentaria estaban muy limitadas, porque solamente podía comprar en las tiendas en las que me dejaba comprar mi madre, y mi madre estaba en contra de gastar dinero en ropa. Así que me llevaba a algún almacén de saldos, me decía qué presupuesto teníamos y yo tenía que encontrar algo allí.

Por entonces yo no sabía nada de ropa. Mi idea de lo que estaba de moda era una marca llamada Powerhouse. Era la clase de ropa que llevan los levantadores de pesas de Miami o de Venice Beach, pantalones deportivos anchos y camisetas holgadas. El logo era una caricatura de un bulldog culturista con gafas de sol envolventes, fumando un puro y luciendo sus músculos. En los pantalones su músculo abarcaba toda la pierna. En la camiseta, el pecho. En la ropa interior, la entrepierna. Yo estaba convencido de que Powerhouse era lo máximo, para qué negarlo. Pero bueno: no tenía amigos, me encantaban los perros y los músculos estaban de moda; esas eran mis premisas de partida. Lo tenía todo de Powerhouse, la gama completa: cinco atuendos en cinco colores distintos. Era fácil. Los pantalones venían con la camiseta, de forma que sabía cómo combinarlo todo.

Bongani, el otro intermediario de mi negocio de venta de CD, se enteró de que yo tenía una cita y se impuso la misión de hacerme un cambio de imagen.

—Tienes que ponerte las pilas —me dijo—. No puedes ir al baile de graduación con esa pinta. Ya no por ti, sino por ella. Vamos de compras.

Yo acudí a mi madre y le supliqué que me diera dinero para comprarme ropa para el baile. Por fin ella cedió y me dio dos mil rand. Nunca en mi vida me había dado tanto dinero. Le dije a Bongani de cuánto disponía y él me contestó que nos las arreglaríamos para que nos alcanzara. El truco para parecer rico, me explicó, es tener una sola prenda cara; el resto basta con que sean prendas de calidad, bonitas pero básicas. De esa forma la prenda cara llama la atención de todo el mundo y parece que te has gastado mucho más dinero.

Para mí no había nada que me gustara más que los abrigos de cuero que llevaban todos los de *The Matrix. The Matrix* acababa de estrenarse y era *la* película del año. A mí me fascinaba Neo. En mi corazón yo lo sabía: *soy Neo*. Es un nerd. Es un inútil y todo lo que quieras, pero en secreto es un superhéroe del carajo. Lo único que yo necesitaba era que un negro calvo y misterioso apareciera en mi vida y me enseñara el camino. Y ahora tenía a Bongani, que era negro y llevaba la cabeza afeitada, diciéndome:

—Tú puedes. Eres el elegido.

Y yo pensaba:

—*Sí*. Lo sabía.

Le dije a Bongani que quería un abrigo de cuero como el de Keanu Reeves, largo hasta los tobillos. Bongani se cerró en banda.

—No, eso no es práctico. Es *cool*, pero no te lo pondrás más.

Así que me llevó de compras y compramos un abrigo de cuero negro largo hasta las pantorrillas, que hoy parecería ridículo, pero que por entonces, gracias a Neo, gustaba mucho. El abrigo solo costaba mil doscientos rand. Completamos el atuendo con unos pantalones negros sencillos, zapatos de gamuza de puntera cuadrada y un suéter de punto color crema.

En cuanto lo tuvimos todo, Bongani le echó un vistazo a mi afro enorme. Yo siempre estaba intentando conseguir el afro perfecto estilo Michael Jackson años 70. Lo que me salía era más bien el pelo de Buckwheat, el de *La pandilla*: indómito e imposible de peinar, como intentar clavar una horca en una mata de pasto de cuaresma.

—Necesitamos arreglarte ese puto pelo —dijo Bongani.

—Pero ¿qué dices? —contesté yo—. Mi pelo es así.

—No, *necesitamos* hacer algo.

Bongani vivía en Alexandra. Me arrastró hasta allí y fuimos a hablar con unas chicas de su calle que estaban matando el rato en la esquina.

—¿Qué harían ustedes con el pelo de este tipo? —les preguntó.

Las chicas me examinaron.

—Tiene un montón de pelo —dijo una de ellas—. ¿Por qué no se hace trenzas pegadas?

—¡Claro! —dijeron—. ¡Son geniales!

—¿Qué? —respondí yo—. ¿Trenzas pegadas? ¡No!

—Sí, sí —insistieron ellas—. ¡Háztelas!

Bongani me arrastró hasta una peluquería de la misma calle. Entramos y nos sentamos. La mujer me tocó el pelo, dijo que no con la cabeza y se giró hacia Bongani.

—No puedo trabajar con esta oveja —le dijo—. Tienen que hacer algo primero.

—¿Qué tenemos que hacer?

—Se lo tienen que ablandar. Aquí no lo puedo hacer.

—Está bien.

Bongani me arrastró a una segunda peluquería. Me senté en el sillón y la mujer me cogió el pelo y se puso a untármelo con una especie de crema blanca. Llevaba guantes de goma para que aquela sustancia química no le tocara la piel, lo cual quizás ya tendría que haberme avisado de que aquello no era buena idea. En cuanto tuve el pelo cubierto de ablandador, me dijo:

—Tienes que intentar dejártelo puesto todo el tiempo que puedas. El pelo se te empezará a quemar. Cuando empiece a quemarse me lo dices y te lo quitamos. Pero cuanto más rato lo puedas tener puesto, más liso te quedará el pelo.

Yo quería hacerlo bien, de modo que me senté en el sillón y esperé y esperé tanto como pude.

Y esperé demasiado.

Ella me había dicho que la avisara cuando se empezara a quemar. Lo que me tendría que haber dicho era que la avisara cuando me empezara a hacer cosquillas, porque para cuando empezó a quemar ya me había desprendido varias capas de cuero cabelludo. No eran precisamente cosquillas cuando me entró el pánico. «*¡Me quemo! ¡Me quemo!*». La peluquera me llevó corriendo al fregadero y empezó a quitarme el ablandador con agua del grifo. Lo que yo no sabía era que el producto químico no empieza a quemar de verdad hasta que te lo están lavando. Lo que sentí entonces fue como si alguien me echara fuego líquido en la cabeza. Cuando la mujer terminó, tenía quemaduras de ácido por todo el cuero cabelludo.

Yo era el único hombre de la peluquería; lo demás eran todo mujeres. Acababa de vislumbrar eso que las mujeres experimentan de forma habitual para estar guapas. *Pero ¿por qué hacen esto?*, pensé. *Es horrible*. Pero funcionó. El pelo me quedó completamente liso. La mujer me lo peinó hacia atrás y yo me convertí en un proxeneta. Un proxeneta apodado El Gomina.

A continuación, Bongani me arrastró de vuelta a la primera peluquería y la mujer aceptó hacerme trenzas pegadas a la cabeza. Trabajó despacio. Tardó seis horas. Por fin me dijo:

—Listo, ya puedes mirarte al espejo.

Le dio la vuelta a mi sillón y yo me miré en el espejo y... jamás me había visto de aquella forma. Fue como esas escenas de las películas americanas en las que le cambian la imagen al personaje bobalicón: le arreglan el pelo, le ponen otra ropa y de pronto el patito feo se convierte en un cisne. Yo había estado tan convencido de que nunca conseguiría salir con una chica que ni siquiera había tratado de ponerme guapo o parecer atractivo, de forma que no sabía que pudiera hacerlo. El pelo me quedaba bien. No tenía la piel perfecta, pero sí mejor; las pústulas se habían convertido en granos normales y corrientes. Estaba... nada mal.

Volví a casa y cuando entré por la puerta mi madre soltó un gritito:

—¡Ooooooh! ¡Pero si tengo una niña! ¡Uy, qué bella! ¡Han convertido a mi niño en una niña lindísima! ¡Tengo una niña preciosa! ¡Eres tan linda!

—¡Mamá! Para ya, por favor.

—¿Esta es tu forma de decirme que eres gay?

—¿Qué? No. ¿Por qué dices eso?

—Ya sabes que no me importa si lo eres.

—No, mamá. No soy gay.

A todo el mundo de mi familia le encantó el peinado. Todos pensaban que me quedaba genial. Mi madre, sin embargo, no paraba de burlarse de mí.

—Está muy bien hecho —me dijo—. Pero es demasiado bonito. Pareces una chica.

Por fin llegó la gran noche. Tom vino a casa para ayudarme con los preparativos. El pelo, la ropa, todo quedó perfecto. En cuanto estuve listo, fuimos a buscar a Abel para que nos diera las llaves del BMW, y aquel fue el momento en que las cosas empezaron a torcerse.

Era sábado por la noche, fin de semana, lo cual quería decir que Abel estaba bebiendo con sus empleados. Entré en su garaje y nada más verle los ojos me di cuenta: estaba bebido. *Mierda.* Cuando Abel estaba borracho era una persona completamente distinta.

—¡Ah, te queda bien! —me dijo, examinándome con una sonrisa enorme—. ¿Adónde vas?

—¿Adónde voy...? Abie, me voy al baile.

—Bien, que te diviertas.

—Hum... ¿me das las llaves?

—¿Qué llaves?

—Las del carro.

—¿Qué carro?

—El BMW. Me prometiste que me dejarías llevar el BMW al baile.

—Primero ve a buscarme unas cervezas —me dijo.

Me dio las llaves de su carro y Tom y yo fuimos a la licorería. Le compré a Abel unas cajas de cerveza, volvimos a casa y se las di.

—Listo —le dije—. ¿Ahora me puedo llevar el BMW?

—No.

—¿Cómo que no?

—Pues que no. Necesito mi carro esta noche.

—Pero me lo prometiste. Me dijiste que lo podría usar.

—Sí, pero lo necesito.

Me quedé hecho polvo. Me senté allí con Tom y nos pasamos casi media hora suplicándole.

—Por favor.

—No.

—*Por favor*.

—No.

Por fin nos dimos cuenta de que estábamos perdiendo el tiempo. Cogimos el Mazda de mierda y fuimos a casa de Babiki. Yo llegaba a recogerla una hora tarde. Nos la encontramos super molesta. Tuvo que entrar Tom para convencerla de que saliera, y por fin salió.

Estaba más preciosa que nunca, con un vestido rojo alucinante, pero era obvio que no andaba de muy buen humor. A mí ya me estaba empezando a entrar el pánico por dentro, pero sonreí y seguí intentando ser un caballero y una buena pareja para ella, aguantándole la puerta abierta y diciéndole que estaba preciosa. Nos despedimos de Tom y de la hermana y nos fuimos.

Y entonces me perdí. El baile se celebraba en un local de una parte de la ciudad que no conocía, y en un momento dado me desorienté por completo y no tuve ni idea de dónde estaba. Me pasé una hora conduciendo a oscuras, girando a un lado y a otro y volviendo sobre mis pasos. Y hablando por el móvil, llamando desesperado a gente, intentando averiguar dónde estaba y tratando de conseguir que alguien me diera indicaciones. Babiki se pasó todo el tiempo sentada a mi lado en un silencio mortuorio, obviamente no disfrutando *para nada* ni de mi compañía ni de la noche. Yo me estaba viniendo abajo. Era tarde. No sabía adónde estaba yendo. Era la peor cita que ella había tenido en su vida.

Por fin averigüé dónde estaba y llegamos al baile, casi dos horas tarde. Estacioné, me bajé de un salto y di la vuelta al carro corriendo para abrirle la puerta. Pero cuando se la abrí, ella no se movió.

—¿Estás lista? —le dije—. Entremos.

—No.

—¿No? Pero... ¿cómo que no?

—No.

—Okay... pero ¿por qué?

—No.

—Pero es que tenemos que entrar. El baile es dentro.

—No.

Yo me pasé otros veinte minutos allí, intentando convencerla para que entrara, pero ella seguía diciendo que no. Se negaba a salir del carro.

Por fin le dije:

—Bueno, ahora vuelvo.

Entré corriendo y encontré a Bongani.

—¿Dónde te has metido? —me dijo.

—¡Estoy aquí! Pero ella está en el carro y no quiere entrar.

—¿Cómo que no quiere entrar?

—No sé qué le pasa. Ayúdame, por favor.

Salimos al estacionamiento. Yo llevé a Bongani hasta el carro y en cuanto la vio, perdió la cabeza.

—¡Dios bendito! Es la mujer más preciosa que he visto en mi vida. Me dijiste que era hermosa, Trevor, pero esto es una locura. —En un momento se olvidó completamente de ayudarme con Babiki. Dio media vuelta, entró corriendo y llamó a sus amigos—. ¡Chicos! Tienen que ver esto! ¡Trevor está con una chica! ¡Y es preciosa! ¡Chicos! ¡Vengan!

Veinte chicos salieron al estacionamiento. Se apelotonaron alrededor del carro. «¡Uau, está buenísima!». «¿*Esta* chica ha venido con *Trevor*?». Los chicos la miraban boquiabiertos como si fuera un animal del zoo. Incluso le preguntaron si se podían hacer una foto con ella. Se fueron a buscar a más gente adentro. «¡Pero qué locura! ¡Mirad a la pareja de Trevor! ¡No, no, no, tienen que venir a verla!».

Yo estaba mortificado. Me había pasado cuatro años de instituto evitando por todos los medios cualquier clase de humillación romántica, y ahora, la noche del baile de graduación, la madre de todas las noches, mi humillación se había convertido en un circo más grande que el mismo evento: «Trevor, el payaso indeseable, se ha creído que iba a traer a la chica más bella del baile, pero su plan se está yendo al carajo, así que salgamos todos a mirar».

Babiki estaba sentada en el asiento del copiloto, mirando al frente, y no daba su brazo a torcer. Yo estaba junto al carro, caminando de un lado a otro y completamente estresado. Un amigo mío tenía una botella de coñac que había metido de contrabando en el baile.

—Ten —me dijo—. Bebe un poco.

Llegado aquel punto ya nada importaba, así que me puse a beber. La había cagado. La chica me odiaba. La noche se había ido al carajo.

Al final la mayoría de los chicos volvieron a entrar al baile. Yo estaba sentado en la acera, dando tragos de la botella de coñac y emborrachándome. En un momento dado Bongani regresó al estacionamiento para hacer un último intento de convencer a Babiki de que entrara. Al cabo de un minuto su cabeza asomó por encima del carro con expresión confundida.

—Eh, Trevor —me dijo—. Tu chica no habla inglés.

—¿Qué?

—Tu chica. No habla nada de inglés.

—Eso es imposible.

Me levanté y caminé hasta el carro. Le hice una pregunta en inglés y ella me miró con cara de palo.

Bongani se volvió hacia mí.

—¿Cómo es posible que no supieras que tu chica no habla inglés?

—Pues... no lo sé.

—¿Nunca has hablado con ella?

—Claro que sí... O espera, *¿he hablado con ella?*

Empecé a rememorar todas las veces que había estado con Babiki, en su apartamento, con sus amigos o bien presentándosela a Abel. ¿Había hablado con ella esa vez? No. ¿Había hablado con ella esa otra? No. Fue como esa escena de *El club de la lucha* en la que el personaje de Ed Norton hace memoria y cae en la cuenta de que Brad Pitt y él nunca han estado en la misma habitación con Helena Bonham Carter. Y se da cuenta de que durante todo ese tiempo se ha estado dando puñetazos a sí mismo. De que *él* es Tyler Durden. Con la emoción de conocer a Babiki, de estar juntos, conociéndonos, nunca habíamos hablado directamente. Todo había sido a través de Tom.

El puto Tom.

Tom me había prometido que me conseguiría una chica bellísima para el baile, pero claro, no me había prometido nada del resto de sus cualidades. Siempre que nos juntábamos, ella hablaba en pedi con Tom y Tom hablaba en inglés conmigo. Pero ni ella hablaba inglés ni yo hablaba pedi. Abel lo hablaba. Aprendió varias lenguas para poder negociar con sus clientes, así que había hablado pedi con Babiki sin problemas. Me di cuenta de que nunca la había oído decir nada en inglés que no fuera «sí», «no», «hola» o «adiós». Eso era todo: «sí», «no», «hola» y «adiós».

Babiki era tan tímida que ya no hablaba mucho de por sí, y yo era tan inepto con las mujeres que tampoco sabía qué decirle. Nunca había tenido novia; ni siquiera sabía qué significaba «novia». Alguien me había puesto una chica guapa del brazo y me había dicho: «Es tu novia». Yo me había quedado hipnotizado con su belleza y con la idea misma de ella: no sabía que también tenía que hablarle. Con las mujeres desnudas de mi computadora nunca tenía que hablar, no tenía que preguntarles ni qué pensaban ni cómo se sentían. Y además tenía miedo de abrir la boca y estropearlo todo, de forma que me limitaba a decir que sí con la cabeza, a sonreír todo el rato y a dejar que fuera Tom quien hablara.

Las tres hermanas mayores de Babiki sí que hablaban inglés, y su hermana pequeña, Lerato, también hablaba un poco. Así que siempre que estábamos con Babiki y con sus hermanas y sus amigas, una gran parte de la conversación transcurría en inglés. El resto se hablaba en pedi o en sotho, pero eso es completamente normal en Sudáfrica y nunca me preocupó para nada; ya entendía bastante de la conversación gracias a lo que se decía en inglés y eso me bastaba para saber lo que estaba pasando. Y mi mente funciona de tal manera con los idiomas que, aunque esté oyendo alguno que no entiendo, siempre se me van filtrando al inglés a medida que los oigo. Mi mente los almacena en inglés. Cuando mi abuela y mi bisabuela le rezaban histéricas a Dios para que destruyera al demonio que se había cagado en el suelo de su cocina, por ejemplo, lo hacían en xhosa, pero yo lo tengo almacenado en inglés. Lo recuerdo en inglés. De forma que cuando de noche en la cama pensaba en Babiki y en los momentos que habíamos pasado juntos, yo *sentía* que habían pasado en inglés porque era así como los recordaba. Y Tom nunca me había dicho nada de los idiomas que hablaba o no hablaba ella, porque total, ¿a él qué más le daba? Él solamente quería sus CD gratis y quedarse con la hermana. Y era así como me había pasado más de un mes saliendo con una chica —la chica que yo creía que era mi primera novia— sin haber tenido ni una sola conversación con ella.

De pronto reinterpreté la noche entera desde el punto de vista de Babiki y comprendí por qué no quería salir del carro. Lo más seguro era que nunca hubiera querido venir al baile conmigo; seguramente le debía un favor a Tom, y Tom era capaz de convencer a cualquiera de lo que fuera. Luego yo la había hecho esperar una hora y ella se había molestado. Después se había metido en mi carro y era la primera vez que estábamos solos y se había dado cuenta de que yo ni siquiera podía mantener una conversación con ella. La había hecho dar mil vueltas y me había perdido en plena noche; una chica sola en un carro en medio de la nada con un desconocido y sin tener ni idea de adónde la estaba llevando. Seguramente estuviera aterrada. Luego habíamos llegado al baile y ella no entendía a nadie. No conocía a nadie. Ni siquiera me conocía a mí.

Bongani y yo nos quedamos junto al carro, mirándonos. Yo no sabía qué hacer. Intenté hablar con ella en todos los idiomas que sabía. No funcionó con ninguno. Ella solo hablaba pedi. Me desesperé tanto que traté de hablar con ella por señas.

—Por favor. Tú. Yo. Dentro. Bailar. ¿Sí?

—No.

—Dentro. Bailar. ¿Por favor?

—No.

Le pregunté a Bongani si él hablaba pedi. No lo hablaba. Entré corriendo al baile y me puse a buscar rápidamente a alguien que hablara pedi para que me ayudara a convencerla. «¿Hablas pedi? ¿Hablas pedi? ¿Hablas pedi?». Nadie hablaba pedi.

Así que nunca llegué a entrar en mi baile de graduación. Aparte de los tres minutos que estuve corriendo de un lado a otro en busca de alguien que hablara pedi, me pasé la noche entera en el estacionamiento. Cuando terminó el baile, volví a meterme en aquel Mazda rojo de mierda y llevé a Babiki a su casa. Nos pasamos el trayecto entero en silencio.

Me detuve delante de su bloque de apartamentos en Hillbrow, estacioné el carro y me quedé un momento intentando pensar en una forma cortés y caballeresca de terminar la noche. Luego, sin venir a cuento de nada, ella se me acercó y me dio un beso. Un beso de verdad, como Dios manda. La clase de beso que me hizo olvidar todo el desastre que acababa de tener lugar. Me quedé perplejo. No sabía qué tenía que hacer. Ella se apartó de mí y yo la miré fijamente a los ojos y pensé: *No tengo ni idea de cómo funcionan las chicas.*

Salí del carro, caminé hasta su lado y le abrí la puerta. Ella se recogió los bajos del vestido, salió y se encaminó hacia el edificio. Cuando se volvió antes de meterse en el portal me despedí tímidamente con la mano.

—Adiós.

—Adiós.

Tercera parte

En Alemania ningún chico o chica termina el instituto sin aprender lo que fue el Holocausto. No solamente los datos históricos, sino también el cómo y el porqué y la gravedad de lo que sucedió; su significado. En consecuencia, los alemanes crecen siendo perfectamente conscientes y sintiéndose avergonzados. Las escuelas británicas tratan el colonialismo de la misma forma, más o menos. Enseñan la historia del Imperio a sus hijos con una especie de puntualización al lado que dice: «Bueno, todo esto fue una vergüenza, ¿verdad que sí?».

En Sudáfrica, las atrocidades del *apartheid* nunca se han enseñado en las escuelas de esa forma. Nunca nos enseñaron ni a juzgar ni a avergonzarnos. Nos enseñaban Historia igual que se enseña en Estados Unidos. Y en Estados Unidos la historia del racismo se enseña de la siguiente manera: «Primero existió la esclavitud, después la segregación, después Martin Luther King Jr. y ahora ya se ha acabado todo». En nuestro caso era igual. «El *apartheid* era malo. Luego liberaron a Nelson Mandela. Ya podemos olvidarnos de todo». Datos, aunque no muchos, y despojados de su dimensión emocional o moral. Era como si a los profesores, muchos de ellos blancos, les hubieran dado una orden: «Hagan lo que hagan, no enfaden a los chicos».

15

¡Ale, Hitler!

Cuando estaba en noveno curso, se cambiaron a la Sandringham tres chicos chinos: Bolo, Bruce Lee y John. Eran los únicos chicos chinos de una escuela de mil alumnos. A Bolo le cayó ese apodo porque se parecía a Bolo Yeung, el de *Contacto sangriento,* la película de Jean-Claude Van Damme. Bruce Lee se llamaba Bruce Lee de verdad, lo cual nos parecía divertido. Nos llegaba a la escuela un chino callado, apuesto y superatlético, y se llamaba Bruce Lee. Pensábamos: *Esto es magia. Gracias, Jesús, por traernos a Bruce Lee.* John era simplemente John, lo cual resultaba raro en comparación con los otros dos.

A Bolo lo conocí porque era uno de mis clientes del quiosco. Sus padres eran piratas profesionales. Pirateaban videojuegos y los vendían por los mercaditos. Como buen hijo de piratas, Bolo seguía la tradición familiar y empezó a vender juegos de PlayStation piratas por la escuela. Los muchachos le llevaban sus PlayStations y él se las devolvía al cabo de unos días con un chip dentro que les permitía jugar con juegos pirateados, que luego les vendía. Bolo era amigo de un chico blanco llamado Andrew, que también vendía CD pirateados. Andrew iba dos cursos por encima de mí y era un friki total de la informática. Hasta tenía una grabadora de CD en su casa cuando nadie tenía una.

Un día que estaba haciendo mi reparto de comida del quiosco oí a Andrew y a Bolo quejarse de los chicos negros de la escuela. Los chicos negros se habían dado cuenta de que podían pedir mercancía a Andrew y a Bolo, decirles: «ya te pagaré» y luego no pagarles, porque a Andrew y a Bolo les daban demasiado miedo los negros como para ir a reclamarles su dinero. Interrumpí su conversación.

—Escuchen —les dije—. No se preocupen. La gente negra no tiene dinero, así que intentar conseguir más por menos es lo normal en nosotros. Pero dejen que los ayude. Yo puedo servir de intermediario. Ustedes me dan la mercancía, yo se la vendo y me encargo de conseguir que la paguen. A cambio me dan una comisión de la venta. —Les gustó la idea inmediatamente y nos hicimos socios.

Mi trabajo de repartidor de comida del quiosco me otorgaba la posición perfecta. Yo ya tenía una red de clientes. Lo único que necesitaba era usarla. Con el dinero que ganaba vendiendo CD y videojuegos pude ahorrar y añadirle componentes y más memoria a mi computadora. Andrew el friki de la informática me enseñó a hacerlo; dónde comprar las piezas más baratas, cómo montarlas y cómo repararlas. También me enseñó cómo funcionaba su negocio: cómo descargar música y dónde comprar CD vírgenes al por mayor. Lo único que me faltaba era la grabadora de CD, el componente más caro. Por entonces una grabadora de CD costaba tanto como el resto de la computadora, casi dos mil rand.

Estuve un año trabajando de intermediario para Bolo y Andrew. Luego Bolo se marchó de la escuela; se rumoreó que habían detenido a sus padres. A partir de entonces trabajé para Andrew hasta que él, ya a punto de graduarse, decidió retirarse del negocio.

—Trevor —me dijo—, has sido un socio leal.

Y a modo de agradecimiento me legó su grabadora de CD. Por entonces la gente negra apenas tenía acceso a las computadoras, empecemos por ahí. Pero ¿una grabadora de CD? Aquello era algo legendario. Mítico. El día que Andrew me la regaló, me cambió la vida. Gracias a él, pasaba a controlar la producción, las ventas y la distribución: tenía todo lo que necesitaba para hacerme con el negocio de las copias pirata.

Yo era un capitalista nato. Me encantaba vender cosas y ahora estaba vendiendo algo que todo el mundo quería y que nadie más podía suministrar. Cobraba treinta rand por disco, unos tres dólares. En la tienda un CD normal costaba entre cien y ciento cincuenta rand. En cuanto la gente probaba mi mercancía, ya no volvían a comprar un CD de verdad. Mi precio era demasiado bueno.

Yo tenía instinto para los negocios pero no sabía nada de música, lo cual era raro en alguien que llevaba un negocio de piratería musical. Toda la música que conocía era la música cristiana de la iglesia, la única que estaba permitida en casa de mi madre. La grabadora de CD que Andrew me había regalado era una grabadora 1x, lo cual significaba que copiaba a la misma velocidad a la que el disco se reproducía. Todos los días salía de la escuela, me iba a mi habitación y me pasaba entre cinco y seis horas copiando CD. Tenía mi propio equipo de sonido envolvente, que me había montado con altavoces viejos reciclados de los carros para desguace del taller de Abel. Pero la verdad es que, aunque a mí me tocaba quedarme allí sentado mientras sonaban todos aquellos CD, durante mucho tiempo ni siquiera los escuché. Yo sabía que aquello iba en contra de la regla del negocio: nunca consumas la droga que vendes.

Gracias a Internet, podía conseguirle a todo el mundo lo que quería. Yo nunca juzgaba el gusto musical de nadie. Si querías el nuevo de Nirvana, te conseguía el nuevo de Nirvana. Si querías el nuevo de DMX, te conseguía el nuevo de DMX. La música local sudafricana era popular, pero era la música afroamericana la que volvía loca a la gente. A mis clientes también les gustaba el hip-hop y el R&B. Jagged Edge era lo máximo. 112 era lo máximo. También vendía montones de discos de Montell Jordan. Montones enormes.

Empecé con una conexión telefónica y un módem de 24k. Con aquel equipo tardaba un día entero en descargar un álbum. Pero la tecnología no paraba de evolucionar y yo no paraba de reinvertir en el negocio. Cambié el módem por uno de 56k. Me compré grabadoras de CD más rápidas y grabadoras de CD múltiples. Empecé a descargar más, a copiar más y a vender más. Fue entonces cuando me hice también con dos intermediarios, mi amigo Tom, que iba a la Northview, y mi amigo Bongani, que vivía en Alex.

Un día Bongani vino a hablar conmigo y me dijo:

—¿Sabes con qué ganarías un montón de plata? En vez de copiar álbumes enteros, ¿por qué no grabas los mejores temas de cada álbum en un mismo CD? Al final la gente solo quiere escuchar las canciones que más le gustan.

Me pareció una gran idea, así que empecé a grabar CD de temas mezclados. Y se vendían bien. Al cabo de unas semanas, Bongani vino de nuevo y me dijo:

—¿Puedes hacer que los temas se fundan entre sí para que de una canción se pase a la siguiente sin interrupción y sin cortar el ritmo? Será como cuando un DJ pincha un set toda la noche.

También me pareció una gran idea. Me descargué un programa llamado BPM, «Beats por minuto». Su interfaz gráfica imitaba dos discos de vinilo uno al lado del otro y me permitía mezclar temas haciendo fundidos, básicamente lo mismo que puede hacer un DJ en directo. Empecé a grabar CD para fiestas y a venderlos como pan caliente.

El negocio iba viento en popa. Para cuando llegué a mi último año ya me estaba forrando, sacándome quinientos rand por semana. Para que se entienda: hay empleadas domésticas en Sudáfrica que ganan menos que eso hoy en día. Es un sueldo de mierda si necesitas mantener a tu familia, pero con dieciséis años, viviendo en casa y sin gastos, estaba viviendo el sueño dorado.

Por primera vez en mi vida tenía dinero, y me pareció lo más liberador del mundo. Lo primero que descubrí es que tener dinero te da opciones. No es que la gente quiera ser rica. Lo que quiere es poder elegir. Y cuanto más rico eres, más opciones tienes. Esa es la libertad que te da el dinero.

Gracias al dinero experimenté un nivel completamente nuevo de libertad: ir al McDonald's. Los americanos no lo entienden, pero cuando una cadena americana abre un establecimiento en un país del Tercer Mundo, la gente se vuelve loca. Pasa incluso hoy en día. El año pasado abrió el primer Burger King de Sudáfrica y la cola daba la vuelta a la manzana. Fue un gran acontecimiento. Todo el mundo iba por ahí diciendo: «Tengo que comer en el Burger King. ¿Te has enterado? Es *americano*». Lo irónico es que la cola del Burger King estaba formada por gente blanca. Los blancos perdían la puta cabeza por el Burger King. A la gente negra no le interesaba el tema, no necesitaba un Burger King. Nuestra devoción estaba reservada a KFC y McDonald's. Sabíamos que existía McDonald's gracias a las películas. En Sudáfrica nunca soñamos con un McDonald's, lo veíamos como algo exclusivo de los americanos. Incluso antes de haber probado sus hamburguesas sabíamos que las adorábamos. Y las adorábamos. Llegó un punto en que en Sudáfrica se abrían más McDonald's, que en cualquier otro punto del planeta. La libertad llegó con Mandela, y con la libertad llegó McDonald's.

Poco después de mudarnos a Highlands North abrieron un McDonald's a dos manzanas de nuestra casa, pero mi madre jamás nos hubiese llevado allí a comer. En cuanto tuve dinero, sin embargo, me dije: «Vamos allá». Y fui a tope. Por aquella época no tenían tamaño extragrande; lo máximo era grande. Me dirigí al mostrador, sintiéndome muy impresionado conmigo mismo, puse encima mi dinero y dije:

—Quiero un número uno grande.

Me enamoré de McDonald's. Para mí McDonald's sabía a Estados Unidos. McDonald's *era* Estados Unidos. Veías los anuncios y eran impresionantes. Ansiabas su comida. La comprabas. El primer mordisco te volvía loco. Era incluso mejor de lo que habías imaginado. Luego, cuando ibas por la mitad, te dabas cuenta de que no era aquello que prometía. Al cabo de unos cuantos bocados pensabas: *Hum, esto no es perfecto ni mucho menos*. Pero luego terminabas y lo echabas de menos con locura y volvías a por más.

En cuanto probé el sabor de Estados Unidos, dejé de comer en casa. Solo comía en McDonald's. McDonald's, McDonald's, McDonald's, McDonald's. Mi madre intentaba hacerme la cena todas las noches.

—Esta noche tenemos hígados de pollo.

—No, voy a cenar del McDonald's.

—Esta noche tenemos huesos para el perro.

—Creo que voy a cenar del McDonald's otra vez.

—Esta noche tenemos patas de pollo.

—Hummmmmm... vale, me apunto. Pero mañana vuelvo al McDonald's.

El dinero seguía entrando y yo me estaba forrando de mala manera. Tanto que me compré un teléfono inalámbrico. Esto fue antes de que todo el mundo tuviera móvil. Mi inalámbrico tenía el alcance suficiente como para dejar la base en la repisa de la ventana, caminar las dos calles que me separaban del McDonald's, pedir mi número uno grande, volver a casa, subir a mi habitación y encender la computadora sin dejar de conversar en ningún momento. Yo era ese tipo que caminaba por la calle con un teléfono gigante pegado a la oreja y la antena extendida del todo, hablando con su amigo en plan: «Sí, estoy yendo al McDonald's...».

La vida me trataba bien y nada de todo esto habría pasado sin Andrew. Sin él yo nunca habría llegado a dominar el arte de la piratería musical ni a llevar una vida de McDonald's infinitos. Lo que él hizo, a pequeña escala, me enseñó la importancia de dar poder a los desposeídos y a los marginados en los días posteriores a la opresión. Andrew era blanco. Su familia tenía acceso a educación, recursos y computadoras. Durante generaciones enteras, mientras su gente se estaba preparando para ir a la universidad, mi gente estaba apelotonada en chozas con techo de paja cantando: «*Dos por dos es cuatro, tres por dos es seis. La la la la la*». A mi familia le habían negado las cosas que la suya siempre había dado por sentadas. Yo tenía un talento natural para vender cosas a la gente, pero sin conocimiento ni recursos, ¿adónde iba a llegar? La gente siempre está dando sermones a los pobres: «¡Responsabilízate de ti mismo! ¡Sal adelante en la vida!». Pero ¿con qué materias primas van a salir adelante los pobres?

A la gente le encanta decir: «Dale un pez a un hombre y comerá un día. Enséñale a pescar y podrá comer toda su vida». Lo que no te dicen es: «Y estaría muy bien que también le regalaras una caña de pescar». Esa es la parte del dicho que siempre falta. Trabajar con Andrew me permitió darme cuenta por primera vez en mi vida de que es necesario que alguien del mundo privilegiado venga y te diga: «Ten, esto es lo que necesitas y así es como funciona». El talento por sí solo no me habría llevado a ninguna parte si Andrew no me hubiera regalado la grabadora de CD. La gente dice: «Bah, es una limosna». Pues no. Seguía teniendo que trabajar para sacarle provecho, pero sin ella no habría tenido nada que hacer.

Una tarde, mientras estaba en mi habitación grabando un CD, Bongani vino a recoger su pedido y me vio mezclando temas en la computadora.

—Esto es una locura —me dijo—. ¿Lo estás haciendo en vivo?

—Sí.

—Trevor, creo que no lo entiendes. Lo que tienes ahí es una mina de oro. Necesitamos hacer esto con público. Tienes que venir al municipio y hacer mezclas de DJ. Nadie ha visto nunca a un DJ pinchar con una computadora.

Bongani vivía en Alexandra. Mientras que Soweto es un gueto gigantesco y planificado por el gobierno, Alexandra es un barrio marginal diminuto y superpoblado, un residuo de la era previa al *apartheid*. Filas y más filas de ranchos de hormigón y láminas de zinc, prácticamente apilados unos encima de otros. Su apodo es Gomorra porque allí se celebran las fiestas más salvajes y se cometen los peores crímenes.

Lo mejor de Alexandra son las fiestas en la calle. Coges una carpa, la plantas delante de tu casa, ocupas la calle y ya tienes una fiesta. No hacen falta invitaciones formales ni lista de invitados: se lo dices a unas cuantas personas, circula el boca a boca y aparece tu público. No hay permisos ni nada parecido. Si tienes una carpa, ya tienes derecho a montar una fiesta en tu calle. Cuando el tráfico pasa por tu calle y los conductores ven que la fiesta les corta el paso, se limitan a encogerse de hombros y a dar media vuelta. Nadie se enfada. La única regla es que, si has montado una fiesta delante de la casa de alguien, ese alguien puede salir y has de compartir tu alcohol con él. Y la fiesta no se termina hasta que le pegan un tiro a alguien o le rompen una botella en la cara. Y ha de terminar así; si no, no es una fiesta.

Por aquella época, la mayoría de los DJ solamente podían pinchar unas pocas horas; estaban limitados por la cantidad de vinilos que podían comprar. Y como las fiestas duraban toda la noche, hacían falta cinco o seis DJ para que la gente pudiera seguir bailando. Yo, en cambio, tenía un disco duro gigantesco atiborrado de archivos MP3, y por eso Bongani se emocionó al verme mezclar temas; acababa de vislumbrar una forma de monopolizar el mercado.

—¿Cuánta música tienes? —me preguntó.

—Winamp dice que tengo para pinchar una semana.

—Vamos a ganar una fortuna.

Nuestra primera actuación fue en la fiesta de Nochevieja del verano de nuestra graduación en Sandringham. Bongani y yo cogimos mi torre de altavoces, mi monitor gigante, todos los cables, el teclado y el ratón. Lo metimos todo en un minibús y lo llevamos a Alex. Ocupamos el trozo de calle frente a su casa, nos conectamos a la electricidad de su casa, montamos la computadora y los altavoces, cogimos prestada una carpa y la gente empezó a venir. Fue brutal. Para medianoche, la calle entera estaba abarrotada de punta a punta. Aquel año nuestra fiesta de Año Nuevo fue la más grande de Alexandra, y tener la fiesta más grande de Alexandra no era ninguna tontería. Estuvo viniendo gente toda la noche y desde todas partes. Corrió la voz: «Hay un tipo de piel clara que mezcla su música con una computadora. Nunca se ha visto nada parecido». Mezclé yo solo hasta el amanecer. Para entonces mis amigos y yo ya estábamos tan borrachos y agotados que nos quedamos dormidos en el césped de delante de la casa de Bongani. La fiesta fue tan grande que nos hizo famosos de la noche a la mañana en su barrio. Empezaron a salirnos actuaciones por todos lados.

Lo cual fue bueno.

Cuando Bongani y yo nos graduamos del instituto, no pudimos encontrar trabajo. No había trabajos para nosotros. La única forma que teníamos de ganar dinero era piratear CD y tocar en fiestas, y ahora que ya no íbamos a la Sandringham, la clientela del negocio habían pasado a ser los conductores de autobús y los muchachos que mataban el rato en las esquinas de Alexandra. También era allí donde mezclaba casi siempre, así que para seguir teniendo ingresos gravitaba de forma natural en aquella dirección. La mayoría de los chicos blancos que yo conocía se estaban tomando un año sabático. «Me voy a tomar un año sabático para visitar Europa», decían los chicos blancos. «Yo también me voy a tomar un año sabático», les decía yo. «Me voy a tomar un año libre para ir al municipio segregado y rondar por las esquinas». Y eso mismo es lo que hice.

Delante de la casa de Bongani había un muro bajo de ladrillo que dividía la calle, y todos los días Bongani, yo y nuestra pandilla íbamos a sentarnos en el muro. Yo me llevaba mis CD. Poníamos música y practicábamos pasos de baile. Nos pasábamos el día vendiendo CD por la calle y por la noche yo mezclaba en fiestas. Empezaron a encargarnos trabajos en otros municipios segregados y otros barrios.

Gracias a mi computadora y mi módem conseguía temas exclusivos a los que poca gente tenía acceso, pero eso también me creaba un problema. A veces tocaba aquella música nueva en las fiestas y la gente se ponía en plan: «¿Esto qué es? ¿Cómo se baila?». Por ejemplo, si un DJ ponía un tema como *Watch Me (Whip | Nae Nae)*... Pues sí, es un tema pegadizo, pero ¿qué es el *whip*? ¿Y qué es el *nae nae*? Para que la canción se popularice tienes que saber hacer el whip y el nae nae; la música nueva solo funciona en las fiestas si la gente sabe bailarla. Así pues, Bongani decidió que nos hacía falta una cuadrilla de baile para enseñarle a la gente los pasos de las canciones que poníamos. Y como nos pasábamos el día entero sin hacer otra cosa que escuchar CD e inventarnos pasos de baile, nuestra pandilla de la esquina ya se sabía todas las canciones, así que se convirtieron en nuestros bailarines. Y el mejor bailarín sin ninguna duda, el más guapo y elegante de la pandilla, era el vecino de Bongani, Hitler.

Hitler era muy amigo mío, y madre mía, cómo bailaba. Verlo era hipnótico. Tenía una soltura y una fluidez que desafiaban las leyes de la física: imagínense a una medusa capaz de caminar fuera del agua. También era increíblemente guapo, alto, ágil y musculoso, con una piel tersa y preciosa, dientes grandes y una sonrisa enorme; siempre se estaba riendo. Y lo único que hacía era bailar. Se levantaba por la mañana, se ponía música house o hip-hop a todo volumen y practicaba pasos de baile el día entero.

En los barrios, todo el mundo sabe quién es el que mejor baila de la pandilla. Es como tu símbolo de estatus. Cuando eres pobre, no tienes ni carro ni ropa buena, pero el que mejor baila es el que se lleva a las chicas, así que te conviene que ese tipo esté en tu pandilla. Y ese tipo era Hitler. Había muchas fiestas con concursos de baile. Acudían muchachos de todos los barrios y llevaban a sus mejores bailarines. Nosotros siempre llevábamos a Hitler y casi siempre ganaba.

Cuando Bongani y yo decidimos incorporar el baile a nuestra pandilla, no hubo duda alguna de quién iba a ser la estrella. Ideamos el número entero alrededor de Hitler. Primero yo animaba al público con unos cuantos temas, luego salían los bailarines y bailaban un par de canciones, y cuando ya tenían al público en modo fiesta, se desplegaban en abanico hasta formar un semicírculo en el escenario con un hueco en el centro para que entrara Hitler. Yo lanzaba *Let's Get Dirty* y me ponía a animar todavía más al personal. «*¡¿Están listos?! ¡No los oigo! ¡Quiero oírlos gritar bien fuerte!*». La gente se ponía a gritar y entonces Hitler se plantaba de un salto en medio del semicírculo y el público enloquecía. Hitler hacía su número mientras los muchachos lo rodeaban y gritaban: «*¡Ale, Hitler! ¡Ale, Hitler! ¡Ale, Hitler ¡Ale, Hitler!*». Y como aquello era hip-hop, la gente hacía eso de levantar el brazo hacia delante con la mano extendida, meneándolo hacia arriba y hacia abajo siguiendo el compás. «*¡Ale, Hitler! ¡Ale, Hitler! ¡Ale, Hitler! ¡Ale, Hitler!*». Teníamos al público entero frenético, un millar de personas cantando a coro en la calle con los brazos en alto: «*¡Ale, Hitler! ¡Ale, Hitler! ¡Ale, Hitler! ¡Ale, Hitler!*».

Aunque no es un nombre muy común, Hitler tampoco es demasiado raro en Sudáfrica. Esto se debe en parte a la forma en que mucha gente negra elige los nombres. La gente negra escoge sus nombres tradicionales con mucho esmero; son los nombres que tienen un significado personal profundo. Pero desde la época colonial hasta el *apartheid*, a los negros de Sudáfrica se les exigía que tuvieran también un nombre inglés o europeo; básicamente un nombre que la gente blanca pudiera pronunciar. De manera que tenías un nombre inglés, un nombre tradicional y un apellido: Patricia Nombuyiselo Noah. El noventa por ciento de las veces, el nombre europeo lo escogían al azar, lo sacaban de la Biblia, de algún famoso de Hollywood o de algún político de las noticias. Conozco a tipos que se llaman Mussolini y Napoleón. Y por supuesto, Hitler.

Esto escandaliza y deja perplejos a los occidentales, pero en realidad es un caso claro de cómo Occidente recoge lo que siembra. Las potencias coloniales cortaron África en pedazos, pusieron a los negros a trabajar y no les dieron una educación como es debido. Y los blancos no hablan con los negros. Así pues, ¿por qué iban los negros a saber lo que pasa en el mundo de los blancos? Y por esta razón no hay mucha gente negra en Sudáfrica que sepa realmente quién era Hitler. Mi abuelo, por ejemplo, creía que un hitler era un tipo de tanque que estaba ayudando a los alemanes a ganar la guerra. Eso le había parecido entender de lo que había oído en las noticias. Para muchos sudafricanos, la historia era que había alguien llamado Hitler y que por su culpa los aliados estaban perdiendo la guerra. El tal Hitler era tan poderoso que en un momento dado los negros habían tenido que ir a ayudar a los blancos a combatirlo; y si el hombre blanco tiene que rebajarse a pedir ayuda a los negros para combatir a alguien, ese alguien debe de ser el tipo más duro de todos los tiempos. Así pues, si querías que tu perro fuera una bestia, lo llamabas Hitler. Si querías que tu hijo fuera un tipo duro, lo llamabas Hitler. Lo más seguro es que tuvieras algún tío llamado Hitler. Son cosas que pasan.

En la Sandringham nos enseñaron más cosas de la Segunda Guerra Mundial de las que le enseñan al chico negro medio de los municipios segregados, pero aun así era todo bastante básico. Nadie nos enseñó a pensar de forma crítica sobre Hitler, el antisemitismo o el Holocausto. No nos enseñaron, por ejemplo, que los arquitectos del *apartheid* era muy fans de Hitler ni que las políticas racistas que implantaron estaban inspiradas en parte en las políticas racistas del Tercer Reich. Nadie nos enseñó a pensar en la relación que había entre Hitler y el mundo en el que vivíamos. Nadie nos enseñó a pensar, punto. Lo único que nos enseñaron fue que en 1939 Hitler invadió Polonia y que en 1941 invadió la Unión Soviética y que en 1943 hizo otra cosa. Simples datos; memorizarlos, escribirlos en el examen y luego olvidarlos.

También hay que tener en cuenta que el nombre Hitler no ofende a un sudafricano negro porque Hitler no es lo peor que puede imaginarse un sudafricano negro. Todos los países creen que su historia es la más importante, y esto se aplica especialmente a Occidente. Pero si un sudafricano negro pudiera viajar en el tiempo y matar a una sola persona, Cecil Rhodes vendría antes que Hitler. Si la gente del Congo pudiera viajar en el tiempo y matar a una sola persona, el rey Leopoldo de Bélgica vendría mucho antes que Hitler. Si los nativos americanos pudieran viajar en el tiempo y matar a una sola persona, seguramente sería Cristóbal Colón o Andrew Jackson.

A menudo conozco a occidentales que insisten en que el Holocausto ha sido incuestionablemente la peor atrocidad de la historia de la humanidad. Sí, fue horrible. Pero a menudo me pregunto: las atrocidades cometidas en África, por ejemplo la del Congo, ¿cuán horribles fueron? Una cosa que no tienen los africanos pero sí tuvieron los judíos es documentación. Los nazis llevaban registros meticulosos, hacían fotos y grababan películas. Y al final la cosa se reduce a eso. Las víctimas del Holocausto cuentan porque Hitler las contó. Mató a seis millones de personas. Podemos mirar esa cifra y sentirnos horrorizados con razón. Pero cuando lees la historia de las atrocidades cometidas contra los africanos, no hay cifras, solo conjeturas. Y es más difícil que te horrorice una conjetura. Cuando Portugal y Bélgica estaban saqueando Angola y el Congo, no se dedicaron a contar a cuántos negros mataban. ¿Cuántos negros murieron recogiendo caucho en el Congo? ¿Y en las minas de oro y diamantes del Transvaal?

Así pues, en Europa y en Estados Unidos, sí, Hitler es el Mayor Loco de la Historia. Pero en África no es más que otro de los hombres poderosos de los libros de historia. Durante el tiempo que fui amigo de Hitler, no me pregunté ni una sola vez: «*¿Por qué* se llama Hitler?». Se llamaba Hitler porque su madre le había puesto ese nombre y ya está.

En cuanto Bongani y yo añadimos los bailarines a nuestros sets de DJ, la reventamos. Llamábamos a nuestro grupo los Black and White boys, y a nuestros bailarines los Springbok. Nos empezaron a salir trabajos en todas partes. Las familias negras con éxito se mudaban a los barrios residenciales, pero sus hijos seguían queriendo montar fiestas en la calle y mantenerse conectados con la cultura de los municipios segregados, de forma que nos contrataban a nosotros para tocar en sus fiestas. Así fue corriendo la voz. Muy pronto nos empezaron a salir cada vez más trabajos en las zonas residenciales. Empezamos a conocer a gente blanca y a mezclar para ellos.

La madre de un muchacho al que conocíamos del municipio estaba metida en la creación de programas culturales para las escuelas. En Estados Unidos los llamarían «programas de diversidad». En la época post-*apartheid* estos programas estaban brotando por toda Sudáfrica porque se suponía que era el momento de que nos conociéramos y nos aceptáramos los unos a los otros. La madre de aquel chico nos preguntó si queríamos tocar en el Día de la Cultura de una escuela de Linksfield, el barrio residencial rico que quedaba al sur de la Sandringham y donde había vivido mi amigo Teddy. Iba a haber toda clase de música y bailes distintos y todo el mundo se iba a juntar y a mezclarse y a vivir la cultura. Se ofreció a pagarnos, así que le dijimos que sí. Nos mandó la información de la hora, el lugar y el nombre de la escuela. Era la Escuela King David: una escuela judía.

El día del evento, alquilamos un autobús, cargamos nuestro equipo dentro y fuimos hasta allí. Al llegar nos quedamos esperando en la parte de atrás del auditorio de la escuela y vimos a los artistas que subían al escenario antes que nosotros, los distintos grupos que se turnaban para actuar: bailarines flamencos, bailarines griegos y músicos tradicionales zulús. Por fin nos tocó a nosotros. En el cartel figurábamos como los Bailarines de Hip Hop Pantsula; los B-Boys sudafricanos. Montamos nuestro equipo de sonido en el escenario. Eché un vistazo al auditorio y vi que eran todos chicos judíos con sus kipás, listos para la fiesta.

Cogí el micrófono:

—¡¿Listos para gozar?!

—¡Síííííííííí!

—¡Griten más fuerte!

—¡Síííííííííí!

Me puse a mezclar. El bajo retumbaba, mi pandilla bailaba y todo el mundo se lo estaba pasando en grande. Los profesores, los padres y los centenares de muchachos: todos bailando como locos. Nuestro set tenía que durar quince minutos y mi plan era poner *Let's get Dirty* en el minuto diez, sacar a mi bailarín estrella y terminar por todo lo alto.

Empecé a mezclar el tema, los bailarines se desplegaron en abanico y yo cogí el micrófono.

—¡¿Todo el mundo listo?!

—¡Síííííííííí!

—¡Qué van a estar listos! ¡¿Están *listos*?!

—¡*Síííííííííííííííííí!*

—¡Muy bien! ¡¡¡Pues un aplauso enorme para HIIIIIIIIIITTTTTTTTLEEEEEEEEEEEERRRRRRRRR!!!

Hitler se metió de un salto en medio del círculo y se puso a reventarla. Los muchachos que lo rodeaban iban coreando: «¡*Ale, Hitler! ¡Ale, Hitler! ¡Ale, Hitler! ¡Ale, Hitler!*». Y todos tenían el brazo extendido hacia delante, brincando al ritmo. «¡*Ale, Hitler! ¡Ale, Hitler! ¡Ale, Hitler! ¡Ale, Hitler!*». Y yo estaba al micrófono, llevando la voz cantante. «¡*Ale, Hitler! ¡Ale, Hitler! ¡Ale, Hitler! ¡Ale, Hitler!*».

La sala entera se quedó petrificada. Nadie bailaba. Los profesores, los acompañantes, los padres y los centenares de chicos judíos con sus kipás; se habían quedado helados y nos miraban con cara de horror a los que estábamos en el escenario. Yo no me enteré de nada. Ni Hitler tampoco. Seguimos a lo nuestro. Durante unos treinta segundos lo único que se oyó en la sala fue el ritmo de la música y mis gritos al micrófono: «¡*Ale, Hitler! ¡Ale, Hitler! ¡Ale, Hitler! ¡Ale, Hitler!*».

Una profesora se me acercó corriendo por detrás y desenchufó de golpe el equipo de sonido. Un silencio mortal se adueñó del auditorio. Se dirigió a mí, lívida de furia:

—¡¿*Cómo te atreves*?! Pero ¡qué asco! ¡Criatura horrible, asquerosa y vil! ¡¿*Cómo te atreves*?!

A mí la mente me iba a mil por hora intentando adivinar de qué me estaba hablando aquella mujer. Por fin caí en la cuenta. Hitler tenía un paso de baile especial llamado *o spana va*. Significaba «donde trabajas» y era muy sexual: giraba las caderas y arremetía con ellas como si se estuviera tirando al aire. Y era justamente ese el movimiento que estaba haciendo cuando la profesora había llegado corriendo, así que estaba claro que lo que le había parecido tan asqueroso era el baile. Pero era un movimiento que la gente africana hacía todo el tiempo. Formaba parte de nuestra cultura. Nosotros estábamos allí compartiendo nuestra cultura en un evento cultural y aquella mujer estaba diciendo que éramos asquerosos. Estaba ofendida, y a mí me ofendía que se ofendiera.

—Señora —le dije—. Creo que necesita tranquilizarse.

—¡*No pienso tranquilizarme*! ¡¿Cómo te atreves a venir aquí a insultarnos?!

—Esto no insulta a nadie. ¡Es nuestra identidad!

—¡Fuera de aquí! Son todos asquerosos.

Ya lo había dicho. *Todos*. Por fin entendí lo que estaba pasando: aquella mujer era racista. No podía ver a hombres negros bailando de forma sugerente sin molestarse. Mientras yo empezaba a recoger mis cosas, seguimos peleándonos.

—Escuche, señora. Ahora somos libres. Vamos a seguir haciendo lo nuestro. Y no puede detenernos.

—Pues te hago saber que mi gente ya detuvo a la gente como tú en el pasado y los vamos a detener otra vez.

Estaba hablando, por supuesto, de detener a los nazis en la Segunda Guerra Mundial, pero eso no era lo que yo estaba entendiendo. Los judíos en Sudáfrica no eran más que blancos. Y lo único que yo entendía era que una mujer blanca me estaba gritando que los blancos ya nos habían derrotado en el pasado y nos volverían a derrotar.

—¡No nos van a detener *nunca más*, señora! —Y llegado ese punto le saqué mi mejor carta—. ¡No nos van a detener nunca porque ahora tenemos de nuestro lado a *Nelson Mandela*! ¡Y él nos ha *dicho* que podemos hacer esto!

—¡¿*Qué*?!

Estaba completamente perpleja. Y yo estaba harto. Me puse a soltarle palabrotas.

—¡Váyase a la mierda, señora! Usted y su programa. Y su escuela. Y toda su gente. ¡Vámonos, chicos! ¡Nos largamos!

No salimos andando de aquella escuela. Salimos bailando. Y nos alejamos bailando por la calle y blandiendo los puños en alto. «¡*Ale, Hitler! ¡Ale, Hitler! ¡Ale, Hitler! ¡Ale, Hitler!*». Porque Hitler había terminado por todo lo alto. Hitler tenía los pasos de baile más brutales del mundo y se la había metido doblada a aquellos blancos.

Originalmente, Alexandra había sido una granja llamada así en honor de la esposa de su propietario blanco. Igual que Sophiatown y que otros enclaves de población negra en zonas blancas de la época previa al *apartheid*, Alex había empezado siendo un asentamiento ilegal donde los negros se juntaban y vivían cuando venían a buscar trabajo a Johannesburgo. Lo que distinguía a Alex era que aquel granjero había vendido parcelas de tierra a algunos de sus inquilinos negros antes de que fuera legal que los negros tuvieran propiedades. Así pues, cuando Sophiatown y otros guetos negros fueron demolidos y reconstruidos como barrios residenciales blancos, Alex luchó y resistió y reivindicó su derecho a existir. A su alrededor crecieron zonas residenciales de blancos ricos como Sandton, pero Alex aguantó. Llegaron más y más ocupantes y levantaron chozas y ranchos improvisados. Se parecía a los arrabales de Bombay o a las favelas de Brasil. La primera vez que vi las favelas de Rio dije: «Es igual que Alexandra, pero en una colina».

Soweto era precioso porque, una vez llegada la democracia, lo veíamos crecer. Hoy en día se ha convertido en una ciudad en sí misma. La gente pasó de tener casas de tres habitaciones a casas de cinco habitaciones, y después a casas de tres dormitorios con garaje. Había espacio para crecer porque la parcela que te había dado el gobierno te daba un sitio donde construir. En Alexandra no se podía hacer eso. Alex no podía crecer en ninguna dirección porque estaba encajonado por todos los lados y tampoco podía crecer en altura porque había demasiados ranchos.

Al llegar la democracia, la gente de las reservas vino de golpe a Alex y se puso a construir más ranchos en el patio de atrás de otros ranchos que ya tenían ranchos agregados en la parte trasera, densificando y comprimiendo más la zona, hasta congregar a casi doscientas mil personas en unos pocos kilómetros cuadrados. Si vas hoy en día, Alex sigue igual. No puede cambiar. Es físicamente imposible que cambie. Solo puede ser lo que es.

16

Los del queso

Mi amigo Bongani era un tipo menudo, calvo y superfornido. Sin embargo, no siempre había sido así. Había sido flaco toda su vida, hasta que una revista de culturismo cayó en sus manos y le cambió la vida. Bongani era una de esas personas que sacaban lo mejor de todo el mundo. Era ese amigo que creía en ti y que veía en ti el potencial que no veía nadie más, y por esa misma razón muchos de los muchachos del municipio gravitaban hacia él, lo mismo que yo.

Bongani siempre había sido popular, pero su reputación despegó de verdad cuando le dio una paliza a uno de los matones más famosos de la escuela. Aquello cimentó su estatus de líder y protector de los chicos del municipio segregado

Bongani vivía en Alex, pero en la época en que íbamos juntos a la escuela yo nunca lo visitaba allí; siempre era él quien venía a mi casa de Highlands North. Yo había estado en Alex unas cuantas veces, pero las visitas siempre habían sido breves. No había pasado tiempo de verdad allí. Nunca había estado de noche, digámoslo así. Ir a Alex de día es muy distinto a ir de noche. No lo llaman Gomorra por casualidad.

Un día después de clase, poco antes de la graduación, Bongani se me acercó en el claustro.

—Eh, vamos al *barrio* —me dijo.

—¿Al *barrio*?

Al principio no tenía ni idea de qué me estaba hablando. Conocía la palabra inglesa «hood», «*barrio*», por las canciones de rap, y también conocía los diferentes municipios segregados y guetos donde vivía la gente negra, pero nunca había usado aquella palabra para referirme a ellos.

Los muros del *apartheid* se estaban viniendo abajo al mismo tiempo que el hip-hop emergía, y el hip-hop hizo que fuera *cool* ser *de barrio*. Hasta entonces vivir en un municipio segregado era algo de lo que avergonzarse; era lo más bajo de lo más bajo. Pero entonces empezaron a estrenarse películas como *Los chicos del barrio* o *Infierno en Los Ángeles*, que hacían que *el barrio* fuera fino. Los personajes de aquellas películas y de las canciones eran sus dueños. Y los muchachos de los municipios segregados empezaron a hacer lo mismo y a llevar su identidad como un emblema de honor: ya no eras del municipio segregado, ahora eras *del barrio*. Ser de Alex te daba mucha más reputación en las calles que vivir en Highlands North. Así que cuando Bongani me dijo: «vamos al *barrio*», yo tuve curiosidad por ver a qué se refería. Quise ir a averiguar más.

Cuando Bongani me llevó a Alex entramos igual que la mayoría de la gente, por el lado de Sandton. Primero atraviesas uno de los vecindarios más ricos de Johannesburgo, una zona de mansiones palaciegas y fortunas enormes. Luego cruzas el cinturón industrial de Wynberg, que crea un perímetro de separación entre los blancos ricos y los negros pobres. En la entrada de Alex te encuentras la fila larguísima de autobuses y la estación de autobuses; el mismo típico mercado tercermundista, bullicioso y caótico que aparece en las películas de James Bond y Jason Bourne. Es como la estación Grand Central de Nueva York pero al aire libre. Todo es dinamismo. Todo es movimiento.

Nada da la sensación de haber estado allí el día anterior y no parece que vaya a estar allí al día siguiente, pero todos los días el lugar tiene exactamente el mismo aspecto.

Justo al lado de la fila de autobuses, por supuesto, está el KFC. Es lo que tiene Sudáfrica: siempre hay un KFC. El KFC encontraba a la gente negra. El KFC no se andaba con bromas. Ya estaba en el barrio antes que McDonald's, antes que Burger King, antes que nadie. KFC iba en plan: «Eh, colega, somos tu gente».

En cuanto dejabas atrás la fila de autobuses ya estabas propiamente en Alex. He conocido pocos sitios con semejante electricidad. Alex es un hervidero de constante actividad humana, de gente yendo y viniendo todo el día, de gánsteres trapicheando, tipos matando el rato en la esquina y muchachos correteando. Toda esa energía no tiene adónde ir, no tiene una válvula de escape, de forma que estalla periódicamente en forma de actos épicos de violencia y fiestas locas. Puede ser una tarde de lo más plácida, con la gente haciendo sus cosas, y de pronto aparece un carro de policía persiguiendo a unos gánsteres, volando por las calles, y se arma una batalla campal a tiros con helicópteros sobrevolando el cielo. Diez minutos más tarde es como si no hubiera pasado nada. Todo el mundo vuelve a su esquina a matar el rato, a su ajetreo, a ir y venir y corretear.

Alex está trazado en forma de cuadrícula o sucesión de avenidas. Las calles están asfaltadas, pero las aceras son casi todas de tierra. El esquema de colores lo componen los bloques de hormigón y los tejados de láminas metálicas: gris y gris oscuro, salpicado de grandes manchas de color: alguien que ha pintado una pared de verde lima, o bien un restaurante de comida para llevar con un letrero de color rojo vivo, o quizás alguien que ha encontrado por pura suerte una lámina metálica de color azul intenso. La recogida de basura apenas existe. Hay desperdicios por todas partes y casi siempre te encuentras alguna fogata encendida en alguna callejuela para quemarlos. En el barrio siempre hay algo ardiendo.

A medida que caminas te vas topando con todos los olores imaginables. La gente cocina y come por la calle. Una familia puede vivir en un rancho temporal construido aprovechando la pared de atrás de otro rancho, y allí no tienen agua corriente, o sea que se bañan con un cubo lleno de agua del grifo del patio y tiran el agua sucia a la calle, donde se junta con el río de aguas residuales que ya corre por allí porque el alcantarillado se ha vuelto a inundar. Hay un tipo arreglando carros que se cree que sabe lo que está haciendo, pero en realidad no lo sabe. Se dedica a tirar el aceite de motor usado a la calle y ese aceite se mezcla con el agua sucia del baño para formar un río de porquería que fluye por la calle. Lo más seguro es que haya también alguna cabra por ahí; siempre hay una cabra. A medida que caminas te van rodeando los ruidos, el barullo constante de actividad humana, de gente hablando en una docena de idiomas distintos, charlando, regateando, discutiendo. Siempre se oye música. En una esquina suena música tradicional sudafricana, en la siguiente hay alguien escuchando a todo volumen a Dolly Parton y alguien que pasa con el carro tiene puesto The Notorious B.I.G. a todo dar.

Para mí el barrio era una sobrecarga sensorial completa, pero dentro del caos había orden, un sistema, una jerarquía social basada en dónde vivías. La Primera Avenida no era nada divertida porque estaba justo al lado del barullo de los autobuses. La Segunda Avenida me gustaba porque tenía semicasas de obra, de cuando aquello todavía era una urbanización formal. La Tercera, Cuarta y Quinta avenidas eran más agradables (para los estándares del municipio). Allí estaban las familias de toda la vida, el dinero viejo. Luego, a partir de la Sexta Avenida, la cosa degeneraba del todo y empezaban otra vez las chozas y los ranchos. Había alguna escuela y unos cuantos campos de fútbol. Había un par de albergues y unos bloques de pisos de protección oficial construidos por el gobierno para los obreros emigrantes. Allí sí que no convenía ir. Allí era donde estaban los gánsteres de verdad. Allí solamente ibas si necesitabas comprar un AK-47.

Después de la Avenida Veinte llegabas al río Jukskei, y en la otra orilla, cruzando el puente de la calle Roosevelt, estaba la Franja Este, la parte más elegante del barrio. El gobierno había entrado en la Franja Este, había echado a los invasores, había demolido sus ranchos y se había puesto a construir casas como Dios manda. Seguían siendo casas para gente con ingresos bajos, pero eran casas decentes con dos dormitorios y patios pequeñitos. Las familias que vivían allí tenían un poco de dinero y normalmente mandaban a los niños fuera del barrio, a escuelas mejores como la Sandringham. Los padres de Bongani vivían en la Franja Este, en la esquina de Roosevelt con Springbok Crescent, y aquel primer día, después de entrar por la estación de autobuses y cruzar el barrio, terminamos allí, matando el tiempo delante de su casa, junto al muro bajo de ladrillo que dividía Springbok Crescent por la mitad, sin hacer nada, charlando sin más. Por entonces yo no lo sabía, pero iba a pasarme los siguientes tres años de mi vida sentado en aquel mismo sitio.

Me gradué del instituto a los diecisiete años, y llegado aquel punto la vida en mi casa se había vuelto completamente tóxica por culpa de mi padrastro. Yo ya no quería vivir allí y mi madre se mostró de acuerdo en que me tenía que marchar. Me ayudó a mudarme a un apartamento barato e infestado de cucarachas a unas cuadras en nuestra misma calle. Mi plan, si es que lo tenía, era ir a la universidad y estudiar para ser programador informático, pero no teníamos dinero para la matrícula. Necesitaba ganar dinero. La única forma que yo conocía de ganar dinero era vender discos piratas, y uno de los mejores sitios para venderlos era Alex, porque allí era donde estaba la fila de los autobuses. Los conductores de los autobuses siempre estaban buscando canciones nuevas, porque la buena música les servía para atraer a los clientes.

Otra cosa buena que tenía el barrio: era superbarato. Podías salir adelante con casi nada. En Alex se podía comprar una comida llamada *kota*. Era un cuarto de hogaza de pan al que le quitaban el borde y lo rellenaban con papas fritas, una rebanada de mortadela y *baloney*, una salsa de mango encurtido. Costaba un par de rand. Cuanto más dinero pagaras, más cosas le podías añadir. Si tenías solo un poco más, le podías añadir una salchicha de Frankfurt. Si tenías un poco más, le podías añadir una salchicha de verdad, tipo bratwurst, o quizás un huevo frito. La versión más grande, la que llevaba todos los extras, te daba para alimentar a tres personas.

Para nosotros, lo máximo era cuando le añadían una rebanada de queso. El queso siempre era lo máximo, porque salía muy caro. Ponerle queso a lo que fuera costaba dinero. Pedirse una hamburguesa estaba bien, pero pedir una hamburguesa con queso era otra cosa, significaba que tenías más dinero que el tipo que se pedía la hamburguesa sola. El queso en un sándwich, o en tu nevera, significaba que vivías bien. En cualquier municipio segregado de Sudáfrica, si tenías un poco de dinero, la gente te decía: «Ah, tú eres de los del queso». En esencia, eso significaba que no eras realmente del barrio, porque tu familia tenía dinero para comprar queso.

En Alex, como Bongani y su pandilla vivían en la Franja Este, se les consideraba del queso. Irónicamente, como vivían en la primera calle pasado el río, eran la chusma de la Franja Este, y los muchachos de las casas más bonitas del interior de la franja eran de un queso más queso que ellos. Bongani y su pandilla jamás habrían admitido que eran del queso. Insistían: «no somos del queso, somos del barrio». Pero luego venían los muchachos del barrio de verdad y les decían: «Eh, ustedes no son del barrio. Son del queso». «No somos del queso», insistían los colegas de Bongani, señalando el interior de la Franja Este. «Esos de ahí son del queso». En realidad toda la cuestión de quién era del barrio y quién era del queso no era más que una postura ridícula.

Bongani era el líder de su pandilla, el que los aglutinaba a todos y ponía las cosas en marcha. Luego estaba Mzi, el secuaz de Bongani, un tipo pequeñajo que solamente quería apuntarse a todo y estar en todo. Bheki era el encargado de las bebidas, el que siempre nos encontraba bebida y una excusa para bebérnosla. Luego estaba Kakoatse, a quien llamábamos G. Era el señor Pico de Oro. Lo único que le interesaba eran las mujeres. Si había mujeres de por medio, él se apuntaba. Y por último estaba Hitler, el alma de la fiesta. Hitler solo quería bailar.

Los del queso se habían encontrado en una situación superjodida al terminarse el *apartheid*. Una cosa es haber nacido en el barrio y saber que nunca te marcharás de ahí, pero los del queso habían visto el mundo de afuera. A sus familias les había ido bien. Tenían casas. Habían ido a escuelas decentes y quizás incluso se habían graduado. Habían recibido un mayor potencial, pero no más oportunidades. Les habían inculcado una conciencia del mundo de afuera, pero no les habían dado los medios para llegar a él.

La tasa de desempleo, técnicamente hablando, fue muy baja durante el *apartheid*. Tiene sentido. Lo que existía era la esclavitud, que era como trabajaba todo el mundo. Al llegar la democracia, sin embargo, todo el mundo tenía que cobrar un sueldo mínimo. Subió el costo de la mano de obra y de pronto hubo millones de personas sin trabajo. La tasa de desempleo entre los jóvenes negros se disparó y llegó en algunos casos hasta el cincuenta por ciento. Mucha gente terminaba la secundaria y no tenía dinero para pagarse la universidad, y cuando eras del barrio y tenías un aspecto y una forma de hablar determinados, te podía costar encontrar trabajo hasta de dependiente en una tienda. Así pues, para muchos jóvenes de los municipios segregados de Sudáfrica, la libertad comportaba lo siguiente: se levantaban por la mañana; sus padres quizás se habían ido a trabajar o quizás no. Luego salían y se pasaban el día entero en la esquina, matando el rato y cotorreando. Eran libres y les habían enseñado a pescar, pero nadie les había dado una caña.

Una de las primeras cosas que descubrí en el barrio fue que allí no había una distinción clara entre el civil y el criminal. Nos gusta creer que vivimos en un mundo de buenos y malos, y en las zonas residenciales es fácil creérselo porque cuesta mucho conocer a un delincuente profesional. Pero luego vas al barrio y ves que hay muchos matices intermedios.

En el barrio los gánsteres eran tus amigos y vecinos. Los conocías, hablabas con ellos en la esquina de tu calle y los veías en las fiestas. Formaban parte de tu mundo. Los conocías ya de antes de que se hicieran gánsteres. Nadie decía: «Eh, ese tipo pasa crack». Era más bien: «Ah, el pequeño Jimmy ha empezado a vender crack». Y lo más raro era que todos, al menos a primera vista, eran idénticos. Todos conducían el mismo carro deportivo rojo. Todos salían con las mismas mujeres preciosas de dieciocho años. Resultaba extraño. Era como si no tuvieran personalidades individuales; compartían todos la misma. Este podría ser perfectamente aquel y aquel podría ser este. Todos habían estudiado para ser *el mismo* gánster.

En el barrio, por mucho que no seas un criminal de los peores, el crimen está presente en tu vida de una forma u otra. Hay grados de criminalidad: desde la madre que compra comida que se cae de un camión para dar de comer a su familia hasta las bandas que venden armamento y equipo militar. El barrio me hizo darme cuenta de que el crimen triunfa porque tiene lo único que le falta al gobierno: al crimen le importa la gente. El crimen vive integrado en la comunidad. El crimen busca a los niños que necesitan apoyo y una mano que los levante. El crimen ofrece programas para becarios y trabajos de verano y oportunidades de ascenso. El crimen se involucra en la comunidad. El crimen no discrimina.

Mi vida de criminal empezó humildemente, vendiendo CD pirateados en una esquina. Eso en sí mismo ya era un delito, y hoy en día siento que les debo dinero a todos aquellos artistas por haberles robado su música, pero para los estándares del barrio ni siquiera llegaba a ser ilegal. Por entonces a ninguno se nos ocurrió que pudiéramos estar haciendo algo malo; si copiar CD estaba mal, ¿para qué fabricaban las grabadoras de CD?

El garaje de la casa de Bongani daba a la calle Springbok. Todas las mañanas abríamos las puertas, sacábamos un alargador de cable hasta la calle, poníamos una mesa y mezclábamos música. La gente se nos acercaba a preguntar: «¿Qué es eso que suena? ¿Me vendes uno, por favor?». Nuestra esquina también era el sitio donde muchos conductores de autobuses terminaban sus rutas y daban la vuelta para regresar a la terminal. Paraban un momento, hacían su pedido y luego volvían a recogerlo. Paraban, hacían su pedido y volvían a recogerlo. Nos pasábamos el día entero abasteciéndolos, entrando en el garaje para hacer más mezclas y saliendo otra vez para venderlas. Cuando nos cansábamos de estar en el muro nos íbamos a matar el rato a un contenedor marítimo reciclado que había a la vuelta de la esquina. Dentro había una cabina telefónica que usábamos para llamar a la gente. Cuando el negocio aflojaba un poco nos dedicábamos a pasear del muro al contenedor, conversando y pasando el rato en compañía de otra gente que tampoco tenía nada que hacer en mitad del día. Hablábamos con los *dealers* y con los gánsteres. De vez en cuando la policía hacía una incursión. Así era un día normal en el barrio. Y al día siguiente, lo mismo.

Pronto la venta ambulante dio paso a los chanchullos, porque Bongani siempre había tenido visión de negocio y sabía cómo ponerla en práctica. Igual que Tom, Bongani era un estafador, pero mientras que Tom se dedicaba a los pequeños timos espontáneos, Bongani los planeaba: si hacemos esto, conseguiremos aquello; luego podremos cambiar a eso otro y así lograremos algo más grande. Por ejemplo, había conductores de autobús que no podían pagarte al contado. «No me llega el dinero porque acabo de empezar mi turno», te decían. «Pero necesito música nueva. ¿No les puedo quedar debiendo? Los llevo gratis una vez. Les pago al final de mi turno o al final de la semana...». De manera que empezamos a dejar que los conductores compraran a crédito y a cobrarles intereses.

Comenzamos a ganar más dinero. Nunca más de unos centenares de rand de una sola vez, o mil como mucho, pero era todo en metálico, contante y sonante. Bongani entendió en seguida la posición en la que estábamos. Dinero en metálico es lo que necesita todo el mundo en el barrio. Todo el mundo anda buscando siempre un préstamo a corto plazo para algo: para pagar una factura o una multa o simplemente para salir de un aprieto. Así que la gente empezó a acudir a nosotros para pedirnos dinero. Bongani llegaba a un acuerdo con ellos y después venía a hablar conmigo.

—Colega, vamos a hacer un trato con este tipo. Le vamos a prestar cien rand y él nos va a devolver ciento veinte al final de la semana.

Yo le decía que vale. Luego el tipo volvía y nos pagaba ciento veinte rand. Luego repetíamos la operación. Una y otra vez. Primero empezamos a duplicar nuestros ingresos, después a triplicarlos.

El dinero en metálico también nos permitió entrar en la economía de trueques del barrio. Es bien sabido que si te plantas en la esquina de una calle grande de Alex, tarde o temprano alguien intentará venderte algo. «Eh, eh, eh, colega. ¿Quieres hierba?». «¿Quieres comprar un reproductor de vídeo?». «¿De DVD?». «Eh, vendo una tele». Así funciona la cosa.

Digamos que ves a dos tipos regateando en la esquina, un adicto al crack que intenta vender un DVD y un trabajador que lo quiere pero no lo puede pagar porque todavía no ha cobrado. Ellos siguen con su tira y encoge, pero el adicto quiere el dinero al contado. Los adictos al crack no esperan. No te dan plazo hasta que tengas el dinero. Así pues, Bongani interviene y se lleva aparte al trabajador.

—Oye, entiendo que ahora no lo puedes pagar —le dice Bongani—. Pero ¿cuánto estás dispuesto a pagar por él?

—Puedo pagar ciento veinte.

—Vale, muy bien.

Luego Bongani se lleva al adicto aparte.

—¿Cuánto quieres por ese DVD?

—Quiero ciento cuarenta.

—A ver, escúchame. Eres un yonqui. Y este aparato de DVD es robado. Te voy a dar cincuenta.

El adicto protesta un poco, pero acepta el dinero porque es un adicto y es dinero en metálico y el crack no puede esperar. Luego Bongani vuelve a hablar con el trabajador.

—Muy bien. Lo hacemos por ciento veinte. Aquí tienes el aparato de DVD. Es tuyo.

—Pero es que no tengo ciento veinte.

—No pasa nada. Quédatelo, y cuando cobres en vez de ciento veinte me das ciento cuarenta.

—Vale.

De esa forma le pagábamos cincuenta rand al yonqui y le sacábamos ciento cuarenta al trabajador. Pero Bongani todavía era capaz de encontrarle otra vuelta al asunto para ganar más. Digamos que el tipo que compraba el aparato de DVD trabajaba en una zapatería.

—¿Cuánto te cuestan unas Nike con el descuento de empleado?

—Las puedo sacar por ciento cincuenta.

—Muy bien, pues en vez de darnos ciento cuarenta nosotros te damos diez y tú nos consigues unas Nike con tu descuento.

De forma que el tipo acababa yéndose con un aparato de DVD y diez rand en el bolsillo y convencido de que había hecho un buen trato. Luego nos traía las Nike y nosotros íbamos a ver a alguno de los del queso más queso del interior de la Franja Este y le decíamos:

—Eh, colega. Sabemos que quieres las Jordan nuevas. En la tienda valen trescientos. Nosotros te las vendemos por doscientos. —Entonces le vendíamos las zapatillas y ya habíamos pasado de sesenta rand a doscientos.

Así era el barrio. Siempre había alguien comprando y siempre había alguien vendiendo, y el trapicheo consistía en ponerse en medio. Nada de todo esto era legal. Nadie sabía de dónde salía nada. ¿Acaso era verdad que el tipo que nos vendía las Nike tenía «descuento de empleado»? No se sabía. Tampoco se lo preguntabas. Todo era como «Eh, mira lo que he encontrado» y «Muy bien, ¿cuánto quieres por ello?». Era el código universal.

Al principio yo no sabía que no había que hacer preguntas. Me acuerdo de una vez que compramos un equipo de sonido para el carro o algo parecido.

—Pero ¿de quién era esto? —pregunté.

—Bah, por eso no te preocupes —me dijo uno de los tipos—. Los blancos tienen las cosas aseguradas.

—¿Aseguradas?

—Sí, cuando los blancos pierden las cosas, tienen unas pólizas que les pagan lo que han perdido, o sea que es como si no hubieran perdido nada.

—Ah, está bien —le dije yo—. Genial.

Y eso era todo lo que nos preocupábamos: cuando los blancos pierden cosas se las pagan. Un privilegio más de ser blanco.

Es fácil ser moralista con el crimen cuando uno vive en un mundo lo bastante adinerado como para tenerlo lejos. El barrio, sin embargo, me enseñó que todo el mundo tiene nociones distintas de lo que está bien y lo que está mal, definiciones distintas de lo que es delito y de a qué nivel delictivo está dispuesto a llegar. Por ejemplo, si aparece un adicto al crack con una caja de paquetes de cereales que ha robado de la parte de atrás de un supermercado, la madre pobre no piensa: «Estoy siendo cómplice de un criminal por comprar estos copos de maíz». No, lo que piensa es: «Mi familia necesita comida y este tipo tiene cereales». O sea que se los compra.

Mi propia madre, tan religiosa ella y tan respetuosa con la ley, la misma que me ponía a parir por quebrantar las normas y no saber comportarme... No olvidaré nunca el día que llegué a casa y me encontré una caja gigante de hamburguesas congeladas en la cocina, quizás doscientas, de un sitio de comida para llevar llamado Black Steer. Una hamburguesa de Black Steer costaba por lo menos veinte rand.

—¿Qué diablos es esto? —le pregunté yo.

—Ah, un compañero del trabajo las tenía y quería venderlas —me dijo—. Me ha hecho muy buen descuento.

—Pero ¿de dónde las ha sacado?

—No lo sé. Ha dicho que conocía a alguien que...

—Mamá, las ha robado.

—Eso no lo sabemos.

—*Sí* que lo sabemos. ¿De dónde va a sacar un tipo todas estas hamburguesas, de la nada?

Por supuesto, nos las comimos. Y luego le dimos gracias a Dios por los alimentos recibidos.

La primera vez que Bongani me dijo: «Vente al barrio», yo pensaba que íbamos a vender CD y mezclar en fiestas. Pero resultó que estábamos vendiendo CD y mezclando en fiestas para financiar un negocio de pequeños préstamos y empeños en el barrio. Enseguida este se convirtió en nuestro negocio principal.

Todos los días en el barrio eran iguales. Yo me despertaba temprano. Bongani se reunía conmigo en mi apartamento y tomábamos el autobús que llevaba a Alex cargados con mi computadora, la torre enorme de altavoces y el monitor gigante. Al llegar lo tomábamos todo en el garaje de Bongani y empezábamos a grabar la primera remesa de CD. Luego salíamos. Nos íbamos hasta la esquina de la 19 con Roosevelt para desayunar. Cuando estás intentando estirar tu dinero al máximo, sobre todo has de tener cuidado con la comida. Debes planificar las cosas o terminas comiendo tus ganancias. O sea, que todas las mañanas desayunábamos *vetkoek*, que eran básicamente masa frita. Eran baratas, unos cincuenta centavos por torta. Podíamos comprar varias y aguantar hasta bien entrado el día.

Luego nos sentábamos a comer en la esquina. Mientras comíamos, les cogíamos los pedidos a los conductores de autobús que pasaban. Después volvíamos al garaje de Bongani, escuchábamos música, levantábamos pesas y grabábamos los CD. Sobre las diez o las once los conductores empezaban a volver de sus rutas matinales, así que cogíamos todos los discos y salíamos a la esquina para que cada conductor recogiera los suyos. Luego nos quedábamos en la esquina a pasar el rato y a conocer personajes, a ver quién pasaba y a estudiar lo que nos deparaba el día. Un tipo que necesitaba esto. Otro tipo que vendía aquello. Nunca se sabía qué iba a pasar.

Siempre teníamos mucho trabajo a la hora del almuerzo. Cruzábamos todo Alexandra, visitando distintas tiendas y esquinas y haciendo tratos con todo el mundo. Los conductores de los autobuses nos llevaban gratis. Aunque nos subíamos con ellos y aprovechábamos para hablar de la música que necesitaban, en secreto el tipo nos estaba llevando gratis. «Eh, estamos cogiendo los pedidos. Podemos hablar contigo mientras conduces. ¿Qué necesitas? ¿Qué música estás buscando? ¿Necesitas el nuevo de Maxwell? Vale, el nuevo de Maxwell lo tenemos. De acuerdo, hablamos luego. Nosotros nos bajamos aquí». Y nos subíamos a otro autobús que fuera adonde nos dirigiéramos.

Después de la hora del almuerzo el trabajo daba un bajón, y era entonces cuando aprovechábamos para comer, normalmente lo más barato que pudiéramos encontrar, como por ejemplo un smiley con maicena. Un smiley era una cabeza de cabra. Se hervían y se cubrían de chile. Las llamábamos smileys porque cuando terminabas de apurarles toda la carne parecía que la cabra te estuviera sonriendo desde el plato. Las carrilleras y la lengua estaban buenas, pero los ojos eran asquerosos. Te reventaban en la boca. Te los metías en la boca y los mordías y eran como una bola de pus que reventaba. No eran crujientes. No se podían masticar. No tenían ningún sabor remotamente apetitoso.

Después de la comida volvíamos al garaje, nos relajábamos, dormíamos una siesta y grabábamos más CD. Por las tardes nos venían muchas mamás. Las mamás nos amaban. Se contaban entre nuestros mejores clientes. Como las mamás llevan las casas, son ellas quienes buscan comprar esa caja de jabón que se ha caído del camión, y preferían comprarnos a nosotros que a algún adicto al crack. Es desagradable hacer negocios con los craqueros. Nosotros éramos muchachos de la Franja Este, honrados y educados. Podíamos incluso cobrar un plus por ese aire de respetabilidad que añadíamos a la transacción. Las mamás son también quienes suelen necesitar más pequeños préstamos a corto plazo para comprarle tal o cual cosa a la familia, y nuevamente preferían tratar con nosotros que con algún gánster prestamista. Las mamás sabían que nosotros no le íbamos a romper las piernas a nadie por no pagar. No creíamos en eso. Y tampoco habríamos sido capaces, francamente. Pero ahí era donde entraba la brillantez de Bongani. Siempre sabía qué te podía dar cada cual en caso de no poder pagarte.

Hacíamos algunos de los intercambios más locos que uno se pueda imaginar. Las mamás del barrio eran muy protectoras con sus hijas, sobre todo si eran guapas. En Alex había chicas guardadas bajo llave. Iban a la escuela, volvían directamente a casa y en cuanto llegaban se metían dentro. No las dejaban salir. A los chicos no les dejaban hablar con ellas ni rondar cerca de la casa; nada de eso. Y siempre había algún muchacho que no paraba de hablar de una de aquellas chicas encerradas bajo llave: «Haría lo que fuera para estar con ella. Es una preciosidad». Pero no podía. Ni él ni nadie.

Entonces se daba el caso de que la madre necesitaba un préstamo. Y en cuanto nosotros le prestábamos el dinero, ella no nos podía echar de su casa hasta que nos lo devolviera. Así que íbamos y nos dedicábamos a pasar el rato allí y a charlar de esto y aquello. La hija estaba presente, pero la madre no podía decirle «¡No hables con estos chicos!». Así pues, el préstamo nos permitía establecer una relación con la madre. Éramos supereducados y corteses. Nos invitaban a cenar. En cuanto la madre veía que éramos unos chicos agradables y honrados, aceptaba que lleváramos a su hija a una fiesta, siempre y cuando prometiéramos llevarla de vuelta a casa sana y salva. A continuación íbamos a hablar con el muchacho que estaba desesperado por conocer a la hija.

—Eh, hagamos un trato. Te llevamos a la chica a tu fiesta y así puedes estar con ella. ¿Cuánto nos puedes dar?

—No tengo dinero —decía él—. Pero tengo unas cajas de cerveza.

—Listo, pues esta noche vamos a la fiesta. Y tú nos das dos cajas de cerveza.

—Estupendo.

Luego íbamos a la fiesta. Invitábamos a la chica, que normalmente estaba emocionada por escapar de la cárcel de su madre. El tipo traía la cerveza y podía estar con la chica, nosotros le perdonábamos la deuda a la madre para demostrarle nuestra gratitud y recuperábamos el dinero vendiendo la cerveza. Siempre había una manera de que cuadraran las cuentas. Y a menudo eso era lo más divertido: tramar las estrategias, resolver el rompecabezas, ver qué iba dónde, quién necesitaba qué y a quién podíamos conectar con quién para conseguir el dinero.

En pleno momento álgido de nuestro negocio seguramente debimos de llegar a tener un capital de diez mil rand. No parábamos de hacer préstamos y de cobrar los intereses. Teníamos todo un stock de Air Jordans y de aparatos de DVD para revender. También necesitábamos comprar CD vírgenes, alquilar autobuses para ir a los toques donde mezclábamos y dar de comer tres veces al día a cinco tipos. Lo íbamos apuntando todo en la computadora. Gracias a que había vivido en el mundo de mi madre, sabía manejar las hojas de cálculo. Teníamos un documento de Microsoft Excel donde constaba todo: los nombres de nuestros clientes, cuánto dinero debían, cuándo pagaban y cuándo no pagaban.

Cuando terminaba la jornada laboral, otra vez empezaban a llegar clientes. Conductores de autobuses que recogían un último pedido y hombres que volvían del trabajo a casa. Los hombres no querían jabón ni cereales. Querían cosas: aparatos de DVD, de CD, juegos de PlayStation. Y también aparecían tipos en busca de compradores después de acabar su día de estafas y robos. Había un tipo que vendía móviles; otro que vendía chaquetas de cuero, y otro que vendía calzado. Había un tipo que parecía la versión negra del señor Burns de *Los Simpson*. Siempre venía al terminar su turno de trabajo y podía traer cualquier cosa, como un cepillo de dientes eléctrico sin cargador. Una vez nos trajo una maquinilla de afeitar eléctrica.

—¿Qué demonios es esto?

—Es una maquinilla de afeitar eléctrica...

—¿Una maquinilla eléctrica? Somos negros. ¿Sabes lo que estos aparatos le hacen a nuestra piel? ¿Ves a alguien por aquí que pueda usar una maquinilla de afeitar eléctrica?

No sabíamos de dónde sacaba todo aquello. Porque allí no se hacían preguntas. Al final, sin embargo, atamos cabos: trabajaba en el aeropuerto. Todo eran cosas que agarraba de las maletas de la gente.

Poco a poco la hora pico de trabajo iba pasando y la cosa se tranquilizaba. Recogíamos los últimos pedidos del día, repasábamos el stock de CD y cuadrábamos las cuentas. Si por la noche tocaba mezclar en alguna fiesta, nos preparábamos. Si no, comprábamos unas cervezas y nos sentábamos a beber, a comentar la jornada y a escuchar los disparos a lo lejos. Todas las noches se oían disparos, y nosotros siempre intentábamos adivinar de qué clase de arma procedían. «Eso es una nueve milímetros». Normalmente había alguna persecución policial, patrulleros que pasaban volando detrás de algún tipo que había robado un carro. Luego todo el mundo se iba a casa a cenar con su familia. Yo agarraba mi computadora, me iba a mi casa, dormía, y a la mañana siguiente volvía y todo empezaba de nuevo.

Pasó un año. Luego dos. Yo había dejado de hacer planes para ir a la universidad y no estaba más cerca de tener el dinero para la matrícula.

Lo jodido del barrio es que siempre estás trabajando, trabajando y trabajando, y a ti te da la sensación de que está pasando algo, pero en realidad no está pasando nada. Yo me pasaba todo el día allí, de siete de la mañana a siete de la noche, y siempre era lo mismo: «¿cómo convertimos diez rand en veinte? ¿Cómo convertimos veinte en cincuenta? ¿Y cómo convierto cincuenta en cien?». Al final de la jornada nos lo habíamos gastado todo en comida y quizás en unas birras; luego nos íbamos a casa y volvíamos por la mañana y otra vez lo mismo: «¿cómo convertimos diez rand en veinte? ¿Cómo convertimos veinte en cincuenta?». Ganar ese dinero suponía un día entero de trabajo. Había que caminar, moverse, pensar. Había que buscar a tal persona, había que encontrar a este y conocer a aquel. Muchos días terminábamos con balance cero, y en cambio a mí siempre me parecía que la jornada había sido muy productiva.

Los trapicheos son al trabajo lo mismo que navegar por Internet es a la lectura. Si sumas todo lo que has leído en Internet en un año —tuits, posts de Facebook, listas— habrás leído el equivalente a una tonelada de libros, pero en realidad no habrás leído un solo libro en todo el año. Cuando me acuerdo de aquella época, me doy cuenta de que trapichear era exactamente eso. Era un esfuerzo enorme a cambio de unas ganancias mínimas. Era como la rueda de un hámster. Si yo hubiera invertido toda aquella energía en la universidad, me habría sacado un máster. Y en cambio me estaba licenciando en trapicheos, un título que ninguna universidad me reconocería.

Cuando entré por primera vez en Alex, me atrajeron la electricidad y la excitación del barrio, pero lo más importante era que allí me aceptaban más de lo que me habían aceptado en el instituto o en cualquier otro lado. La primera vez que fui por allí, un par de personas enarcaron la ceja: «¿Quién es este tipo de color?». Pero el barrio no juzga. Si tú quieres estar allí, puedes. Y como yo no vivía en el barrio, técnicamente era una persona de fuera, pero por primera vez en mi vida no me sentía de fuera.

El barrio también te proporcionaba una vida cómoda y sin estrés. Toda tu energía mental la dedicabas a salir adelante en el día a día, de manera que no tenías que formularte ninguna de las grandes preguntas: ¿Quién soy? ¿Quién debería ser? ¿Estoy haciendo lo suficiente? En el barrio podías tener cuarenta años, vivir con tu madre, pedirle dinero a la gente y nadie te miraba mal por ello. En el barrio nadie se sentía un fracasado porque siempre había gente que estaba peor que tú, y tampoco sentías que tuvieras que hacer mucho, porque el mayor éxito posible tampoco estaba muy por encima de ti. El barrio te permitía existir en estado de animación suspendida.

El barrio también tenía un sentido maravilloso de comunidad. Todo el mundo conocía a todo el mundo, desde el adicto al crack hasta el policía. La gente se cuidaba entre ella. La forma en que funcionaba el barrio era la siguiente: si una madre te pedía algo, tenías que decirle que sí. «¿Te puedo mandar a ti?». era la forma de pedirlo. Era como si todo el mundo fuera tu madre y tú fueras hijo de todo el mundo.

—¿Te puedo mandar a por una cosa?

—Sí, ¿qué necesita usted?

—Necesito que vayas a comprar leche y pan.

—Muy bien.

Ella te daba un poco de dinero y tú te ibas a comprar leche y pan. Siempre y cuando no estuvieras ocupado y no te costara nada, nunca te negabas.

Lo más importante del barrio era que tenías que compartir. No te podías enriquecer tú solo. ¿Tienes dinero? Entonces ¿por qué no estás ayudando a la gente? Si la señora mayor de tu calle necesitaba ayuda, todo el mundo contribuía. Si ibas a comprar cerveza, comprabas para todo el mundo. Todo era para todos. La gente tenía que saber que tu éxito beneficiaba a la comunidad de alguna forma o se volvían en tu contra.

El municipio segregado hacía bastante bien de policía de sí mismo. Si la gente pillaba a alguien robando, se encargaba de él. Si te pillaban violando a una mujer, ya podías rezar a

Dios por que fuera la policía y no la gente del municipio. Si un hombre le pegaba a una mujer, la gente no se metía. Las palizas despertaban demasiados interrogantes. ¿Por qué ha sido la pelea? ¿Quién es el responsable? ¿Quién la ha empezado? La violación, en cambio, es violación. Y el robo es robo. Has mancillado a la comunidad.

El barrio era extrañamente reconfortante. Sin embargo, lo reconfortante puede llegar a ser peligroso. Lo reconfortante te da un suelo pero también un techo. En nuestra pandilla, nuestro amigo G, igual que todos, estaba sin trabajo y se dedicaba a matar el rato. Luego encontró un puesto de dependiente en una tienda de ropa de marca. Cada mañana se iba a trabajar y los muchachos se metían con él. Todo el mundo lo veía salir emperifollado y se reía de él.

—¡Oh, pero mira a G, con su ropa buena!

—Uy, G, te vas a ver a los blancos, ¿no?

—¡Eh, G, no te olvides de traernos unos libros de la biblioteca!

Una mañana, cuando llevaba un mes trabajando allí, estábamos todos sentados en el muro y G salió en alpargatas y calcetines. No iba con la ropa del trabajo.

—Eh, G, ¿qué pasa? ¿No vas a trabajar?

—Oh, ya no trabajo allí.

—¿Por qué?

—Me han acusado de robar una cosa y me han echado.

Nunca olvidaré lo que pensé: que daba la sensación de que lo había hecho a propósito. Que se había saboteado a sí mismo para que lo volvieran a aceptar en el grupo.

El barrio tiene una fuerza gravitatoria propia. Nunca te deja tirado, pero tampoco te deja marcharte. Porque si tomas la decisión de marcharte estás insultando al lugar que te ha criado y te ha hecho quien eres y que nunca te dejó en la estacada. Y ese lugar lucha para que no te vayas.

En cuanto las cosas te empiezan a ir bien en el barrio, es hora de marcharte. Porque el barrio te retiene. Siempre encuentra la forma. Aparece un tipo que roba algo y lo deja en tu carro y la policía lo encuentra, o algo parecido. No puedes quedarte. Crees que sí. Las cosas te empiezan a ir mejor y te llevas a tus amigos del barrio a un club elegante y antes de que puedas impedirlo alguien monta una pelea y uno de tus amigos saca una pistola y tú te quedas allí pensando: «Pero ¿qué acaba de pasar?».

Y lo que ha pasado es el barrio.

Una noche yo estaba mezclando en una fiesta, no en Alex sino en las inmediaciones de Alex, en Lombardy East, un vecindario más agradable de gente negra de clase media. Alguien llamó a la policía por el ruido y la policía llegó al asalto con equipo antidisturbios y apuntándonos con metralletas. Así trabaja nuestra policía. No vienen primero los pequeños y luego los grandes. Lo que los americanos llaman SWAT es nuestra policía normal. Buscaron de dónde venía la música, y resultó que la música venía de mí. Uno de los policías se acercó adonde estaba yo con mi computadora y me apuntó con un rifle de asalto enorme.

—Tienes que apagar eso ahora mismo.

—Está bien —le dije—. Ya lo apago.

Pero mi computadora tenía el Windows 95, y el Windows 95 tardaba *una eternidad* en apagarse. Me puse a cerrar ventanas y apagar programas. Yo tenía uno de esos discos duros Seagate gordísimos que se dañaban fácilmente y no quería desenchufar el equipo y arriesgarme a dañar el disco duro. Pero estaba claro que al policía le importaba una mierda todo eso.

—¡Apágalo! ¡Apágalo!

—¡Ya voy! ¡Lo estoy apagando! ¡Tengo que cerrar los programas!

La gente se estaba enojando y el policía se estaba poniendo nervioso. Dejó de apuntarme a mí y le pegó un tiro a la computadora. El problema es que no debía saber nada de computadoras, porque le pegó un tiro al monitor. El monitor explotó, pero la música siguió sonando. Ahora reinaba el caos: música a todo volumen y la gente corriendo presa del pánico por culpa del disparo. Yo le arranqué el cable de la alimentación a la torre de altavoces para apagarlos. Luego los policías se pusieron a disparar gas lacrimógeno a la gente.

El gas lacrimógeno no tuvo nada que ver conmigo ni con la música. El gas lacrimógeno es simplemente lo que la policía usa para desalojar las fiestas en los barrios negros, igual que cuando la discoteca enciende las luces para indicarle a todo el mundo que se marche.

Perdí el disco duro. Aunque el policía había disparado al monitor, la explosión me lo frio de todas maneras. La computadora se encendía, pero no leía la memoria externa. Había perdido la biblioteca con toda mi música. Aun en el caso de que hubiera tenido dinero para comprarme un disco duro nuevo, yo había tardado años en reunir mi colección de música. No había forma de reemplazarla. Mi trabajo de DJ se había terminado. Mi negocio de venta de CD se había terminado. De la noche a la mañana nuestra pandilla había perdido su principal fuente de ingresos. Lo único que nos quedaban eran los trapicheos, así que nos pusimos a trapichear a tope, cogiendo el dinero en metálico que nos quedaba en aquel momento y tratando de doblarlo, comprando tal o cual cosa para revenderla. Empezamos a gastar nuestros ahorros y en menos de un mes nos habíamos quedado secos.

Luego, una tarde después del trabajo, vino nuestro amigo el del aeropuerto, el señor Burns negro.

—Eh, mira lo que he encontrado —me dijo.

—¿Qué has encontrado?

—Una cámara.

Nunca me olvidaré de aquella cámara. Era una cámara digital. Se la compramos y yo la cogí y la encendí. Estaba llena de fotos de una simpática familia blanca de vacaciones y yo me sentí un cabrón. Las demás cosas que le habíamos comprado a aquel tipo nunca me habían preocupado. Las zapatillas Nike, los cepillos de dientes y las maquinillas de afeitar. ¿A quién le importaba todo aquello? Sí, era posible que despidieran a alguien por la paleta de cereales que faltaba en el supermercado, pero aquello siempre te quedaba muy lejos. Ni te lo planteabas. Aquella cámara, en cambio, tenía caras. Examiné las fotos, pensando lo importantes que eran para mí las fotos de familia, y pensé: *No es que haya robado una cámara, es que he robado los recuerdos de alguien. Le he robado una parte de su vida a alguien.*

Es muy extraño, pero en esos dos años de trapicheos nunca se me había ocurrido que estuviera cometiendo un crimen. Sinceramente, no había pensado nunca que fuera algo malo. *Son cosas que alguien se ha encontrado. La gente blanca está asegurada.* Cualquier justificación que hubiera a mano. En la sociedad nos hacemos cosas horribles los unos a los otros porque no vemos a las personas a quienes afectan. No les vemos la cara. No las vemos como personas. Esa era la razón misma de que existiera el barrio: no tener que ver a las víctimas del *apartheid* ni pensar en ellas. Porque si los blancos llegaban a ver alguna vez a los negros como seres humanos, se darían cuenta de que la esclavitud era injustificable. Vivimos en un mundo en el que no vemos las implicaciones que nuestros actos tienen sobre los demás, porque no vivimos con ellos. A un banquero le resultaría mucho más difícil estafar a la gente con hipotecas subprime si luego tuviera que vivir con la gente a la que estafa. En cambio, si pudiéramos ver el dolor ajeno y sentir empatía hacia los demás, ya no valdría la pena cometer esos crímenes.

Por mucha falta que nos hiciera el dinero, nunca vendí la cámara. Me sentía demasiado culpable, como si me fuera a dar mal karma, que ya sé que es una estupidez, porque además no venderla tampoco sirvió para arreglar nada ni para que la cámara volviera con sus dueños, pero simplemente fui incapaz de hacerlo. Aquello me hizo afrontar el hecho de que al otro lado de mis actos había gente, y que lo que yo estaba haciendo estaba mal.

Una noche invitaron a nuestra pandilla a competir con otra pandilla en un concurso de baile en Soweto. Hitler iba a enfrentarse a su estrella, Hector, que por entonces era uno de los mejores bailarines de Sudáfrica. La invitación era un gran acontecimiento. Alex y Soweto siempre habían mantenido una rivalidad tremenda. Soweto estaba considerado el municipio de los esnobs y Alexandra, el marginal y peligroso. Hector era de Diepkloof, la zona más adinerada y agradable de Soweto. Diepkloof era donde se habían construido las primeras casas de un millón de rand al llegar la democracia. «Eh, ya no somos un municipio segregado. Ahora construimos casas lujosas». Esa era su actitud. A esa gente nos enfrentábamos. Hitler se pasó una semana entera ensayando.

La noche del baile, Bongani, Mzi, Bheki, G, Hitler y yo cogimos un autobús hasta Diepkloof. Hector ganó la competición. Luego alguien pilló a G besando a una de sus chicas, la cosa degeneró en pelea y todo se vino abajo. En el camino de vuelta a Alex, sobre la una de la mañana, mientras salíamos de Diepkloof para tomar la autopista, unos policías pararon nuestro autobús. Nos hicieron salir a todos y registraron el vehículo. Estábamos afuera, alineados a un lado del autobús, cuando uno de los policías volvió.

—Hemos encontrado una pistola —dijo—. ¿De quién es?

Todos nos encogimos de hombros.

—No lo sabemos —dijimos.

—No, alguien sí lo sabe. La pistola es de alguien.

—Agente, de verdad que no lo sabemos —dijo Bongani.

—¡No seas embustero!

Luego recorrió la fila, abofeteándonos a todos en la cara e insultándonos y reprendiéndonos la bronca por la pistola. Nosotros no podíamos hacer otra cosa que quedarnos allí plantados y aguantarlo.

—Son una basura —dijo el policía—. ¿De dónde son?

—De Alex.

—Aaaaah, okay, ya veo. Perros de Alex. O sea que vienen aquí y atracan a la gente y violan a las mujeres y roban carros. Banda de putos maleantes.

—No, somos bailarines. No sabemos...

—Me da igual. Van a ir todos al calabozo hasta que sepamos de quién es esta pistola.

En un momento dado nos dimos cuenta de lo que estaba pasando. Aquel poli nos estaba intentando chantajear. Sacarnos una «mordida», como suele decirse. Así que te toca improvisar un baile de lo más elaborado con el policía para poder decirlo sin decirlo.

—¿No podemos hacer nada? —le preguntas al agente.

—¿Qué quieres que haga?

—Lo sentimos mucho, agente. ¿Qué podemos hacer?

—Dímelo tú.

Y entonces te tienes que inventar una historia en la que, sea como sea, le indicas al policía cuánto dinero tienes. Algo que nosotros no podíamos hacer porque no teníamos dinero. Así que acabamos en el calabozo. Era un autobús público. La pistola podría haber sido de cualquiera, pero solo nos detuvieron a los de Alex. Al resto de los pasajeros del autobús los dejaron irse. Los policías nos llevaron a la comisaría, nos metieron en un calabozo y nos fueron sacando uno por uno para interrogarnos. Cuando me sacaron a mí les tuve que dar mi dirección: Highlands North. El policía me miró con cara perpleja.

—Tú no eres de Alex —me dijo—. ¿Qué estás haciendo con esos delincuentes? —No supe qué decirle. Él me miró con expresión severa—. Escúchame, niño rico. ¿Te crees que es divertido ir por ahí con esos tipos? Pues se te ha acabado el juego. Cuéntame lo de tus amigos y la pistola y te dejo marchar.

Yo me negué y él me devolvió al calabozo. Pasamos allí la noche y al día siguiente llamé a un amigo que me dijo que podía pedirle prestado a su padre el dinero para sacarnos. Aquel mismo día el padre vino a pagar. Los policías lo llamaron todo el tiempo «la fianza», pero era un soborno. Nunca nos detuvieron oficialmente ni nos procesaron. No hubo papeleo alguno.

Salimos y ya no tuvimos más problemas, pero aquel episodio nos dejó tocados. Volvimos a la calle todos los días, a trapichear y a intentar hacer ver que estábamos con las bandas de maleantes, pero la verdad es que siempre fuimos más del queso que del barrio. Nos habíamos creado aquella idea de nosotros mismos como mecanismo de defensa para sobrevivir en el mundo en el que vivíamos. Bongani y los demás muchachos de la Franja Este, por ser de donde eran y por tener la pinta que tenían, contaban con muy pocas esperanzas en la vida. En su situación tenías dos opciones. Podías trabajar de dependiente o freír hamburguesas en McDonald's, si conseguías ser uno de los pocos afortunados que llegaban a eso. La otra opción era endurecerte y crearte una fachada. No podías salir del barrio, de forma que sobrevivías siguiendo sus reglas.

Yo había elegido vivir en aquel mundo, pero no pertenecía a él. La verdad es que era un impostor. En el día a día estaba tan metido allí como todos los demás, pero la diferencia era que en el fondo sabía que tenía otras opciones. Podía marcharme. Los demás, no.

Una vez, cuando yo tenía diez años y estábamos visitando a mi padre en Yeoville, me quedé sin pilas para uno de mis juguetes. Mi madre se había negado a comprarme pilas nuevas porque, claro, aquello era botar el dinero, de forma que me colé en la tienda y mangué un paquete. El guardia de seguridad me pilló cuando ya estaba saliendo, me hizo ir a su despacho y llamó a mi madre:

—Hemos pillado a su hijo robando pilas en la tienda —le dijo—. Tiene que venir usted a buscarlo.

—No —contestó ella—. Llévenlo al calabozo. Si va a desobedecer, tiene que aprender las consecuencias.

Y colgó el teléfono. Los guardias me miraron, confusos. Al final me dejaron ir suponiendo que yo era un huérfano descarriado, porque a ver: ¿qué madre es capaz mandar a la cárcel a su hijo de diez años?

17

El mundo no te quiere

Mi madre nunca tuvo manga ancha. Cada vez que yo me metía en líos, ella me demostraba su amor con mano dura, sermones, castigos y palizas. Cada vez. Por cada infracción. Esto es algo muy normal entre los padres y madres negros, porque te intentan inculcar la disciplina ellos antes de que lo haga el sistema. «Necesito hacerte esto antes de que te lo haga la policía». Es lo que piensan todos los padres y madres negros desde el mismo día en que tienes edad para salir a la calle, que es donde te está esperando la ley.

En Alex, que te detuvieran era ley de vida. Era tan común que en las esquinas ya teníamos un signo para indicarlo, poner las muñecas juntas como si te estuvieran esposando. Todo el mundo sabía lo que significaba.

—¿Dónde está Bongani?

Muñecas juntas.

—Ah, carajo. ¿Cuándo?

—El viernes por la noche.

—Mierda.

Mi madre odiaba Alex. No le gustaban mis amigos de allí. Si yo los llevaba a casa, ni siquiera quería dejarlos entrar.

—No me gustan esos chicos —decía. No es que los odiara a ellos personalmente. Odiaba lo que representaban—. Esos muchachos y tú siempre se están metiendo en líos. Tienes que cuidar con quién andas, porque tu entorno puede marcarte de por vida.

Lo que más odiaba mi madre de Alex era que según ella no me motivaba para salir adelante en la vida. Ella quería que yo pasara el tiempo con mi primo en la universidad.

—¿Qué más da si estoy en la universidad o en el barrio? —le decía yo—. Total, tampoco voy a matricularme.

—No, pero la presión de la universidad te influirá. Te conozco. No te vas a quedar ahí plantado sin más, viendo como esos muchachos progresan más que tú. Si estás en un entorno positivo y de progreso, tú también te volverás así. No paro de decirte que cambies de vida y no me haces caso. Y un día te detendrán, y entonces no quiero que me llames. Le diré a la policía que te encierre para enseñarte una lección.

Porque había padres y madres negros que hacían justamente eso: no pagarles a sus hijos ni la fianza ni un abogado. Era el caso extremo de que quien te quiere, te hará llorar. Pero eso no siempre funciona, porque le estás aplicando a ese hijo mano dura cuando quizás solamente necesite cariño. Tú lo que querías era enseñarle una lección, y de pronto resulta que el resto de su vida va a ser una lección.

Una mañana vi un anuncio en la prensa. Había una tienda que estaba liquidando los teléfonos móviles y los vendía a un precio tan ridículo que sabía que Bongani y yo podíamos revenderlos en Alex y sacarnos un beneficio. La tienda estaba en una zona residencial, demasiado lejos para ir andando y demasiado apartada para tomar un autobús. Por suerte, tenía el taller mecánico de mi padrastro y un puñado de carros viejos en el patio de casa.

Yo llevaba desde los catorce años robándole a Abel los carros viejos de los que sacaba las piezas de repuesto. Me gustaba decir que los estaba probando para asegurarme de que él los reparaba correctamente. A Abel no le hacía ninguna gracia. Me habían pillado muchas veces y mi madre siempre se ponía hecha una furia conmigo. Pero eso nunca me había detenido.

Muchos de aquellos carros no se podían conducir legalmente. No tenían ni papeles ni matrícula. Por suerte, Abel también guardaba un montón de matrículas viejas al fondo del garaje. Yo enseguida descubrí que podía tomar una, ponérsela a un carro viejo y salir a la carretera. Tenía diecinueve o veinte años y no me planteaba las consecuencias de todo eso. De forma que aquel día pasé por el garaje de Abel, agarré uno de los carros, el mismo Mazda rojo que había llevado al baile de graduación, le puse una matrícula vieja y partí en busca de teléfonos móviles rebajados.

La policía me paró en Hillbrow. En Sudáfrica, la policía no necesita darte ninguna razón para pararte. Te para porque es la policía y porque tiene poder para pararte; es así de simple. En las películas americanas yo veía que la policía paraba a alguien y le decía: «No ha puesto usted el intermitente» o bien «lleva la luz trasera rota». Y siempre me preguntaba: *¿Por qué la poli americana se molesta en mentir?* Una cosa que me gusta de Sudáfrica es que todavía no hemos refinado el sistema hasta el punto de sentir la necesidad de mentir.

—¿Sabes por qué te he parado?

—¿Porque usted es policía y yo soy negro?

—Correcto. Enséñame los papeles del carro, por favor.

Era una de esas situaciones en las que me daban ganas de decir: «¡Eh, sé que me has elegido por ser negro!». Pero no podía alegar eso porque en aquellos momentos realmente estaba violando la ley. El policía se acercó hasta mi ventanilla y me hizo las preguntas estándar. ¿Adónde vas? ¿Es tuyo el carro? ¿De quién es? Yo no pude contestarle. Me había quedado congelado.

Me preocupaba más meterme en líos con mis padres que con las autoridades. Había tenido encontronazos previos con la policía de Alexandra y con la de Soweto, pero siempre había sido una cosa más bien circunstancial: una fiesta que te clausuraban o una redada en un autobús. La ley me rodeaba por todos los costados, pero nunca se había cernido específicamente sobre mí, Trevor. Y cuando no tienes mucha experiencia con las autoridades, la ley te parece racional; la mayoría de los polis son unos cabrones, pero también reconoces que están haciendo su trabajo.

Tus padres, en cambio, no tienen nada de racional. Se han pasado toda tu infancia haciéndote de juez, jurado y verdugo, y a ti te da la sensación de que por cada pequeña falta te condenan a perpetuidad. Así que, en aquel momento, aunque era a la policía a quien debería haber tenido miedo, lo único que pensaba era: *mierda, mierda, tremendo problema me espera cuando llegue a casa.*

El policía telefoneó al registro de matrículas y descubrió que no se correspondía con aquel carro. Y entonces sí que fue a por mí.

—¡Este carro no está a tu nombre! ¿Y de dónde ha salido esta matrícula? ¡Sal del vehículo!

Solamente entonces me di cuenta: *Oooooh, mierda. Ahora sí que la he cagado de verdad.* Salí del carro, me puso las esposas y me dijo que me arrestaba por ser sospechoso de conducir un vehículo robado. Me llevó a comisaría y me confiscaron el carro.

La comisaría de Hillbrow es idéntica a todas las demás comisarías de Sudáfrica: las construyó el mismo contratista en pleno apogeo del *apartheid*, y son como los distintos nodos del sistema nervioso central de un estado policial. Si te vendan los ojos y te llevan de una a otra, seguramente ni siquiera te darás cuenta de que te han trasladado. Son completamente asépticas y funcionales y tienen luces fluorescentes y azulejos baratos como de hospital. Mi policía me llevó allí y me hizo sentarme frente al mostrador de ingresos. Presentaron los cargos y me tomaron las huellas dactilares.

Entretanto habían comprobado los datos del carro, lo cual tampoco fue de mucha ayuda. Siempre que tomaba carros prestados del taller de Abel, intentaba agarrar los que estaban para el desguace y no los que eran de clientes. Yo pensaba que así evitaría meterme en líos. Pero me equivocaba. El Mazda, como era uno de los que Abel usaba para piezas de repuesto, no tenía un título de propiedad claro. Si hubiera tenido dueño, la policía podría haberlo llamado, el dueño les habría dicho que él había dejado el carro en el taller y todo se habría arreglado. Pero como el carro no tenía dueño, yo no podía demostrar que no lo había robado.

Además, por aquella época los robos de carros eran muy comunes. Tan comunes que no sorprendían a nadie. Estabas esperando a algún amigo para cenar y el amigo te llamaba:

—Perdona, llegaré tarde porque me han robado el carro.

—Ay, qué cagada. ¡Eh, muchachos! A Dave le han robado el carro.

—¡Lo siento, Dave!

Y la fiesta continuaba. Y eso cuando la persona sobrevivía al robo. Que a menudo no era el caso. Cada poco se producían robos de carros en los que los ladrones disparaban al conductor. O sea que no solamente no podía demostrar que no hubiera robado el carro; tampoco podía demostrar que no hubiera asesinado a su dueño. Ahora los policías me estaban interrogando con malos modos.

—¿Has matado a alguien para quedarte con el carro, muchacho? ¿Eh? ¿Eres un asesino?

Yo estaba metido en un lío muy grande. Solamente tenía un cable al que agarrarme: mis padres. Una sola llamada lo podría haber arreglado todo. «Este es mi padrastro. Tiene un taller mecánico. Le he tomado prestado un carro y no debía haberlo hecho». Y listo. En el peor de los casos me caería una paliza por conducir un carro no registrado. Pero si los llamaba, ¿qué me esperaría en casa?

De forma que me quedé allí sentado, en la comisaría, detenido por presunto robo de vehículo, sospechoso de sustraerlo con violencia y quizás de un asesinato, y debatiendo conmigo mismo si debía llamar a mis padres o ir a la cárcel. Pensé en mi padrastro y me dije a mí mismo: *Es posible que me mate.* En mi mente aquella era una posibilidad muy real. Y cuando pensaba en mi madre, me decía a mí mismo: *Va a empeorar la situación. No me conviene que ella hable con la policía, no me va a ayudar, precisamente.* Porque, de hecho, mi madre ya me había avisado de que no me ayudaría. «Si te detienen alguna vez, no me llames a mí». Yo necesitaba a alguien que se apiadara de mi situación, y no creía que ese alguien fuera mi madre. De forma que no llamé a mis padres. Decidí que no los necesitaba. Ya era un hombre. Podía salir de aquello yo solo. Usé mi llamada para hablar con mi primo y le dije que no le contara a nadie lo que había pasado mientras yo intentaba decidir qué hacía; que era lo que me tocaba hacer a continuación.

Me habían pillado a media tarde, así que para cuando me procesaron en comisaría ya faltaba poco para que oscureciera. Iba a pasar la noche en el calabozo, me gustara o no. Fue en aquel momento cuando un policía me llevó aparte y me dijo qué era lo que me esperaba.

En Sudáfrica el sistema funciona de la siguiente manera: te detienen y te meten en un calabozo de la comisaría hasta la lectura de cargos. En la lectura de cargos el juez examina tu caso, escucha los argumentos de ambos lados y, entonces, o bien desestima los cargos o bien establece una fianza y una fecha para el juicio. Si puedes pagar la fianza, la pagas y te vas a casa. Pero tu lectura de cargos puede ir mal por muchas razones: te puede tocar un abogado de oficio que no se haya leído tu caso y que no sepa qué está pasando. O puede que tu familia no te pague la fianza. O puede, simplemente, que los juzgados estén colapsados: «Lo siento, tenemos demasiados casos. Hoy ya no hay más lecturas de cargos». La razón no importa. La cuestión es que, en cuanto sales del calabozo de la comisaría, ya no puedes volver a él. Si tu situación no se resuelve ese mismo día, te llevan a la prisión a esperar allí el juicio. En la prisión te ponen con la gente que está esperando juicio y no con la población general, pero incluso la sección donde están los reclusos de prisión preventiva es increíblemente peligrosa, porque allí convive desde gente a la que han trincado por infracciones de tráfico hasta criminales curtidos de verdad. Están ahí todos juntos y te puedes pasar allí días, semanas o meses. Lo mismo sucede en Estados Unidos. Si eres pobre y no sabes cómo funciona el sistema, te puedes caer por un resquicio y, sin saber muy bien ni cómo ni por qué, encontrarte en ese purgatorio extraño en el que no estás en prisión pero tampoco dejas de estarlo. No te han condenado por ningún delito, pero aun así estás encerrado y no puedes salir.

El poli me llevó aparte y me dijo:

—Escucha, no te conviene comparecer ante el juez. Te pondrán a un abogado de oficio que no va a tener ni idea de tu caso. No tendrá tiempo para ocuparse de ti. Le pedirá al juez un aplazamiento y quizás te suelten, pero quizás no. Tienes derecho a estar aquí todo el tiempo que quieras. Lo que te conviene es reunirte con un abogado y prepararte bien antes de acercarte lo más mínimo a un tribunal o a un juez. —No me estaba dando aquel consejo porque tuviera buen corazón. Lo que pasaba era que tenía un trato con un abogado y le mandaba clientes a cambio de una mordida. Así pues, me dio la tarjeta de visita del abogado, yo lo llamé y él aceptó representarme.

Me dijo que me quedara donde estaba mientras él se encargaba de todo.

Así que necesitaba dinero, porque los abogados, con todo lo buenos que son, no hacen nada gratis. Llamé a un amigo y le pregunté si le podía pedir dinero prestado a su padre. Me dijo que se encargaría del asunto. Habló con su padre y el abogado cobró su anticipo al día siguiente.

Ahora que me había encargado del abogado, me daba la sensación de que ya tenía la situación controlada. Me creía muy astuto. Había manejado bien la situación y lo mejor de todo era que mi madre y Abel no se habían enterado de nada.

Cuando llegó el momento de apagar las luces, vino un policía a llevarse mis cosas. El cinturón, la billetera y los cordones de los zapatos.

—¿Para qué necesitan los cordones de los zapatos?

—Para que no te ahorques con ellos.

—Ah, claro.

A pesar de aquel comentario, seguí sin asimilar la gravedad de mi situación. De camino a las celdas, observaba a los otros seis tipos que venían conmigo mientras pensaba: *Esto no es nada. Todo va a ir bien. Voy a salir de esta.* Y seguí pensando lo mismo hasta el momento en que la puerta de la celda se cerró con un estruendo metálico detrás de mí y el guardia gritó: «¡Luces!». Y fue entonces cuando pensé: *Oh, mierda. Esto es real.*

Los guardias me habían dado una colchoneta y una manta rasposa. Las desplegué en el suelo de cemento y traté de ponerme cómodo. Todos los bodrios sobre la cárcel que había visto en el cine se reproducían en mi cabeza. Pensaba: *me van a violar, me van a violar, me van a violar.* Pero no me violaron, porque no estaba en prisión, estaba en una comisaría, y hay una diferencia muy grande que pronto entendería.

A la mañana siguiente me desperté con la sensación efímera de que todo había sido un sueño. Luego miré a mi alrededor y me acordé de que no. Me trajeron el desayuno, y después me preparé para esperar.

Un día en el calabozo consiste principalmente en silencio interrumpido por los momentos esporádicos en los que vienen los guardias y se ponen a pasar lista y a soltarte improperios. Dentro de la celda nadie dice nada. Nadie entra en un calabozo y dice: «¡Hola, muchachos! ¡Me llamo Brian!». Porque todo el mundo tiene miedo y nadie quiere parecer vulnerable. Nadie quiere ser objeto de abusos. Nadie quiere que lo maten. Yo no quería que nadie supiera que era un niño que estaba allí dentro por una infracción de tráfico, de manera que traté de recordar todas mis ideas estereotipadas de cómo se comportaba la gente en la cárcel y empecé a comportarme así.

En Sudáfrica todo el mundo sabe que los gánsteres más despiadados y salvajes son los de color. Es un estereotipo que te inculcan toda tu vida. Las bandas de color más famosas son las Bandas de los Números: la 26, la 27, la 28. Controlan las prisiones y se los conoce por ser brutalmente violentos, por mutilar, torturar, violar y decapitar. Y no lo hacen para ganar dinero, sino básicamente para demostrar lo despiadados y salvajes que son, igual que pasa en Estados Unidos con los cárteles mexicanos. De hecho, muchas de esas bandas basan sus métodos en esas mismas bandas mexicanas. Tienen incluso la misma pinta: las zapatillas Converse All Star, los pantalones Dickies y la camisa abierta.

Para cuando llegué a la adolescencia, cada vez que la poli o un guardia de seguridad se fijaban en mí, no era porque yo fuera negro, sino porque era de color. Una vez fui a una discoteca con mi primo y un amigo suyo. El portero registró a Mlungisi y lo dejó entrar. Luego registró a nuestro amigo y lo dejó entrar. Luego me registró a mí y me plantó cara.

—¿Dónde tienes la navaja?

—No llevo navaja.

—Sé que la llevas en alguna parte. ¿Dónde está?

Me registró y me volvió a registrar hasta que por fin se rindió y me dejó entrar, echándome un vistazo como si yo fuera un mala pieza:

—¡Que no me entere de que has hecho *nada*! ¿Me oyes?

Yo supuse que, si me veían en un calabozo, los demás simplemente darían por sentado que yo era una de esas personas de color que terminan en la cárcel, un criminal violento. De forma que lo exageré. Interpreté un personaje, uno estereotipado. Cada vez que los policías me preguntaban algo, yo me ponía a hablar en un afrikaans macarrónico con un fuerte acento de persona de color. Imagínense a un blanco en Estados Unidos, lo bastante moreno como para pasar por latino, paseándose por la cárcel y repitiendo diálogos de películas malas de gánsteres mexicanos. «'To se va a poner muy loco, güey». Pues eso básicamente estaba haciendo yo; la versión sudafricana de eso. Ese era mi plan brillante para sobrevivir a mi encarcelamiento. Pero funcionó. Los tipos que compartían celda conmigo estaban allí por conducir borrachos, por violencia doméstica y por hurto. No tenían ni idea de cómo eran los gánsteres de color de verdad. Así que me dejaron en paz.

Todos estábamos jugando un juego, pero nadie era consciente de estar jugando. Cuando entré en el calabozo aquella primera noche, todo el mundo se me quedó mirando con cara de: «Soy peligroso. No te metas conmigo». Así que yo pensé: «Mierda, estos tipos son criminales de los duros. Yo no debería estar aquí porque no soy un criminal». Al día siguiente todo se movió muy deprisa. Uno a uno, aquellos tipos fueron subiendo a sus lecturas de cargos, yo me quedé esperando a mi abogado y empezó a aparecer gente nueva. Ahora yo era el veterano, el que montaba el numerito de gánster de color y miraba a los nuevos con cara de «Soy peligroso. No te metas conmigo». Y ellos me miraban a mí y pensaban: «Coño, este es un criminal de los duros. Yo no tendría que estar aquí porque no soy como él». Y vuelta a empezar. En un momento dado se me ocurrió que quizás hasta el último tipo de la celda estuviera haciendo teatro; que en realidad todos éramos gente buena de barrios respetables y buenas familias, a quienes habían detenido por no pagar multas de estacionamiento e infracciones parecidas. Podríamos estar todos pasándolo en grande comiendo juntos, jugando a las cartas y hablando de mujeres y de fútbol. Pero eso no iba a pasar porque todo el mundo había adoptado aquella pose de tipo peligroso, y nadie hablaba porque todo el mundo tenía miedo de aquellos personajes que los demás fingían ser. Y después aquellos tipos saldrían del calabozo, se volverían a sus casas con sus familias y les dirían: «Oh, cielo, ha sido durísimo. Allí dentro había criminales de verdad. Había un tipo de color... Un asesino total».

En cuanto capté de qué iba el juego me tranquilicé. Pensé otra vez: *Lo tengo bajo control. No pasa nada.* La comida no estaba mal. Para desayunar nos trajeron unos sándwiches de mantequilla de maní con las rebanadas de pan muy gruesas. De almuerzo, pollo con arroz. El té estaba demasiado caliente y era más agua que té, pero se podía beber. Había reclusos más antiguos y próximos a la libertad condicional cuya tarea era venir a limpiarnos las celdas y repartir libros y revistas para que pudiéramos leer. Era todo bastante relajante.

Hubo un punto, durante una de las comidas, en que me dije a mí mismo: *Esto no está tan mal. Estoy aquí matando el rato con unos cuantos tipos. No hay tareas que hacer. No hay facturas que pagar. No hay nadie tocándome las pelotas todo el tiempo y diciéndome qué tengo que hacer. Y los sándwiches de mantequilla de maní... Carajo, pero si yo me paso el día comiendo sándwiches de mantequilla de maní. Esto está muy bien. Lo puedo aguantar per-*

fectamente. Me daba tanto miedo la paliza que me esperaba en casa que me estaba planteando muy en serio ir a prisión. Por un momento pensé que tenía un plan. «Iré a la cárcel un par de años, volveré, diré que he estado secuestrado y mi madre nunca se enterará de la verdad; simplemente se alegrará de verme».

El tercer día, la policía trajo al tipo más grande que yo había visto en mi vida. Era *gigantesco*. Unos músculos colosales. Piel oscura. Cara curtida. Parecía ser capaz de matarnos a todos. En cuanto entró aquel tipo, tanto yo como el resto de los reclusos que habíamos estado haciéndonos los duros delante de los demás entendimos que se nos había acabado nuestro numerito de chicos malos. Todo el mundo se quedó aterrado. Todos nos quedamos mirándolo. «Oh, mierda...».

Por la razón que fuera, aquel tipo estaba medio desnudo cuando lo agarró la policía. La ropa que llevaba se la habían prestado en comisaría, una camiseta de tirantes rota que le iba pequeña y unos pantalones que le quedaban tan cortos que parecían piratas. Era una especie de versión negra del Increíble Hulk.

El tipo fue a sentarse solo en una esquina. Nadie dijo palabra. Todo el mundo se limitó a mirarlo y a esperar nerviosamente a ver qué hacía. Luego uno de los policías volvió y llamó a Hulk; necesitaban información de él. El policía se puso a hacerle preguntas, pero el tipo se limitó a negar con la cabeza y a decir que no entendía. El policía estaba hablando zulú. Hulk estaba hablando tsonga. Los dos eran negros, pero ninguno de ellos entendía al otro: la Torre de Babel. En Sudáfrica hay poca gente que hable tsonga, pero como mi padrastro era tsonga yo lo había aprendido sobre la marcha. Oí al policía y al otro tipo intentando comunicarse sin éxito, de forma que intervine y traduje y lo arreglé todo.

Nelson Mandela dijo una vez: «Si hablas con un hombre en un idioma que él entienda, eso le va a la cabeza. Pero si hablas con él en su idioma, eso le va al corazón». Y qué razón tenía. Cuando haces el esfuerzo de hablar el idioma de otra persona, por mucho que solo sean frases básicas sueltas, lo que les estás diciendo es: «Entiendo que tienes una cultura y una identidad que existen fuera de mí. Te veo como a un ser humano».

Y eso es exactamente lo que pasó con Hulk. En cuanto me dirigí a él, aquella cara que había parecido tan amenazadora y cruel se iluminó de agradecimiento. *Ah, na khensa, na khensa, na khensa. Hi wena mani? Mufana wa mukhaladi u xitiela kwini xiTsonga? U huma kwini?* «Oh, gracias, gracias, gracias. ¿Quién eres tú? ¿Cómo es que un tipo de color sabe tsonga? ¿De dónde eres?». En cuanto nos pusimos a hablar, me di cuenta de que no era Hulk para nada. Era un hombre asombrosamente dulce, un gigante amable, el osito de peluche más grande del mundo. Era un tipo simple, sin educación. Yo había dado por sentado que lo habían detenido por asesinato, por matar a una familia entera aplastándola con las manos desnudas, pero no era el caso ni mucho menos. Lo habían detenido por robar juegos de PlayStation. Se había quedado sin trabajo y necesitaba dinero para mandárselo a su familia en la reserva, y cuando había visto por cuánto dinero se vendían aquellos juegos, se le había ocurrido robar unos cuantos y vendérselos a los chicos blancos por un montón de plata. En cuanto me contó aquello, entendí que no era un criminal curtido. Yo conocía el mundo de la piratería; los videojuegos robados no tienen valor porque es más barato y menos peligroso copiarlos, como hacían los padres de Bolo.

Intenté ayudarlo un poco. Le conté el truco de retrasar la lectura de cargos para tratar de organizar tu defensa, de forma que él también se quedó en la celda, ganando tiempo, y los dos hicimos migas y estuvimos unos días juntos, pasándolo bien y conociéndonos mejor. En la celda nadie sabía qué pensar de nosotros, el implacable gánster de color y su amenazador amigo Hulk. Él me contó su historia, una historia genuinamente sudafricana que a mí me resultaba de sobra conocida: había crecido en el *apartheid* y trabajado en una granja, como parte de lo que era esencialmente un contingente de esclavos. Era un infierno en vida, pero al menos era algo. Le pagaban una miseria, pero al menos le pagaban. No había un minuto de su vida en que no le dijeran dónde tenía que estar y qué tenía que hacer. Luego se terminó el *apartheid* y de pronto ya no tuvo ni eso. Se marchó a Johannesburgo en busca de trabajo para poder dar de comer a sus hijos en el campo. Pero estaba perdido. No tenía educación. No tenía oficio. No sabía qué hacer y no sabía adónde ir. El mundo había aprendido a tenerle miedo a él, pero en realidad era él quien tenía miedo del mundo, porque no tenía ninguna de las herramientas que hacen falta para lidiar con él. Así pues, ¿qué había hecho? Robar cosas. Se había convertido en raterillo. Se pasaba la mitad de su vida en el calabozo. Había tenido suerte y había encontrado trabajo en la construcción, pero luego lo habían despedido, y al cabo de unos días estaba en una tienda, había visto unos juegos de PlayStation y los había cogido, pero ni siquiera sabía lo suficiente para darse cuenta de que había robado algo sin valor.

Me dio una lástima terrible. Cuanto más tiempo pasaba yo en la cárcel, más me daba cuenta de que la ley no es racional en absoluto. Es una lotería. ¿De qué color es tu piel? ¿Cuánto dinero tienes? ¿Quién es tu abogado? ¿Qué juez te ha tocado? Robar juegos de PlayStation era un delito menos grave que conducir con matrícula falsa. Él había cometido un crimen, sí, pero no era más criminal que yo. La diferencia era que él no tenía familia ni amigos que lo pudieran ayudar. Lo único que se podía permitir era un abogado de oficio. Iba a plantarse en el banquillo de los acusados, sin hablar ni entender inglés, y el tribunal entero iba a pensar lo peor de él. Pasaría una temporada en prisión y después saldría a la calle con lo mismo que tenía al entrar: nada. Yo calculaba que tendría unos treinta y cinco o cuarenta años y que le esperaban otros treinta y cinco o cuarenta de lo mismo.

Llegó el día de mi lectura de cargos. Me despedí de mi nuevo amigo y le deseé lo mejor. Luego me esposaron y me llevaron en carro a los juzgados para hacer frente a mi destino. En los juzgados de Sudáfrica, a fin de reducir tu tiempo de exposición al público y tus oportunidades de fuga, el calabozo donde esperas la lectura de cargos es una gigantesca celda común situada debajo de la sala del tribunal; en vez de ser escoltado por los pasillos, subes unas escaleras que llevan directamente al banquillo de los acusados. Lo que pasa en la celda común es que estás con la gente que lleva semanas y meses esperando el juicio en prisión. Es una mezcla rara: hay desde delincuentes de guante blanco hasta tipos a los que han detenido por saltarse un semáforo, pasando por criminales de verdad y cubiertos de tatuajes carcelarios. Es como la escena de la cantina de *Star Wars*, cuando toca la banda de músicos y Han Solo se queda en un rincón, y allí están todos los maleantes y cazarecompensas del universo: un siniestro hervidero de escoria y villanos, con la diferencia de que nosotros no teníamos música ni tampoco a Han Solo.

Solamente pasé con aquella gente un lapso de tiempo muy breve, pero me bastó para ver la diferencia entre el calabozo y la prisión. Vi la diferencia entre los criminales y la gente que había cometido un crimen. Vi las caras crueles y curtidas. Me acordé de lo ingenuo que había sido yo hacía apenas unas horas, cuando había creído que la cárcel no estaba tan mal y que la podría aguantar sin problemas. Ahora estaba muerto de miedo por lo que pudiera pasarme.

Al entrar en aquella celda común yo era un jovenzuelo imberbe y de piel suave. Por entonces llevaba un afro enorme, y la única forma de controlarlo era recogérmelo en una especie de coleta que me daba un aspecto muy de chica. Me parecía a Maxwell. Los guardias cerraron la puerta y un viejo de pinta siniestra gritó en zulú desde el fondo de la celda: *Ha, ha, ha. Hhe madoda! Angikaze ngibone indoda enhle kangaka! Sizoba nobusuku obuhle!.* «Eh, eh, eh. Carajo, colegas. En la vida he visto a un tipo con tanta pinta de niña. ¡Esta noche lo vamos a pasar bien!».

Mieeeeeeeeeerda.

Pasé junto a un tipo que estaba teniendo una crisis nerviosa total: hablaba solo y lloraba como una magdalena. Levantó la vista, me miró a los ojos y debió de verme pinta de espíritu afín con el que poder hablar. Vino directamente a mí y se puso a contarme lloriqueando que lo habían detenido y metido en prisión y que las bandas le habían robado la ropa y los zapatos y le habían pegado palizas y violado a diario. No era ningún rufián. Era un tipo culto que hablaba bien. Llevaba un año esperando para ir a juicio; quería suicidarse. Aquel tipo me dejó aterrado.

Eché un vistazo a la celda común. Debía de haber fácilmente un centenar de tipos, desplegados y aglutinados en grupos raciales clara e inconfundiblemente definidos: un montón de tipos negros en un rincón, los de color en otro, un par de indios solos y un puñado de blancos a un lado. Nada más entrar allí, los tipos que habían venido conmigo en el furgón policial se fueron con los grupos a los que pertenecían y yo me quedé paralizado.

No sabía dónde colocarme.

Miré el rincón de la gente de color. Tenía enfrente a la banda carcelaria más famosa y violenta de Sudáfrica. Me parecía a ellos, sí, pero no era ellos. No podía plantarme allí con mi rollo de gánster falso y exponerme a que descubrieran que yo era un farsante. No, no, no. Se terminó el juego, amigo mío. Lo último que necesitaba era a una pandilla de gánsteres de color en mi contra. Pero ¿qué pasaría si me iba al rincón de los negros? Yo sé que soy negro y que me identifico como negro, pero la verdad es que por fuera no lo parezco, así pues, ¿acaso los negros entenderían por qué estaba yendo con ellos? ¿Y qué clase de mierda se iba a armar? Porque el hecho de ir al rincón de los negros cuando todos te veían como persona de color podía molestar a las bandas de color todavía más que el hecho de ir a la esquina de la gente de color siendo una persona de color falsa. Era lo que me había pasado toda mi vida. La gente de color me veía con los negros y se enfrentaba conmigo y quería pelear conmigo. Me imaginé a mí mismo empezando una guerra racial en la celda.

—¡Eh! ¿Qué haces tú con los negros?

—Es que soy negro.

—No, señor. Eres de color.

—Ah, ya. Sé que puede parecer eso, amigo mío, pero permítame que se lo explique. Es una historia bastante graciosa, fíjese. Mi padre es blanco y mi madre es negra y la raza es un constructo social, de forma que...

No iba a funcionar. Allí no.

Todo esto me pasó por la cabeza en un solo instante, a vuelapluma. Empecé a hacer cálculos descabellados, a mirar a la gente, escrutar la celda y valorar las posibilidades. *Si me pongo aquí pasará esto. Si voy allá pasará lo otro.* Mi vida entera pasó frente a mis ojos: el patio de la escuela, las tiendas *spaza* de Soweto, las calles de Eden Park, todos los momentos y lugares en los que había tenido que ser un camaleón, moviéndome entre grupos distintos y explicando quién era. Era igual que la cafetería del instituto, con la diferencia de que era la cafetería de un instituto del infierno, porque si elegía la mesa que no debía me podían dar una paliza, apuñalar o violar. No había estado tan asustado en mi vida. Aun así, tenía que decidirme por un grupo. Porque el racismo existe y hay que elegir bando. Puedes decir que tú no eliges bando, pero al final la vida te obligará a elegirlo.

Y aquel día elegí a los blancos. Simplemente no tenían pinta de poder hacerme daño. Eran un puñado de blancos de mediana edad y aspecto normal y corriente. Estuvimos un rato charlando. La mayoría estaba allí por delitos de guante blanco, distintas clases de estafas, fraudes y extorsión. Si alguien venía buscando líos no me servirían de nada, porque a ellos también les partirían la cara, pero tampoco me iban a hacer nada a mí. Estaba a salvo.

Por suerte el tiempo pasó bastante deprisa. Solamente estuve allí una hora antes de que me llamaran a la sala del tribunal, donde un juez o bien me dejaría marchar o bien me mandaría a prisión en espera de juicio. Cuando ya me estaba yendo, uno de los blancos se me acercó.

—Sobre todo no vuelvas aquí abajo —me dijo—. Llora delante del juez o haz lo que haga falta. Pero si subes ahí y te mandan de vuelta aquí abajo, tu vida ya no volverá a ser la misma.

En la sala del tribunal me encontré a mi abogado esperándome. También estaba mi primo Mlungisi, en la galería, listo para entregar mi fianza si la cosa me iba bien.

El secretario del tribunal leyó mi número de caso y el juez levantó la vista para mirarme.

—¿Cómo está usted? —dijo.

Yo me vine abajo. Llevaba casi una semana haciéndome el duro delante de todos y ya no pude seguir con la farsa.

—N-no estoy bien, señoría. No estoy bien.

Él pareció confundido.

—¡¿Cómo?!

—Que no estoy bien, señor —le dije—. Lo estoy pasando mal de verdad.

—¿Y eso a qué viene?

—Pues porque me ha preguntado cómo estaba.

—¿Quién se lo ha preguntado?

—Usted. Me lo acaba de preguntar.

—No he dicho «¿Cómo está usted?», he dicho «¿*Quién* es usted?». ¿Por qué iba a perder el tiempo preguntándole cómo está? Esto es la cárcel. Ya sé que aquí todo el mundo lo está pasando mal. Si le preguntara a todo el mundo cómo está, nos pasaríamos aquí todo el día. Le he preguntado quién es usted. Diga su nombre en voz alta para que conste en acta.

—Trevor Noah.

—Muy bien. Ya podemos seguir.

La sala entera se echó a reír, de forma que yo me reí también. Después me sentí aún más cohibido, porque no quería que el juez pensara que me reía porque no me lo estaba tomando en serio.

Resultó que no tenía que haberme preocupado. Todo lo que pasó a continuación duró solo unos minutos. Mi abogado ya había hablado con el fiscal y todo había sido concertado de antemano. Él presentó mi caso. Yo no tenía antecedentes. No era peligroso. La acusación no tenía objeciones. El juez me asignó fecha para el juicio, fijó mi fianza y fui libre de marcharme.

Salí de los juzgados; la luz del día me dio en la cara y dije: «Dios *bendito*, no pienso volver ahí dentro nunca más». Solamente había pasado una semana en una celda que no era tan incómoda, comiendo una comida que no estaba nada mal, pero una semana en la cárcel es mucho mucho tiempo. Una semana sin relojes y sin sol puede alargarse una eternidad. La idea de algo peor, de cumplir una condena de verdad en una prisión de verdad, no me la puedo ni imaginar.

Fui con mi primo a su casa, me duché y dormí allí, y al día siguiente me llevó a casa de mi madre. Me acerqué andando por la entrada para carros como quien no quiere la cosa. Tenía planeado decirle a mi madre que simplemente me había quedado unos días con Mlungisi. Entré en casa como si allí no hubiera pasado nada.

—¡Eh, mamá! ¿Qué tal?

Mi madre no dijo nada ni me preguntó nada. Así que pensé: *perfecto, pues, todo está bien.*

Me quedé allí la mayor parte del día. A media tarde estábamos sentados a la mesa de la cocina, hablando. Yo estaba contando una historia detrás de otra, explicándole todo lo que habíamos estado haciendo Mlungisi y yo aquella semana, y de pronto me di cuenta de que ella me estaba mirando con una cara rara y negando con la cabeza. Era una cara distinta de la que solía ponerme. No era una cara de «un día te atraparé». No era cabreo ni desaprobación. Era decepción. Estaba dolida.

—¿Qué? —le pregunté—. ¿Qué pasa?

—Muchachito —me dijo—. ¿Quién te crees que ha pagado tu fianza? ¿Quién te crees que ha pagado a tu abogado? ¿Te crees que soy idiota? ¿Pensabas que nadie me lo iba a decir?

La verdad salió de golpe. Pues claro que se había enterado: el carro. Había estado desaparecido todo aquel tiempo. Yo había estado tan enfrascado en lidiar con la cárcel y en cubrir mis huellas que me había olvidado de que la prueba de mi crimen estaba allí mismo, en el patio: el Mazda rojo que faltaba en el aparcamiento. Y por supuesto, cuando yo había llamado a mi amigo y él le había pedido a su padre el dinero para pagar el abogado, el padre le había sonsacado para qué era el dinero y, como el hombre también tenía hijos, había llamado a mi madre de inmediato. Era ella quien le había dado a mi amigo el dinero para pagar al abogado. Yo me había pasado la semana entera en el calabozo pensando que era muy listo. Pero ella lo había sabido todo desde el principio.

—Sé que me ves como a una vieja loca y cabrona que no te deja nunca en paz —me dijo—. Pero te olvidas de que la razón de que te ate tan corto y te regañe tanto es que te quiero. Todo lo que he hecho lo he hecho por amor. Si no te castigo yo, el mundo te pondrá un castigo mucho peor. El mundo no te quiere. La policía no te quiere. Cuando te pego yo, estoy intentando salvarte. Cuando te pegan ellos, te están intentando matar.

Mi comida favorita de niño —y el que sigue siendo mi postre favorito de todos los tiempos— eran las natillas con gelatina. Un sábado, mi madre estaba planeando una celebración familiar por todo lo alto y preparó un plato enorme de natillas con gelatina y lo metió en la nevera. Tenía todos los sabores: el rojo, el verde y el amarillo. No me pude aguantar. Durante todo aquel día, cada vez que pasaba por delante de la nevera, metía la cabeza dentro cuchara en mano y robaba un bocado. Era un envase gigante que tenía que durarle una semana entera a toda la familia. Y yo me lo acabé en un solo día.

Aquella noche me fui a la cama y los mosquitos me comieron vivo. A los mosquitos les encanta ponerse las botas conmigo, y de niño era peor todavía. Por las noches me dejaban seco. Me despertaba lleno de picaduras, encontrándome fatal y abrasado por los picores. Que fue justamente lo que me pasó aquella mañana de domingo. Me desperté con la panza inflada de natillas con gelatina y cubierto de picaduras de mosquito. A duras penas conseguí salir de la cama. Tenía ganas de vomitar. Y entonces entró mi madre.

—Vístete —me dijo—. Vamos a la iglesia.

—No me encuentro bien.

—Justamente por eso nos vamos a la iglesia. Es ahí donde te va a curar Jesús.

—Hum, yo creo que la cosa no funciona así.

Mi madre y yo teníamos ideas distintas de cómo funcionaba Jesús. Ella creía que tú rezabas a Jesús y entonces Jesús aparecía y hacía lo que necesitabas. Mi visión de Jesús se basaba más en la realidad.

—¿Por qué no me tomo la medicina? —le dije—. Luego rezo a Jesús y le doy gracias por habernos dado a los médicos que inventaron la medicina, porque es la medicina la que te hace encontrarte mejor, no Jesús.

—Si tienes a Jesús no te hace falta medicina. Jesús te cura. Rézale a él.

—Pero ¿la medicina no es una bendición de Jesús? Y si Jesús nos da la medicina y nosotros no nos la tomamos, ¿no estamos negándole la gracia que él nos da?

Como todos nuestros debates sobre Jesús, aquella conversación no estaba yendo a ninguna parte.

—Trevor —me dijo—, si no vas a la iglesia te vas a poner peor. Tienes suerte de haberte puesto enfermo un domingo, porque así podemos ir a la iglesia y allí podrás rezar a Jesús y él te curará.

—Suena bien, pero por qué no me quedo en casa.

—No. Vístete. Vamos a la iglesia.

18

La vida de mi madre

En cuanto me hice trenzas pegadas a la cabeza para el baile de graduación, empecé a ser objeto de atención de las chicas por primera vez en mi vida. Hasta salí con varias. A veces pensaba que era porque estaba más guapo. Otra veces pensaba que era porque a ellas les gustaba el hecho de que yo soportara tanto dolor para estar guapo. En cualquier caso, una vez encontrado el éxito, no iba a cambiar la fórmula. Seguí yendo todas las semanas a la peluquería, donde pasaba varias horas seguidas alisándome el pelo y trenzándomelo. Mi madre ponía los ojos en blanco. «No podría salir nunca con un hombre que le dedica más tiempo que yo a su pelo», me decía.

De lunes a sábado mi madre trabajaba en la oficina y luego se entretenía en su jardín vestida como una persona sin techo. El domingo por la mañana, en cambio, se peinaba para ir a la iglesia, se ponía un vestido bonito y tacones altos y estaba espectacular. En cuanto terminaba de arreglarse, no podía resistir la tentación de meterse conmigo y lanzarme pequeñas puyas como las que siempre nos estábamos lanzando:

—¿Quién es la más guapa de la familia ahora, eh? Espero que hayas disfrutado de ser el guaperas entre semana, porque hoy la reina ha vuelto, nene. Tú necesitas cuatro horas de peluquería para estar así. Yo solo una ducha.

Mi madre solamente quería divertirse un rato conmigo; ningún hijo quiere hablar de lo buena que está su madre. Porque, la verdad sea dicha, era preciosa. Preciosa por fuera y preciosa por dentro. Tenía una confianza en sí misma que yo jamás poseí. Hasta cuando trabajaba en el jardín, con un mono de faena y cubierta de barro, se veía lo atractiva que era.

Me imagino que mi madre debió de romper bastantes corazones en su época, pero desde que yo nací, no hubo más que dos hombres en su vida: mi padre y mi padrastro. En la misma esquina de la casa de mi padre en Yeoville había un taller mecánico llamado Mighty Mechanics. Nuestro Volkswagen siempre se estaba averiando y era allí donde lo llevaba mi madre para repararlo. En aquel taller conocimos a un tipo fantástico, Abel, uno de los mecánicos. Yo lo veía siempre que íbamos a recoger el carro. El carro se averiaba mucho, de forma que también íbamos allí mucho. Al final me daba la sensación de que estábamos en el taller incluso cuando al carro no le pasaba nada. Yo tenía unos seis o siete años. No entendía todo lo que estaba pasando. Solo que de pronto aquel tipo estaba en mi vida. Era alto, larguirucho y delgado pero fuerte. Tenía unos brazos muy largos y unas manos grandes. Podía levantar motores de carro y cajas de cambios. Era apuesto, aunque no guapo. A mi madre le gustaba eso de él; solía decir que había un tipo de hombre feo que a las mujeres les resultaba atractivo. Ella lo llamaba Abie. Él la llamaba Mbuyi, diminutivo de Nombuyiselo.

A mí Abie también me caía bien. Era encantador y muy gracioso y tenía una sonrisa fácil y amable. Le gustaba ayudar a la gente, sobre todo a la gente en dificultades. Si a alguien se le estropeaba el carro en la autopista, él paraba para ver si podía hacer algo. Si alguien gritaba «¡Alto, ladrón!», era él quien echaba a correr para perseguir al maleante. ¿La señora mayor de la puerta de al lado necesitaba ayuda para mover unas cajas? Allí estaba él. Le gustaba caer bien a la gente, lo cual provocó que sus malos tratos fueran más difíciles de soportar. Porque si tú piensas que alguien es un monstruo, pero el mundo entero dice que es un santo, empiezas a creer que la mala persona eres tú. «*Debe de ser culpa mía que esté pasando esto*» es la única conclusión que puedes sacar, porque, si no, ¿cómo es que tú eres el único objeto de su cólera?

Abel siempre se portaba bien conmigo. No intentaba ser mi padre, y además mi padre seguía presente en mi vida, o sea que yo tampoco buscaba a nadie que lo sustituyera. *Es el amigo divertido de mi madre*, eso pensaba yo. Empezó a quedarse a dormir algunas noches con nosotros en Eden Park. Había otras noches que nos pedía que nos quedáramos con él en el garaje de Orange Grove donde vivía, y lo hacíamos. Luego yo quemé la casa de los blancos y él se quedó en la calle. A partir de entonces vivimos todos juntos en Eden Park.

Una noche, mi madre y yo estábamos en un encuentro de oración y ella me llevó aparte.

—Eh —me dijo—. Quiero decirte una cosa. Abel y yo nos vamos a casar.

Por puro instinto, y sin pensar siquiera, le dije:

—No me parece buena idea.

Yo no estaba enfadado ni nada. Simplemente aquello me daba mala espina; intuía algo. Ya lo había notado incluso antes del episodio de la morera. Aquella noche no habían cambiado mis sentimientos por Abel: lo sucedido únicamente me había demostrado de primera mano lo que era capaz de hacer.

—Entiendo que es duro —me dijo ella—. Entiendo que no quieras un padre nuevo.

—No —le dije yo—. No es eso. Abel me cae bien. Me cae muy bien. Pero no deberías casarte con él. —Por entonces yo no conocía la palabra «siniestro», pero de haberla conocido seguramente la habría usado—. Hay algo en él que falla. No confío en él. No me parece buena persona.

A mí nunca me había parecido mal que mi madre saliera con aquel tipo, pero nunca me había planteado la posibilidad de que se convirtiera en un añadido permanente a mi familia. Me lo pasaba bien con Abel por el mismo motivo que me lo había pasado bien jugando con un cachorro de tigre en mi primera visita a un santuario de tigres: me gustaba, me divertía con él, pero nunca se me hubiera ocurrido llevármelo a casa.

En caso de que nos surgieran dudas sobre Abel, teníamos la verdad delante, en su nombre. Era Abel, el buen hermano, el buen hijo, un nombre sacado directamente de la Biblia. Y estaba a la altura de aquel nombre. Era el primogénito, un hijo diligente que cuidaba de su madre y de sus hermanos. Era el orgullo de su familia.

Pero Abel era su nombre inglés. Su nombre en tsonga era Ngisaveni. Que significa «ten miedo».

Mi madre y Abel se casaron. No hubo ni ceremonia ni intercambio de anillos. Fueron a firmar los papeles y ya está. Al cabo de un año aproximadamente nació mi hermano pequeño, Andrew. Solo recuerdo vagamente que mi madre se marchó unos días y que a su regreso de pronto había una cosa en casa que lloraba, cagaba y comía. Pero cuando eres nueve años mayor que tu hermano, su llegada no altera demasiado las cosas para ti. Yo no tenía que cambiar pañales; me dedicaba a jugar a las máquinas de videojuegos de la tienda y a correr por el barrio.

El principal acontecimiento que señaló para mí el nacimiento de Andrew fue nuestro primer viaje para conocer a la familia de Abel en Navidad. Vivían en Tzaneen, un pueblo de Gazankulu, lo que había sido reserva tsonga durante el *apartheid*. Tzaneen tiene clima tropical, caluroso y húmedo. Las granjas cercanas de los blancos cultivan una fruta increíble: mangos, lichis y los plátanos más hermosos que uno pueda imaginar. Es de ahí de donde viene toda la fruta que exportamos a Europa. Pero en las tierras de los negros, a unos veinte minutos de allí, el suelo ha quedado diezmado por los años de exceso de cultivo y de pastos. La madre de Abel y sus hermanas eran todas madres y amas de casa tradicionales, y su hermano pequeño, policía, era el que mantenía a la familia. Eran todos muy amables y generosos y nos aceptaron de inmediato en su familia.

Tal como descubrí en aquellos días, la cultura tsonga es extremadamente patriarcal. Hablamos de un mundo en el que las mujeres tienen que hacer una reverencia cuando saludan a un hombre. Hombres y mujeres interactúan muy poco. Los hombres sacrifican a los animales y las mujeres cocinan. Como tenía nueve años, esto me parecía fantástico. No me dejaban hacer nada. En casa mi madre siempre me estaba obligando a hacer tareas —fregar los platos, barrer la casa—, pero cuando intentaba que las hiciera en Tzanee, las mujeres no me dejaban.

—Trevor, hazte la cama —me decía mi madre.

—No, no, no, no —protestaba la madre de Abel—. Trevor tiene que salir a jugar.

Y me hacían salir corriendo a divertirme mientras mis primas políticas tenían que limpiar la casa y ayudar a las mujeres a cocinar. Yo estaba en el cielo.

Mi madre odió a muerte cada instante de aquella visita. Para Abel, el primogénito que estaba llevando a casa a su primogénito, aquel viaje era muy importante. En las reservas, el primogénito prácticamente se convierte en el padre | marido por defecto, porque el padre está en la ciudad trabajando. El primogénito es el hombre de la casa. Es quien cría a sus hermanos y hermanas. Su madre lo trata con cierto grado de respeto en calidad de sustituto del padre. Y como aquel era el gran regreso a casa de Abel con Andrew, él esperaba que mi madre también desempeñara su papel tradicional. Pero ella se negó.

Las mujeres de Tzaneen tenían muchísimas labores que hacer durante el día. Preparaban el desayuno, el té, el almuerzo, lavaban la ropa y limpiaban la casa. Los hombres se pasaban todo el año en la ciudad para mantener a la familia, de forma que cuando iban allí estaban más o menos de vacaciones. No tenían nada que hacer y las mujeres les servían. Como mucho sacrificaban una cabra o algo parecido, desempeñaban las tareas viriles que hicieran falta, y luego se iban a alguna zona solo para hombres para pasar el rato y beber mientras las mujeres cocinaban y limpiaban. Pero mi madre también se había pasado el año entero trabajando en la ciudad, y Patricia Noah no se quedaba metida en la cocina de nadie. Era un espíritu libre. Así que insistía en caminar hasta el pueblo, ir a los sitios a los que iban los hombres y hablar con ellos de igual a igual.

A mi madre le resultaba absurda la tradición de que las mujeres les hicieran reverencias a los hombres. Pero no se negaba a seguirla. Al contrario, incluso la exageraba. La convertía en una burla. Las demás mujeres se inclinaban ante los hombres con una pequeña genuflexión educada. Mi madre se postraba en el suelo, humillándose como si estuviera venerando a una deidad, y se quedaba así un rato largo, pero *muy* largo, lo bastante como para incomodar a todo el mundo. Así era mi madre. No te enfrentes al sistema, búrlate de él. Abel sintió que su mujer no lo respetaba. Todos los demás hombres tenían esposas dóciles del pueblo, y de pronto llegaba él con una mujer moderna, y encima xhosa, una cultura conocida por sus mujeres particularmente deslenguadas y promiscuas. Los dos se pasaron todo el tiempo que estuvimos allí discutiendo y peleando, y después de aquel primer viaje mi madre se negó a volver nunca más.

Hasta aquel momento de mi vida, yo había vivido en un mundo gobernado por mujeres, pero después de que mi madre y Abel se casaran, y sobre todo después de que naciera Andrew, vi claramente que él intentaba imponerse e imponer sus ideas de cómo tenía que ser su familia. Una cosa que quedó clara de entrada era que en su concepción no había sitio para mí. Yo le recordaba que mi madre había tenido una vida antes de conocerlo a él. Yo ni siquiera era del mismo color que él. Su familia la formaban él, mi madre y el bebé. Mi familia éramos mi madre y yo. En realidad, yo se lo agradecía. A veces era mi amigo y otras veces no, pero nunca fingía que nuestra relación fuera nada distinto de lo que era. Hacíamos chistes y nos reíamos juntos. Veíamos juntos la televisión. De vez en cuando él me pasaba un poco de dinero después de que mi madre me dijera que ya tenía bastante. Pero nunca me hacía regalos de cumpleaños ni por Navidad. Nunca me dio el afecto de un padre. Nunca fui su hijo.

La presencia de Abel en casa trajo reglas nuevas. Una de las primeras cosas que hizo fue echar a Fufi y a Pantera.

—Nada de perros en casa.

—Pero siempre hemos tenido perros en casa.

—Pues ya no. En las casas africanas los perros duermen fuera y la gente duerme dentro.

Sacar a los perros al patio era la forma que tenía Abel de decir: «A partir de ahora vamos a hacer las cosas como Dios manda». Cuando solamente salían juntos, mi madre todavía era un espíritu libre que hacía lo que quería e iba adonde quería. Poco a poco, Abel fue poniendo freno a aquellas cosas. Yo sentía que estaba intentando limitar nuestra independencia. Hasta se enfadaba porque fuésemos a la iglesia.

—No te puedes pasar el día en la iglesia —le decía a mi madre—. ¿Qué va a decir la gente si mi mujer se pasa el día fuera? ¿Por qué tu mujer no está en casa? ¿Dónde está? ¿Y quién se pasa el día entero en la iglesia? No, no, no. Esto es una falta de respeto hacia mí.

Así que intentó impedir que mi madre pasara tanto tiempo en la iglesia, y una de las herramientas más eficaces para conseguirlo fue dejar de repararle el carro. El carro se averiaba y él lo dejaba allí tirado deliberadamente. Mi madre no tenía dinero para comprarse otro carro y tampoco podía llevarlo a arreglar a otra parte. ¿Estás casada con un mecánico y vas a que te arregle el carro otro? Eso es peor que ser infiel. De forma que Abel se convirtió en nuestro único medio de transporte y se negaba a llevarnos a los sitios. Desafiante como siempre, mi madre tomaba autobuses para ir a la iglesia.

Perder el carro también comportó perder el acceso a mi padre. Nos veíamos obligados a pedirle a Abel que nos llevara a la ciudad, y a él no le gustaban nuestras razones para ir. Eran un insulto a su hombría.

—Tenemos que ir a Yeoville.

—¿Para qué quieren ir a Yeoville?

—Para ver al padre de Trevor.

—¿Qué? Ni hablar. ¿Cómo voy a llevar a mi mujer y a su hijo y dejarlos allí? Me estás insultando. ¿Qué les digo a mis amigos? ¿Qué le digo a mi familia? ¿Que mi mujer está en casa de otro hombre? ¿Del hombre que le hizo un hijo? No, no, no.

Empecé a ver cada vez menos a mi padre. Poco después se mudó a Ciudad del Cabo.

Abel quería un matrimonio tradicional con una esposa tradicional. Yo me pasé mucho tiempo preguntándome por qué se había casado entonces con una mujer como mi madre, si ella era lo contrario de una esposa tradicional en todos los sentidos. Si él quería una mujer que le hiciera reverencias, en Tzaneen había montones de chicas criadas exclusivamente con ese fin. Por lo que explicaba siempre mi madre, el hombre tradicional quiere que su mujer sea sumisa, pero nunca se enamora de mujeres sumisas. Le atraen las mujeres independientes.

—Es como un coleccionista de aves exóticas —decía—. Solamente quiere mujeres libres porque sueña con meterlas en jaulas.

Cuando lo conocimos, Abel fumaba un montón de hierba. También bebía, pero sobre todo fumaba hierba. Cuando me acuerdo de aquello, casi echo de menos su época de fumeta, porque la hierba lo apaciguaba. Fumaba, se relajaba, veía la tele y se quedaba dormido. Creo que él inconscientemente sabía que tenía que hacer aquello para templar su mal genio. Pero dejó de fumar al casarse. Mi madre lo obligó a dejarlo porque el cuerpo es un templo y tal y cual. Pero lo que nadie esperaba era que fuera a cambiar el hábito de fumar por el alcohol. Empezó a beber cada vez más. Nunca volvía sobrio del trabajo. En un día normal se bebía un paquete de seis cervezas al salir del taller. Por las noches, entre semana, siempre iba achispado. Y había viernes y sábados en los que no volvía a casa.

Cuando Abel bebía, los ojos se le ponían rojos, inyectados de sangre. Esa era la pista que yo aprendí a detectar. Abel siempre me recordó a una cobra: tranquilo y perfectamente quieto pero explosivo. No soltaba diatribas ni despotricaba ni cerraba los puños. Se quedaba muy callado y de pronto la violencia salía de la nada. Los ojos eran el único aviso de que no tenía que acercarme a él. Tenía los ojos del diablo.

Una madrugada nos despertamos con la casa llena de humo. Al acostarnos, Abel todavía no había llegado a casa, y yo me había quedado dormido en el cuarto de mi madre con ella y con Andrew, que todavía era un bebé. Me despertó de golpe mi madre, zarandeándome y gritando: «¡*Trevor, Trevor!*». Había humo por todas partes. Pensamos que se estaba quemando la casa.

Mi madre salió corriendo por el pasillo hacia la cocina y se la encontró en llamas. Abel había vuelto a casa borracho como una cuba, más borracho de lo que lo habíamos visto nunca. Le había entrado el hambre, se había puesto a calentarse algo para comer y se había quedado dormido en el sofá mientras se calentaba. La olla se había quemado, había quemado la pared de detrás de la cocina y la casa entera se había llenado de humo. Mi madre apagó el fogón y abrió las puertas y las ventanas para intentar ventilarlo todo. Luego fue hasta el sofá, despertó a Abel y empezó a regañarlo por haber estado a punto de quemar la casa. Él estaba tan borracho que ni le importó.

Mi madre volvió al dormitorio, cogió el teléfono y llamó a mi abuela. Empezó a despotricar sobre Abel y su adicción a la bebida.

—Este hombre nos va a matar a todos. Ha estado a punto de quemar la casa...

Abel entró en el dormitorio, muy tranquilo y callado. Tenía los ojos completamente rojos y los párpados caídos. Presionó el botón del teléfono y cortó la llamada. Mi madre perdió los papeles.

—¡Cómo te atreves! ¡No me cortes la llamada! ¡¿Qué crees que estás haciendo?!

—Tú a la gente no le cuentas lo que pasa en esta casa —dijo él.

—¡Oh, por favor! ¿Te preocupa lo que piense la gente? ¡Preocúpate de *esta* gente! ¡Preocúpate de lo que piensa tu familia!

Abel se plantó amenazadoramente frente a mi madre. No levantó la voz ni se mostró furioso.

—Mbuyi —le dijo en voz baja—. No me respetas.

—¿Que no te respeto? ¡Has estado a punto de quemar la casa! ¿No te respeto? ¡Oh, por favor! ¡Gánate el respeto! ¡Si quieres que te respete como hombre, actúa como un hombre! Te dedicas a beberte el dinero en las calles, ¡¿y dónde están los pañales de tu bebé?! ¡¿Respeto?! ¡Gánate el respeto...!

—Mbuyi...

—No eres un hombre, eres un niño...

—Mbuyi...

—No puedo estar casada con un niño...

—Mbuyi...

—Ya tengo dos niños a los que criar...

—Mbuyi, cállate...

—Un hombre que llega a casa borracho...

—Mbuyi, cállate...

—Y quema la casa con sus hijos dentro...

—Mbuyi, cállate...

—Y te haces llamar padre...

Y de improviso, como un trueno sin nubes en el cielo, ¡*paf!*, le arreó un golpe en toda la cara. Mi madre rebotó contra la pared y se desplomó como un saco de papas. Yo nunca había visto nada parecido. Cayó al suelo y se quedó medio minuto largo allí. Andrew se puso a chillar. No recuerdo haber ido a cogerlo, pero sí me acuerdo claramente de que en un momento dado yo lo tenía en brazos. Mi madre recobró la compostura, se puso de pie como pudo y se le echó encima. Era obvio que se había llevado un golpe tremendo, pero intentó hacer ver que estaba más entera de lo que realmente estaba. Yo vi el gesto de incredulidad en la cara de mi madre. Era la primera vez que le pasaba algo así en su vida. Pero aun así plantó cara a Abel y se puso a gritarle en las narices.

—¿Me acabas de pegar?

Y durante todo ese rato, en mi cabeza, yo no paraba de repetir lo mismo que había dicho Abel: *Cállate, mamá, cállate. Lo vas a empeorar todo.* Porque sabía, por haber sido objeto de muchas palizas, que lo único que no ayuda es plantar cara. Pero ella no se callaba.

—¿Me acabas de pegar?

—Mbuyi, te he dicho...

—¡Ningún hombre me ha pegado nunca! No te creas que me puedes controlar cuando ni siquiera puedes controlar...

¡*Paf*! Él la volvió a golpear. Ella salió dando tumbos hacia atrás, pero esta vez no se cayó. Recuperó el equilibrio, me cogió a mí y cogió a Andrew.

—Vámonos. Nos marchamos.

Salimos corriendo de casa y nos alejamos por la calle. Era de madrugada y hacía frío. Yo no llevaba nada más que una camiseta y unos pantalones deportivos. Caminamos hasta la comisaría de Eden Park, que estaba a un kilómetro. Mi madre nos hizo entrar y en el mostrador de admisiones nos encontramos a dos policías.

—He venido a poner una denuncia —dijo ella.

—¿Por qué es la denuncia?

—He venido a poner una denuncia contra el hombre que me ha pegado.

Nunca en la vida olvidaré la forma paternalista y condescendiente en que hablaron con ella.

—Tranquilícese, señora. Tranquilícese. ¿Quién le ha pegado?

—Mi marido.

—¿Su marido? ¿Qué ha hecho usted? ¿Lo ha hecho enfadar?

—¿Si lo he...? ¿Qué? No. Me ha pegado. He venido a ponerle una denuncia a...

—No, no, señora. ¿Por qué quiere poner una denuncia, eh? ¿Está segura? Vuélvase a casa y hable con su marido. ¿Usted sabe que una vez pone una denuncia ya no la puede retirar? Su marido tendrá antecedentes criminales. Su vida ya no será la misma. ¿De verdad quiere usted que su marido vaya a la cárcel?

Mi madre seguía insistiendo en que le abrieran un expediente y ellos se negaron. Se negaron a sacar un formulario de denuncia.

—Esto es un asunto familiar —le dijeron—. No le conviene meter a la policía. ¿Por qué no se lo piensa mejor y vuelve por la mañana?

Mi madre se puso a chillarles y a exigir que le dejaran ver al comisario, y justo en aquel momento entró Abel en la comisaría. Había venido con el carro. Se le había pasado un poco la borrachera, pero no del todo, y había tenido las narices de ir conduciendo hasta allí. No importaba. Se acercó a los policías y de pronto la comisaría se convirtió en un bar lleno de amigotes.

—Eh, muchachos —les dijo—. Ya saben cómo va esto. Ya saben cómo pueden ser las mujeres. Simplemente me he enfadado un poco.

—No pasa nada, hombre. Ya lo sabemos. Estas cosas pasan. No te preocupes.

Yo nunca había visto nada parecido. Tenía nueve años y todavía pensaba que los policías eran los buenos de la película. Que si tenías problemas llamabas a la policía y ellos venían con sus luces azules y rojas y te salvaban. Pero recuerdo que me quedé allí mirando a mi madre, estupefacto, horrorizado por que aquellos policías no la quisieran ayudar. Fue entonces cuando me di cuenta de que la policía no era lo que yo había creído que era. Primero eran hombres y después, policías.

Salimos de la comisaría. Mi madre nos cogió a Andrew y a mí y nos fuimos una temporada a Soweto con mi abuela. Al cabo de unas semanas vino Abel con el carro y se disculpó. Abel siempre se disculpaba sinceramente y de corazón: no había sido su intención. Sabía que lo que había hecho estaba mal. Y no lo iba a hacer nunca más. Mi abuela convenció a mi madre para que le diera una segunda oportunidad. Su argumento fue básicamente: «Todos los hombres lo hacen». Mi abuelo, Temperance, también le había pegado. Dejar a Abel no era ninguna garantía de que no lo volviera a hacer, y por lo menos estaba dispuesto a disculparse. De forma que mi madre decidió darle otra oportunidad. Nos volvimos todos juntos en el carro a Eden Park y durante años no pasó nada. Durante *años* no le volvió a poner un dedo encima. Ni a mí. Todo volvió a ser como antes.

Abel era un mecánico increíble, seguramente uno de los mejores que había por entonces. Había ido a un instituto de formación profesional y se había graduado el primero de su clase. Le habían ofrecido trabajo en la BMW y en la Mercedes. Su negocio prosperó gracias a las recomendaciones. Venía gente de toda la ciudad con sus carros para que se los arreglara porque hacía milagros con ellos. Mi madre tenía una gran fe en él. Creía que podía ayudarlo a poner en práctica todo su potencial, no solamente como mecánico, sino también como dueño de su propio taller.

Por testaruda e independiente que fuera mi madre, seguía siendo la típica mujer que daba más de lo que recibía. Daba, daba y daba; era su naturaleza. En casa se negaba a ser sumisa con Abel, pero aun así quería que triunfara en la vida. Si podía conseguir que su matrimonio fuera realmente un matrimonio entre iguales, estaba dispuesta a dedicarse a él en cuerpo y alma, igual que se dedicaba a sus hijos. En un momento dado, el jefe de Abel decidió vender Mighty Mechanics porque quería jubilarse. Mi madre tenía un dinero ahorrado y ayudó a Abel a comprar el taller. Lo trasladaron de Yeoville a una zona industrial llamada Wynberg, que quedaba justo al oeste de Alex, y Mighty Mechanics se convirtió en el nuevo negocio familiar.

Cuando montas un negocio por primera vez, hay muchas cosas que nadie te dice. Y esto es especialmente cierto cuando quienes lo montan son dos personas negras y jóvenes, una secretaria y un mecánico, y se está saliendo de una época en la que a los negros no se les permitía tener ninguna clase de negocio propio. Una de las cosas que nadie te explica es que cuando compras un negocio también estás comprando sus deudas. Y cuando mi madre y Abel abrieron los libros de contabilidad de Mighty Mechanics y vieron lo que realmente habían comprado, fueron conscientes de los problemas que tenía la empresa.

El garaje se fue adueñando gradualmente de nuestras vidas. Yo salía de la escuela y caminaba cinco kilómetros desde Maryvale hasta el taller. Me pasaba horas sentado intentando hacer mis deberes rodeado de máquinas y de reparaciones. Inevitablemente, Abel se retrasaba con los carros que tenía que arreglar, y como era él quien nos llevaba, teníamos que esperar a que terminara para irnos a casa. La cosa empezó en plan: «Llevamos retraso. Vete a dormir un rato en un carro y ya te avisaremos cuando sea hora de marcharnos». Yo me echaba en el asiento de atrás de algún sedán, ellos me despertaban a medianoche, nos volvíamos todos a Eden Park y nos íbamos a dormir directamente. Muy pronto la cosa pasó a: «Llevamos retraso. Vete a dormir en un carro y ya te despertaremos por la mañana para que vayas a la escuela». Empezamos a dormir en el garaje. Al principio esto pasaba una o dos noches por semana, después tres o cuatro. Al final mi madre vendió la casa y también invirtió aquel dinero en la empresa. Se metió hasta el cuello. Renunció a todo por él.

A partir de entonces vivimos en el garaje. Era básicamente un almacén, y no precisamente uno de esos almacenes elegantes y románticos que hoy en día los hipsters pueden convertir en lofts. Nada de eso. Era un espacio frío y vacío. Suelos de cemento gris sucios de aceite y grasa, carros viejos para el desguace y piezas por todas partes. Cerca de la entrada, junto a la persiana metálica que daba a la calle, había un despacho diminuto con paredes de pladur para hacer el papeleo y demás. En la parte de atrás había una cocina pequeña, sin fogones, solamente un fregadero y un par de armarios. Para bañarse solo había un lavadero abierto, como el que se usa para el mantenimiento de los edificios, al que le habían puesto encima una regadera de ducha.

Abel y mi madre dormían con Andrew en la oficina, sobre una colchoneta fina que desplegaban en el suelo. Yo dormía dentro de los carros. Se me llegó a dar muy bien dormir en los carros. Sé cuáles son los mejores carros para dormir. Los peores eran los baratos, los Volkswagen y los sedanes japoneses de gama baja. Los asientos apenas se reclinaban, no había reposacabezas y la tapicería era de esa barata de cuero falso. Me pasaba la mitad de la noche intentando bajar el asiento. Me despertaba con las rodillas doloridas porque no podía estirar las piernas. Los carros alemanes eran maravillosos, sobre todo los Mercedes. Tenían unos asientos de cuero grandes y mullidos, como sofás. Cuando entrabas hacía frío, pero estaban muy bien aislados y se calentaban enseguida. Lo único que necesitaba en un Mercedes era la americana de la escuela para taparme y ya podía acomodarme. Pero los mejores con diferencia eran los carros americanos. Yo rezaba para que entrara algún cliente con un Buick enorme de asientos corridos. Si veía uno de esos, pensaba: *¡Sí!* Era poco habitual que nos entraran carros americanos, pero cuando entraba uno, caray, yo estaba en el cielo.

Como ahora Mighty Mechanics era un negocio familiar y yo era de la familia, también me tocaba trabajar. Ya no había tiempo para jugar. Ni siquiera había tiempo para hacer los deberes. Llegaba a casa, me quitaba el uniforme de la escuela, me ponía el mono de trabajo y me metía debajo del capó de algún sedán. Llegó un punto en que era capaz de hacer una reparación sencilla yo solo, y a menudo las hacía. Abel me decía:

—Ese Honda. Arreglo básico.

Y yo me metía debajo del capó. Un día sí y otro también. Tomas de corriente, bujías, condensadores, filtros para el aceite y filtros de aire. Instalación de asientos, cambio de neumáticos, cambio de faros y reparación de faros traseros. Ir a la tienda de recambios, comprar las piezas y de vuelta al taller. Tenía once años y aquella era mi vida. Estaba perdiendo el tren de la escuela. No conseguía hacer nada. Mis profesores me reprendían.

—¿Por qué no haces los deberes?

—No puedo hacerlos. Tengo trabajo en casa.

Trabajábamos y trabajábamos sin parar, pero daba igual cuántas horas invirtiéramos, el negocio seguía perdiendo dinero. Lo perdimos todo. Ya ni siquiera podíamos comprar comida de verdad. Hubo un mes que no olvidaré nunca y que fue el peor de mi vida. Estábamos tan mal que nos pasamos semanas enteras comiendo solamente platos de *marogo*, una especie de espinacas silvestres, cocinadas con orugas. «Gusanos mopane», los llaman. Los gusanos mopane son literalmente lo más barato que pueden comer los más pobres de entre los pobres. Yo había crecido siendo pobre, pero una cosa es ser pobre y otra es pensar: «un momento, estoy comiendo gusanos». Los gusanos mopane son la típica cosa que hace que hasta la gente de Soweto diga: «Ejem... no». Son unas orugas espinosas y de colores vivos del tamaño de un dedo. No se parecen en nada al escargot, que básicamente es un caracol al que le han puesto un nombre chic. Son putos gusanos. Tienen unos pinchos negros que se te clavan en el paladar cuando te los estás comiendo. Cuando muerdes un gusano mopane, es muy normal que suelte un chorro de excremento amarillo verdoso que te llena la boca.

Al principio disfruté más o menos de las orugas. Fue como una aventura culinaria, pero con el paso de las semanas comiéndolas a diario, todos los santos días, llegó un punto en que ya no pude soportarlo. Nunca olvidaré un día que partí un gusano mopane por la mitad de un mordisco, le salió aquel mejunje amarillo verdoso y pensé: «Estoy comiendo mierda de gusano». Me entraron náuseas al instante. Perdí los nervios y fui corriendo hasta donde estaba mi madre, llorando:

—¡Ya no quiero comer gusanos!

Aquella noche ella juntó un poco de dinero y nos compró pollo. Por pobres que hubiéramos sido en el pasado, nunca habíamos pasado sin comida.

Jamás he odiado una época de mi vida tanto como aquella: trabajar toda la noche, dormir en un carro, despertarme, lavarme en un fregadero industrial, cepillarme los dientes en una palangana y peinarme frente al retrovisor de un Toyota; intentar vestirme sin mancharme todo el uniforme de grasa y aceite para que los muchachos de mi escuela no descubrieran que vivía en un garaje. Cómo lo odiaba. Odiaba los carros. Odiaba dormir en carros. Odiaba reparar carros. Odiaba ensuciarme las manos. Odiaba comer gusanos. Lo odiaba todo.

No odiaba a mi madre, sin embargo, y lo curioso del caso es que tampoco odiaba a Abel. Porque veía lo mucho que trabajaba todo el mundo. Al principio yo no estaba al tanto de los errores empresariales que hacían que todo fuera tan duro, de forma que solamente me parecía una situación difícil. Pero al final empecé a entender por qué el negocio perdía dinero a chorros. Yo solía ir a buscarle las piezas de recambio a Abel, y así me enteré de que las compraba a crédito. Los proveedores le estaban cobrando unos intereses bestiales. Las deudas estaban hundiendo la empresa y, en vez de pagarlas, él se bebía el poco dinero que ganaba. Un mecánico brillante, pero un empresario horrible.

En un momento dado, a fin de intentar salvar el negocio, mi madre dejó su trabajo en la ICI para ayudarlo a llevar el taller. Aportó su talento administrativo en el garaje a tiempo completo y empezó a llevar la contabilidad, a organizar el calendario y a cuadrar las cuentas. Y la cosa fue bien hasta que Abel empezó a sentir que ella le llevaba el negocio. Encima la gente empezó a hacer comentarios. Los clientes recibían sus carros a tiempo, los proveedores cobraban a tiempo y todos le decían:

—Eh, Abie, este taller está yendo mucho mejor desde que te lo lleva tu mujer. —Y eso no ayudó a mejorar la situación.

Nos pasamos casi un año viviendo en el taller y por fin mi madre se hartó. Estaba dispuesta a ayudarlo, pero no si él se iba a beber todos los beneficios. Ella siempre había sido una mujer independiente y autosuficiente, y ahora había perdido esa parte de sí misma por culpa del sueño fallido de otra persona. En un momento dado dijo: «Ya no puedo seguir así. Me rindo. Se acabó». Así que lo dejó, encontró trabajo de secretaria en una inmobiliaria y de alguna forma, entre eso y un préstamo que pidió poniendo como aval el patrimonio que quedaba en el taller de Abel, pudo comprarnos la casa de Highlands North. Nos mudamos, el taller acabó en manos de los acreedores de Abel y así se acabó la historia.

A lo largo de mi infancia sufrí los métodos de la vieja escuela de mi madre, su Disciplina del Testamento. No escatimó en palos ni me consintió. Con Andrew era diferente. Al principio lo azotaba, pero pronto dejó de hacerlo. Cuando le pregunté por qué a mí me azotaba y a Andrew no, ella bromeó como siempre: «Te azoto porque puedes soportarlo», me decía. «No puedo pegar a tu hermano así porque es muy poca cosa. Se rompería. Pero a ti Dios te dio ese culo para ser azotado». Aunque estuviese bromeando, entendí que si no pegaba a Andrew era porque algo había cambiado en ella. Era una lección que mi madre finalmente había entendido gracias a mí. Yo había crecido en un mundo lleno de violencia, pero nunca fui violento. Sí, gasté bromas pesadas y prendí fuegos y rompí ventanas, pero jamás agredí a nadie. Nunca pegué a nadie. Nunca me enfadé. Sencillamente no podía verme a mí mismo de ese modo. Mi madre me había expuesto a un mundo muy diferente a aquel en el que ella había crecido. Me compró libros que ella no había podido leer. Me matriculó en escuelas a las que ella no había podido ir. Yo me sumergí en todo aquello y aprendí a mirar el mundo de otra manera. Vi que no todas las familias eran violentas. Vi lo inútil que era la violencia, el ciclo que se repite, el daño que se inflige a la gente para que esta se lo inflija a otros. Vi, sobre todo, que las relaciones no se sustentan en la violencia sino en el amor. El amor es una acción creativa: cuando amas a alguien creas un mundo para él. Mi madre hizo eso por mí, y tras progresar y aprender regresé y construí un nuevo mundo y una nueva manera de pensar para ella. Después de eso, jamás volvió a levantar la mano a sus hijos. Desafortunadamente, cuando ella paró de hacerlo, Abel empezó.

Cuando mi madre me pegaba jamás le tuve miedo. No me gustaba recibirlas, claro está. Cuando ella me decía: «Te pego porque te quiero», yo no estaba necesariamente de acuerdo con su razonamiento. Pero yo entendía que aquello era disciplina y que tenía un propósito. La primera vez que Abel me pegó sentí algo que no había sentido nunca. Sentí terror.

Yo iba a sexto curso, mi último año en la Maryvale. Nos habíamos mudado a Highlands North y yo me había metido en líos en la escuela por falsificar la firma de mi madre en un documento; había alguna actividad de la escuela en la que no quería participar, así que para librarme firmé un justificante en nombre de mi madre. La escuela la llamó a ella, y cuando llegué a casa aquella tarde mi madre me preguntó qué había pasado. Yo estaba seguro de que me iba a castigar, pero resultó ser una de aquellas veces en las que a ella no le importó mi ofensa. Me dijo que se lo tendría que haber pedido; que ella me habría firmado el papel de todas formas. Luego Abel, que había estado sentado en la cocina con nosotros, presenciándolo todo, me dijo:

—Eh, ¿puedo hablar un segundo contigo? —Y me llevó a un cuarto diminuto, una despensa anexa a la cocina, y cerró la puerta detrás de nosotros.

Se interpuso entre la puerta y yo, pero eso no me hizo sospechar nada. No se me ocurrió tener miedo. Abel nunca había intentado inculcarme ninguna disciplina. Nunca me había regañado. Siempre estaba en plan: «Mbuyi, tu hijo ha hecho esto», y entonces mi madre se encargaba. Y además, no era ni media tarde. Estaba completamente sobrio, lo cual hizo que lo que sucedió a continuación fuera mucho más aterrador.

—¿Por qué has falsificado la firma de tu madre? —me dijo.

Yo empecé a inventarme una excusa.

—Hum, bueno, es que me olvidé de traer el papel a casa...

—No me mientas. ¿Por qué has falsificado la firma de tu madre?

Me puse a balbucear más mentiras, sin imaginarme lo que se avecinaba, y entonces me cayó del cielo.

El primer golpe me dio en las costillas. Me vino una idea de sopetón: *¡Es una trampa!* Yo nunca había participado en una pelea ni tampoco había aprendido a pelear, pero el instinto me dijo que me pegara a él. Había visto lo que eran capaces de hacer aquellos brazos largos. Había visto a Abel derribar a mi madre, y aún más importante todavía: lo había visto derribar a hombres adultos. Abel nunca pegaba con los puños; nunca lo vi golpear a nadie con el puño cerrado. Sin embargo, tenía la capacidad de golpear a un hombre hecho y derecho en la cara con la mano abierta y que el hombre se viniese abajo. Así de fuerte era. Yo le miré los brazos y supe que no tenía que ponerme a su alcance. Así que me pegué a él y él siguió golpeando y golpeando, pero me tenía demasiado cerca para alcanzarme como era debido. Por fin cayó en la cuenta y dejó de pegarme para intentar agarrarme con una llave. Me pellizcó la piel de los brazos con el pulgar y el índice y me la retorció con fuerza. Dios, cómo me dolió.

Fue el momento más aterrador de mi vida. Yo jamás había tenido tanto miedo, jamás. Porque aquello no tenía propósito alguno; eso era lo más aterrador. No era un ejercicio de disciplina. No procedía del amor en absoluto. Tampoco tuve la sensación de que aquello fuera a culminar con una lección sobre el hecho de falsificar la firma de mi madre. Me pareció simplemente algo que se terminaría cuando él quisiera que se terminara, cuando hubiera dado rienda suelta a su rabia. Me pareció que había algo dentro de él que quería destruirme.

Abel era mucho más grande y fuerte que yo, pero a mí me benefició estar en un espacio tan reducido, porque él no tenía sitio para maniobrar. Mientras intentaba agarrarme y darme puñetazos, yo me las apañé para retorcerme, escurrirme por un lado y salir por la puerta. Yo era rápido, pero Abel también lo era. Me persiguió. Salí corriendo de casa y salté la cerca y corrí y corrí sin parar. La última vez que miré hacia atrás, él estaba rodeando la cerca y saliendo del patio detrás de mí. Hasta los veinticinco años tuve una pesadilla recurrente en la que veía la expresión de su cara aquel día, cuando estaba doblando aquella esquina.

Nada más verlo agaché la cabeza y corrí. Corrí como si me persiguiera el diablo en persona. Abel era más grande y más rápido, pero aquel era mi territorio. En mi barrio nadie podía atraparme. Yo me conocía hasta el último callejón y calle, hasta el último muro y la última alambrada con un agujero para pasar por él. Corrí por entre el tráfico y atajé por los patios de las casas. No tengo ni idea de cuándo dejó él de perseguirme, porque no volví a mirar atrás. Corrí y corrí sin parar, hasta que me aguantaron las piernas. No paré hasta llegar a Bramley, tres barrios más allá del mío. Encontré un escondite entre la maleza, me metí allí y me acurruqué durante lo que me parecieron horas.

No necesito que me enseñen las lecciones más de una vez. A partir de ese día, y hasta el día en que me fui de casa, viví como un ratón. Si Abel estaba en una habitación, yo estaba en otra. Si él estaba en una punta de la casa, yo me iba a la contraria. Si él entraba en la sala, yo me levantaba y hacía como si me fuera a la cocina, y cuando volvía a entrar en la sala me aseguraba de quedarme cerca de la puerta. Él podía estar de buen humor, completamente feliz y amigable. Me daba igual. Nunca más dejé que se interpusiera entre la puerta y yo. Quizás un par de veces fui torpe y él acertó a darme un puñetazo o una patada antes de que yo me pudiera alejar, pero jamás volví a confiar en él, ni un momento.

La situación era distinta para Andrew. Andrew era hijo de Abel, carne de su carne y sangre de su sangre. Por mucho que fuera nueve años más pequeño que yo, en realidad era el hijo mayor de la casa, el primogénito de Abel, y eso le otorgaba un respeto del que no disfrutábamos ni mi madre ni yo. Andrew quería con locura a aquel hombre, a pesar de sus defectos. Debido a ese amor, creo que Andrew era el único de nosotros que no tenía miedo. Era el domador del león, con la particularidad de que el león lo había criado a él; no podía dejar de querer a la bestia por mucho que supiera de qué era capaz. Yo, en cambio, salía pitando al primer indicio de rabia o furia de Abel. Andrew se quedaba y lo intentaba tranquilizar. Hasta se interponía entre Abel y mi madre. Me acuerdo de una noche en la que Abel le tiró a Andrew una botella de Jack Daniels a la cabeza. La botella no le dio por poco y reventó contra la pared. Lo cual significa que Andrew se quedó el tiempo suficiente como para que Abel se la tirara. Yo no me habría quedado ni el tiempo necesario para que me apuntara con ella.

Cuando Mighty Mechanics quebró, Abel tuvo que sacar sus carros de allí. Alguien se había quedado con la propiedad; había derechos de retención sobre su patrimonio. Aquello era un desastre. Fue entonces cuando se montó el taller en nuestro patio trasero. Y fue también cuando mi madre se divorció de él.

En la cultura africana hay que distinguir entre el matrimonio legal y el matrimonio tradicional. Solamente porque te divorcies de alguien legalmente no quiere decir que ya no sea tu marido. En cuanto las deudas de Abel y sus terribles errores empresariales empezaron a tener un impacto en el dinero de mi madre y en su capacidad para mantener a sus hijos, ella quiso el divorcio.

—Yo no tengo deudas —le dijo—. Tengo un buen sueldo. No pienso seguir así.

Seguíamos siendo una familia y ellos seguían casados según la tradición, pero mi madre se divorció de él para separar sus asuntos financieros. También recuperó su apellido.

Como Abel había empezado a llevar un negocio sin licencia en una zona residencial, uno de los vecinos presentó una queja para cerrárselo. Mi madre pidió una licencia para tener el negocio en su propiedad. El taller permaneció abierto, pero Abel se dedicó a seguir hundiéndolo y a beberse todo el dinero. Al mismo tiempo, mi madre empezó a ascender en la inmobiliaria para la que trabajaba, a asumir más responsabilidades y a ganar más dinero. El taller de Abel era casi como un hobby. Se suponía que él tenía que pagar la escuela de Andrew y su manutención, pero pronto ni siquiera fue capaz de eso y mi madre tuvo que empezar a pagarlo todo. Pagaba la electricidad. Pagaba la hipoteca. Literalmente se hizo cargo de todo.

Aquel fue el punto de inflexión. En cuanto mi madre empezó a ganar más dinero y a recuperar su independencia, vimos emerger al dragón. Abel empezó a beber más y a ponerse cada vez más violento. Poco después de ir a por mí en la despensa, le pegó a mi madre por segunda vez. No me acuerdo de los detalles, porque ahora se me mezclan en la cabeza con todas las veces que vinieron después. Sí que me acuerdo de que alguien llamó a la policía. Esta vez la policía vino a casa, pero todos volvieron a ponerse en plan amigotes.

—Eh, muchachos, estas mujeres, ya saben cómo son. —No se redactó informe y no se presentaron cargos.

Siempre que él le pegaba o venía a por mí, después mi madre me encontraba llorando y me llevaba aparte. Y siempre me repetía el mismo sermón:

—Reza por Abel —me decía—. Porque no nos odia a nosotros. Se odia a sí mismo.

Aquello no tenía ningún sentido para un niño.

—Bueno, pues si se odia a sí mismo —decía yo—, ¿por qué no se da una patada a sí mismo?

Abel era uno de esos bebedores que, en cuanto empiezan, se transforman: les miras a los ojos y ya ni siquiera ves a la misma persona. Me acuerdo de una noche que llegó a casa completamente borracho y se puso a dar tumbos por todos lados. Entró a trompicones en mi habitación, mascullando para sí mismo, y yo me desperté y vi como se sacaba la verga y se ponía a mear en el suelo. Creía que estaba en el cuarto de baño. Así de borracho volvía a veces; ni siquiera sabía en qué habitación estaba. Muchas noches entraba tambaleándose en mi cuarto pensando que era el suyo, me sacaba a patadas de mi cama y se quedaba rendido en ella. Yo le gritaba, pero era como hablarle a un zombi, así que terminaba yéndome a dormir al sofá.

Todas las noches después del trabajo, Abel se emborrachaba con sus empleados en el patio; y muchas veces acababa peleándose con alguno. Alguien decía algo que a Abel no le gustaba y él le daba una paliza tremenda a uno de sus propios empleados. El empleado en cuestión no venía a trabajar el martes o el miércoles, pero para el jueves ya estaba allí otra vez porque le hacía falta el dinero. La misma historia se repetía cada pocas semanas, con puntualidad suiza.

También pegaba a los perros. Sobre todo a Fufi. Pantera era lo bastante lista como para no acercársele, pero la tonta y encantadora Fufi siempre estaba intentando ser su amiga. Se cruzaba en su camino o se le metía entre las piernas cuando él se había tomado unas cuantas, y él le metía una patada. Entonces ella iba a esconderse un rato en alguna parte. Cuando Fufi recibía una patada, era la señal de que iban a llover palos. Los perros y los trabajadores del taller solían ser quienes recibían los primeros avisos de su rabia, y eso nos indicaba a los demás que no teníamos que dejarnos ver. Yo normalmente buscaba el escondrijo de Fufi y me quedaba allí con ella.

Lo extraño era que cuando Fufi recibía una patada ni gemía ni lloriqueaba. Cuando el veterinario le diagnosticó la sordera, también descubrió que tenía una enfermedad que le había impedido desarrollar plenamente el sentido del tacto. No sentía dolor. Esa era la razón de que siempre volviera con Abel, como si todo volviese a empezar de cero. Él le daba la patada, ella se escondía y a la mañana siguiente volvía meneando el rabo. «Eh, aquí estoy. Te doy otra oportunidad».

Y es que Abel siempre recibía una segunda oportunidad. Porque el Abel agradable y encantador nunca desaparecía. Tenía un problema con la bebida, pero seguía siendo un tipo simpático. Éramos una familia. Cuando creces con un maltratador, luchas con la idea de poder amar a una persona a la que odias, o bien de odiar a una persona a la que amas. Es una sensación extraña. Tú quieres vivir en un mundo en el que tal persona sea buena o mala, en el que la ames o la odies, pero la gente no es así.

En casa reinaba una corriente soterrada de terror, pero las palizas en sí no eran muy frecuentes. Creo que, si lo hubieran sido, la situación se habría terminado antes. Lo irónico es que las buenas épocas que había entre una paliza y la siguiente fueron las que permitieron que todo se alargara y degenerara tanto. Abel le pegaba a mi madre una vez y la vez siguiente llegaba al cabo de tres años y era un poco peor. Luego lo volvía a hacer al cabo de dos años y era peor aún. Luego más tarde y un poco peor. La situación era lo bastante esporádica como para hacerte creer que no volvería a pasar, pero lo bastante frecuente como para que nunca te olvidaras de que era posible. La cosa tenía un ritmo. Me acuerdo de una vez, después de un incidente terrible, en la que nadie le dirigió la palabra a Abel durante un mes. Ni hablarle ni mirarlo a los ojos ni conversaciones ni nada. Nos movíamos por la casa como extraños, a horas distintas, haciéndole el vacío por completo. Luego, una mañana, estabas en la cocina y él te saludaba con la cabeza. «Hola». «Hola». Y una semana más tarde: «¿Has visto lo que ha salido en las noticias?». «Sí». Después, la semana siguiente, hacía un chiste y te reías. Despacio, muy despacio, la vida volvía a ser como antes. Seis meses, un año más tarde, lo volvía a hacer.

Una tarde volví a casa de la Sandringham y me encontré a mi madre furiosa y hecha un manojo de nervios.

—Este hombre es increíble —me dijo.

—¿Qué ha pasado?

—Que se ha comprado una pistola.

—¿Qué? ¿Una *pistola*? ¿Qué quieres decir con que «se ha comprado una pistola»?

En mi mundo las pistolas eran cosas completamente ridículas. En mi mente solamente las tenían los policías y los criminales. Abel se había comprado una Smith & Wesson de 9 milímetros Parabellum. Brillante, negra y amenazadora. No era tan agradable como las pistolas del cine. Tenía aspecto de matar.

—¿Por qué se ha comprado una pistola? —le pregunté.

—No lo sé —dijo ella.

Mi madre le había pedido una explicación y él le había dicho no sé qué tonterías de que el mundo tenía que aprender a respetarlo.

—Se cree el policía del mundo —me dijo ella—. Y ese es el problema de este mundo. Hay gente que no es capaz ni de ser la policía de sí misma y en cambio quiere ser la de todos los demás.

Poco después de aquello me marché de casa. La atmósfera se había vuelto irrespirable para mí. Y había llegado un punto en que yo era tan grande como Abel. Lo bastante grande como para devolver los puñetazos. Un padre no tiene miedo de que su hijo le devuelva los golpes, pero yo no era su hijo. Y él lo sabía. La analogía que usaba mi madre era que ahora había dos leones macho en casa.

—Cada vez que te ve, le recuerdas a tu padre —me decía ella—. Eres un recordatorio constante de otro hombre. Te odia y tienes que marcharte. Tienes que marcharte antes de volverte como él.

También, simplemente, era el momento de irme. Independientemente de Abel, nuestro plan siempre había sido que yo me marchara de casa al terminar los estudios. Mi madre nunca había querido que yo fuera como mi tío, uno de esos hombres que no tienen trabajo y se quedan viviendo en casa con su madre. Así que me ayudó a encontrar apartamento y me marché. El apartamento estaba a diez minutos de casa, de forma que yo siempre podía pasar por allí para echar una mano con algún recado o para cenar de vez en cuando. Pero lo más importante de todo era que, pasara lo que pasara con Abel, yo no tenía que estar en medio.

En un momento dado mi madre se mudó a un dormitorio separado de la casa, y a partir de entonces solo estuvieron casados de forma meramente nominal; ni siquiera cohabitaban, solo coexistían. Aquella situación duró un año, quizás dos. Andrew había cumplido nueve años y yo ya estaba contando los que le faltaban para cumplir los dieciocho, pensando que aquello liberaría por fin a mi madre de aquel maltratador. Pero una tarde mi madre me llamó y me pidió que pasara por su casa. Yo pasé por allí al cabo de unas horas.

—Trevor —me dijo—. Estoy embarazada.

—Perdón, ¿qué?

—Estoy embarazada.

—¡¿*Qué*?!

Dios bendito, yo estaba furioso. Me moría de rabia. Parecía decidida, tan resuelta como siempre, pero jamás había oído esa tristeza en su voz, como si la noticia la hubiese destrozado al principio pero hubiese conseguido reconciliarse con la realidad.

—¿Cómo has podido permitir que pase algo así?

—Abel y yo hicimos las paces. Volví al dormitorio. Fue solo una noche y... quedé embarazada. No sé cómo.

Y es verdad que no lo sabía. Tenía cuarenta y cinco años. Se había hecho una ligadura de trompas después de Andrew. Hasta su médico le había dicho:

—Esto no debería ser posible. No sabemos cómo ha pasado.

Yo estaba hirviendo de furia. Solo hacía falta esperar a que Andrew creciera y todo se habría terminado, pero ahora era como si ella hubiera renovado el contrato.

—¿O sea que vas a tener un hijo con ese hombre? ¿Te vas a quedar otros dieciocho años más con él? ¿Estás loca?

—Dios me ha hablado, Trevor. Me ha dicho: «Patricia, yo no hago nada por equivocación. No te doy nada con lo que no puedas». Estoy embarazada por algo. Sé qué clase de hijos puedo hacer. Sé qué clase de hijos puedo criar. Puedo criar a este hijo. Y lo criaré.

Nueve meses más tarde nació Isaac. Ella lo llamó Isaac porque en la Biblia, Sara se queda embarazada cuando tiene como cien años y en teoría ya no puede tener hijos y así es como llama a su hijo.

El nacimiento de Isaac me distanció todavía más de mi familia. Cada vez los visitaba menos. Un día pasé por allí una tarde y me encontré la casa hecha un caos. Había carros de policía estacionados delante. Acababa de producirse otra pelea.

Él le había pegado con una bicicleta. Abel estaba echando la bronca a uno de sus trabajadores en el patio y mi madre había intentado mediar entre ellos. Le había llevado la contraria a Abel delante de un empleado suyo, y él había agarrado la bicicleta de Andrew y le había golpeado con ella. Mi madre había llamado a la policía, y esta vez los policías que aparecieron conocían personalmente a Abel. Les había reparado el carro. Eran amigos. No se presentaron cargos. No pasó nada.

En aquella ocasión yo lo confronté. Ya era lo bastante mayor.

—No puedes seguir haciendo esto —le dije—. No está bien.

Él se mostró arrepentido. Como siempre. Ni sacó pecho ni se puso a la defensiva ni nada parecido.

—Ya lo sé —dijo—. Lo siento. No me gusta hacerlo, pero ya sabes cómo es tu madre. Habla mucho y no escucha. A veces siento que tu madre no me respeta. Ha venido y me ha faltado al respeto delante de uno de mis trabajadores. No puedo tolerar que los demás hombres piensen que no soy capaz de controlar a mi mujer.

Después del incidente de la bicicleta, mi madre pagó a unos contratistas conocidos suyos para que vinieran y le construyeran una casita aparte detrás de la casa, tipo vivienda del servicio, y se mudó allí con Isaac.

—Es la locura más grande que he oído en mi vida —le dije yo.

—Es lo único que puedo hacer —me dijo ella—. La policía no quiere ayudarme. El gobierno no quiere protegerme. Solo mi Dios puede protegerme. Pero lo que sí puedo hacer es usar contra él lo único que a él le importa, que es su orgullo. Si vivo en una caseta en la parte de atrás, todo el mundo le va a preguntar: «¿Por qué tu mujer vive en una caseta y no en tu casa?». Y va a tener que contestar, y da igual lo que diga, todo el mundo sabrá que está haciendo algo malo. A él le encanta vivir de cara a la gente. Pues que la gente vea quién es. En las calles es un santo. Y en casa es un diablo. Que vean quién es realmente.

Cuando mi madre había decidido tener a Isaac, yo había estado a punto de romper mi relación con ella. Ya no soportaba el dolor. Pero ver que él le pegaba con una bicicleta y que ella vivía como una prisionera en el patio de atrás de su propia casa fue la gota que colmó el vaso. Me quedé destrozado. Ya no aguantaba más.

—Todo esto... —le dije—. Este rollo disfuncional... No pienso formar parte de él. No puedo vivir esta vida contigo. Me niego. Has tomado tu decisión. Buena suerte con tu vida. Yo me voy a vivir la mía.

Ella lo entendió. No se sintió traicionada ni abandonada.

—Cariño, entiendo tu situación —me dijo—. En un momento dado yo también tuve que renegar de mi familia y marcharme a vivir mi vida. Si necesitas hacer lo mismo, lo entiendo.

Y lo hice. Me marché. Dejé de llamar. Dejé de ir de visita. Isaac llegó y yo me marché, y a mí no me entraba en la cabeza que ella no hiciera lo mismo: marcharse. Marcharse de una vez. Marcharse de una puta vez.

Yo no entendía la posición en la que estaba mi madre. No entendía la violencia doméstica. No entendía cómo funcionaban las relaciones adultas; yo ni siquiera tenía novia. No entendía cómo podía tener relaciones sexuales con un hombre al que odiaba y temía. No sabía hasta qué punto se podían entretejer el sexo, el odio y el miedo.

Estaba furioso con mi madre. Yo lo odiaba a él, pero la culpaba a ella. Veía a Abel como algo que ella había elegido y que seguía eligiendo. Durante toda mi vida, siempre que ella me contaba historias de su infancia en la reserva y de cómo sus padres la habían abandonado, mi madre me decía: «No puedes culpar a los demás de tus actos. No puedes culpar al pasado de quien eres. Eres responsable de ti mismo. Tus decisiones las tomas tú».

Ella nunca permitió considerarnos víctimas. *Éramos* víctimas, mi madre, Andrew, Isaac y yo. Víctimas del *apartheid*. Víctimas de los malos tratos. Pero ella nunca me había permitido verlo así, de manera que ahora yo tampoco veía su vida de esa manera. Expulsar a mi padre de nuestras vidas para apaciguar a Abel había sido su decisión. Mantener el taller de Abel había sido su decisión. Tener a Isaac había sido su decisión. Era ella quien tenía dinero. No dependía económicamente de él. De forma que, en mi mente, era mi madre quien estaba eligiendo aquello.

Desde fuera es muy fácil echar la culpa a la mujer y decir: «Te tienes que ir y ya está». A fin de cuentas, mi casa no era la única donde había malos tratos. Yo me había criado en medio de ellos. Los veía en las calles de Soweto, en la tele y en el cine. ¿Y adónde va una mujer en una sociedad donde el maltrato es la norma, donde la policía no la ayuda y su familia tampoco? ¿Adónde va una mujer cuando deja a un hombre que le pega y lo más seguro es que vaya a terminar con otro hombre que le pega y que quizás sea peor que el primero? ¿Adónde va una mujer soltera con tres hijos en una sociedad que la convierte en paria por no tener a un hombre y que encima la tacha de puta? ¿Adónde va? ¿Y qué hace?

Pero en aquella época yo no entendía nada de todo esto. Yo era un muchacho y tenía la visión de las cosas que tienen los muchachos. También me acuerdo con claridad de la última vez que mi madre y yo discutimos sobre el asunto. Fue poco después de lo de la bicicleta, o quizás cuando ella se estaba mudando a la caseta del patio de atrás. Yo estaba despotricando y suplicándole por enésima vez.

—¿Por qué? ¿Por qué no te marchas y punto?

Ella negó con la cabeza.

—Uy, cielo, no. Ni hablar. No me puedo marchar.

—¿Por qué no?

—Porque si me marcho nos matará.

Y no estaba siendo melodramática. No estaba levantando la voz. Me lo dijo con toda la calma y la naturalidad del mundo, y yo ya no volví a hacerle aquella pregunta nunca más.

Al final, sin embargo, sí que se marchó. No tengo ni idea de qué fue lo que la empujó a marcharse ni cuál fue la gota que colmó el vaso. Yo ya no estaba. Ahora trabajaba de humorista y me dedicaba a ir de gira por el país, a hacer espectáculos en Inglaterra y a presentar programas de radio y de televisión. Compartía casa con mi primo Mlungisi y hacía mi vida lejos de la de mi madre. Ya no podía dar más de mí, porque me habría roto en demasiados pedazos. Pero un día ella se compró una casa nueva en Highlands North, conoció a otra persona y pasó página. Andrew e Isaac todavía veían a su padre, que para entonces se limitaba a existir en el mundo, atrapado en el mismo ciclo de borracheras y peleas, y que seguía viviendo en la casa que le había pagado su exmujer.

Pasaron los años. La vida siguió.

Hasta que una mañana, sobre las diez, cuando todavía estaba en la cama, me sonó el teléfono. Era domingo. Sé que era domingo porque el resto de la familia se había ido a la iglesia y yo, feliz de mí, me había quedado en la cama. Los días de cruzarse la ciudad de cabo a rabo para ir a la iglesia ya no eran mi problema, así que aprovechaba para dormir hasta tarde como un vago. La ironía de mi vida es que siempre que aparece la iglesia por medio todo se tuerce, igual que cuando nos secuestró aquel conductor de autobús violento. Yo siempre me metía con mi madre por eso:

—Esto tuyo de ir a la iglesia, tanto Jesús esto y Jesús lo otro, ¿en qué te ha ayudado?

Miré mi teléfono. En la pantalla parpadeaba el número de mi madre, pero cuando lo atendí, quien estaba al otro lado de la línea era Andrew. Parecía completamente tranquilo.

—Eh, Trevor, soy Andrew.

—Eh.

—¿Cómo estás?

—Bien, ¿qué pasa?

—¿Estás ocupado?

—Estaba medio dormido, ¿por qué?

—Le han disparado a mamá.

A ver, había dos cosas extrañas en aquella llamada. En primer lugar, ¿por qué me preguntaba si estaba ocupado? Empecemos por ahí. Si le han pegado un tiro a tu madre, la primera frase que dices es «le han disparado a mamá». No «¿cómo estás?» ni «¿estás ocupado?». Aquello me confundió. La segunda cosa extraña era que, cuando él me había dicho «han disparado a mamá», yo no le había preguntado «¿Quién le ha disparado?». No hacía falta. Él me dijo «han disparado a mamá» y mi mente automáticamente lo tradujo a «Abel le ha disparado a mamá».

—¿Dónde están? —le dije.

—Estamos en el Hospital Linksfield.

—Okay, voy para allá.

Salí de un salto de la cama, corrí por el pasillo y me puse a aporrear la puerta de Mlungisi.

—¡Le han disparado a mi madre! Está en el hospital. —Él también se levantó de un salto, nos metimos en el carro y fuimos a toda velocidad al hospital, que por suerte solo quedaba a quince minutos.

Llegado aquel punto yo estaba preocupado pero no aterrorizado. Andrew me había hablado con tranquilidad por teléfono, sin llorar y sin atisbo de pánico en la voz, así que yo pensaba: *Debe de estar bien. No debe de haber sido tan grave.* Lo volví a llamar desde el carro para enterarme mejor.

—Andrew, ¿qué ha pasado?

—Hemos vuelto a casa de la iglesia —dijo, igual de tranquilo que antes—. Y mi padre nos estaba esperando en casa y ha salido del carro y se ha puesto a disparar.

—Pero ¿dónde? ¿Dónde le ha disparado?

—Le ha disparado en la pierna.

—Ah, vale —dije yo, aliviado.

—Y luego en la cabeza.

Cuando me dijo aquello, el cuerpo me falló. Me acuerdo del semáforo exacto frente al que estábamos. Por un momento experimenté un vacío total de sonido y luego me puse a llorar como no había llorado en mi vida. Me puse a llorar con convulsiones y todo. Lloré como si todas las demás cosas por las que había llorado en mi vida hubieran sido un desperdicio de llanto. Lloré tanto que si mi yo de entonces hubiera podido viajar en el tiempo y ver a mis otros yos que habían llorado en el pasado, les hubiera dado una bofetada y les hubiera dicho: «Esa mierda no es para llorar». Mi llanto no era un simple grito de pena, no era catarsis. No era autocompasión. Era una expresión de ese dolor en estado puro que nace de la incapacidad de tu cuerpo para expresar dolor de ninguna otra manera o bajo ninguna otra forma. Ella era mi madre. Era mi compañera. Siempre habíamos sido ella y yo contra el mundo. Andrew me dijo: «Luego en la cabeza» y yo me partí por la mitad.

Cambió el semáforo. Yo no podía ni ver la calle, pero seguí conduciendo con los ojos inundados de lágrimas y pensando:

Llega ya, llega ya, llega ya. Paramos delante del hospital y me bajé del carro de un salto. Había una zona de espera al aire libre junto a la entrada de urgencias. Andrew me estaba esperando allí, solo, con la ropa manchada de sangre. Seguía pareciendo perfectamente tranquilo, completamente estoico. En cuanto levantó la vista y me vio, sin embargo, se vino abajo y rompió a llorar como una magdalena. Era como si llevara toda la mañana aguantándose y de pronto ya no pudiera más y se desplomara. Corrí hasta él y le di un abrazo y él lloró sin parar. Su llanto era distinto del mío, sin embargo. El mío era de dolor y de rabia. El suyo era de impotencia.

Me di la vuelta y entré corriendo en urgencias. Mi madre estaba en una camilla en la zona de admisión. Los médicos la estaban estabilizando. Tenía el cuerpo entero empapado de sangre. Tenía un agujero en la cara, una herida abierta encima del labio, y le falta una parte de la nariz.

Yo nunca la había visto tan tranquila y serena. Todavía podía abrir un ojo; giró la cabeza, me miró y vio mi cara de horror.

—No pasa nada, cielo —me susurró, sin poder hablar apenas por culpa de la sangre que tenía en la garganta.

—Sí que pasa.

—No, no. Estoy bien, estoy bien. ¿Dónde está Andrew? ¿Dónde está tu hermano?

—Está fuera.

—Ve con Andrew.

—Pero mamá...

—*Chist.* No pasa nada, cielo. Estoy bien.

—No estás bien, estás...

—*Chiist.* Estoy bien, estoy bien, estoy bien. Ve con tu hermano. Tu hermano te necesita.

Los médicos seguían atendiéndola y yo no podía hacer nada para ayudarla. Así que volví afuera para estar con Andrew. Nos sentamos los dos juntos y él me contó la historia.

Habían vuelto a casa de la iglesia; eran un grupo grande: mi madre, Andrew, Isaac, el nuevo marido de mi madre con sus hijos y una parte de su clan, tíos y tías, sobrinos y sobrinas. Acababan de detenerse delante de casa cuando apareció Abel en su carro, lo detuvo y se apeó. Llevaba su pistola. Y miró directamente a mi madre.

—Me has robado la vida —le dijo—. Me has dejado sin nada. Y ahora los voy a matar a todos.

Andrew se puso delante de su padre. Se puso delante de la pistola.

—No hagas esto, papá, por favor. Estás borracho. Aparta esa pistola.

Abel miró a su hijo.

—No —dijo—. Voy a matar a todo el mundo, y como no te apartes, te dispararé a ti primero.

Andrew se apartó.

—Su mirada no mentía —me dijo—. Tenía la mirada del diablo. Y entonces vi que aquel ya no era mi padre.

A pesar de todo el dolor que sentí ese día, ahora, con perspectiva, me imagino que Andrew debió de sentir mucho más dolor que yo. A mi madre le había pegado dos tiros un hombre al que yo despreciaba. En última instancia, yo sentía que aquello me daba la razón. Que yo había tenido razón sobre Abel desde el principio. Por fin podía dirigir mi rabia y mi odio hacia él sin sentir vergüenza ni culpa de ninguna clase. En el caso de Andrew, en cambio, a su madre le había disparado su padre, un padre al que quería. ¿Cómo podía reconciliar él su amor con aquella situación? ¿Cómo podía seguir queriendo a ambas partes, a ambas partes de sí mismo?

Isaac tenía cuatro años. No entendía lo que estaba pasando, y cuando Andrew se apartó a un lado, se echó a llorar.

—Papá, ¿qué haces? Papá, ¿qué haces?

—Isaac, ve con tu hermano —dijo Abel.

Isaac echó a correr hacia Andrew y Andrew lo cogió en brazos. Luego Abel levantó la pistola y empezó a disparar. Mi madre se plantó de un salto delante de las balas para proteger a todo el mundo y fue así como recibió el primer balazo, que no le dio en la pierna, sino en la nalga. Se desplomó y, mientras caía al suelo, gritó:

—¡*Corran*!

Abel siguió disparando y todo el mundo salió corriendo y se dispersó. Mi madre estaba luchando por ponerse de pie cuando Abel se le acercó y se le plantó al lado. Le apuntó a la cabeza a quemarropa, estilo ejecución. Luego apretó el gatillo. Nada. La pistola falló. ¡*Clic*! Volvió a apretar el gatillo y lo mismo. Luego otra vez y otra. ¡*Clic, clic, clic, clic*! Cuatro veces apretó el gatillo y las cuatro la pistola falló. Las balas salieron por la boca de expulsión de la corredera y cayeron primero sobre mi madre y luego, con un tintineo, al suelo.

Abel se detuvo para ver qué le pasaba a la pistola. Mi madre se levantó de un salto, presa del pánico. Lo apartó de un empujón, fue corriendo hasta el carro y se metió en el asiento del conductor.

Andrew corrió detrás de ella y se metió en el asiento del copiloto, a su lado. Justo cuando ella estaba dándole al contacto, Andrew oyó un último disparo y el parabrisas se tiñó de rojo. Abel había disparado desde detrás del carro. La bala le entró a mi madre por la nuca y le salió por la cara y lo roció todo de sangre. Su cuerpo se desplomó sobre el volante. Andrew, sin pensar, cambió a mi madre de asiento, le pasó por encima, se dejó caer en el asiento del conductor, puso el carro en marcha y salió pitando para el hospital de Linksfield.

Le pregunté a Andrew qué había pasado con Abel. Me dijo que no lo sabía. Yo estaba completamente furioso, pero no podía hacer nada. Me sentía completamente impotente, pero aun así pensé que debía hacer algo. De manera que saqué el teléfono y lo llamé; llamé al hombre que acababa de disparar a mi madre y el tipo atendió.

—Trevor.

—Has matado a mi madre.

—Pues sí.

—¡Has *matado* a mi *madre*!

—Sí, y si te encuentro a ti, te mataré también.

Y colgó. Fue el momento más escalofriante. Fue aterrador. Se me escapó de golpe todo el valor que había reunido para llamarlo. Todavía hoy no sé qué estaba pensando. No sé qué esperaba que pasara. Simplemente estaba furioso.

Seguí haciendo preguntas a Andrew y tratando de averiguar más detalles. Luego, mientras hablábamos, salió a buscarme una enfermera.

—¿Es usted de la familia? —me preguntó.

—Sí.

—Hay un problema, señor. Su madre estaba hablando un poco al principio. Ahora ya no, pero por lo que le hemos entendido, no tiene cobertura médica.

—¿Cómo? No, no. No puede ser. Me consta que mi madre tiene cobertura médica.

No la tenía. Resultaba que, unos meses antes, había dicho: «Este seguro médico es un robo. Nunca me pongo enferma. Lo voy a cancelar». De forma que ya no tenía cobertura.

—No podemos tratar aquí a su madre —dijo la enfermera—. Si no tiene cobertura médica, la tenemos que mandar a un hospital público.

—¡¿A un hospital público?! ¿Qué...? ¡No! No pueden. A mi madre le han disparado en la cabeza. ¿La van a volver a poner en una camilla y a meterla en una ambulancia? Se morirá. La tienen que atender ahora mismo.

—Señor, no podemos. Necesitamos una forma de pago.

—Yo soy la forma de pago. Yo pagaré.

—Sí, la gente siempre dice eso. Pero sin garantía...

Saqué la tarjeta de crédito.

—Tenga —le dije—. Tenga esto. Yo pago. Yo lo pago todo.

—Señor, los hospitales son muy caros.

—No me importa.

—Señor, creo que no lo entiende. Los hospitales son caros *de verdad*.

—Señora, que tengo dinero. Yo lo pago todo. Pero ayúdenos.

—Señor, no lo entiende. Le tenemos que hacer muchas pruebas. Una sola prueba puede costar dos o tres mil rand.

—Tres mil... ¿qué? Señora, estamos hablando de la vida de mi madre. Yo pago.

—Señor, no lo entiende. A su madre le han disparado. En el cerebro. Va a estar en la UCI. Una sola noche en la UCI le puede salir por quince o veinte mil rand.

—Oiga, señora, ¿no me escucha o qué? Es la *vida* de mi madre. Es su *vida*. Coja el dinero. Cójalo todo. No me importa.

—¡*Señor*! No lo entiende. He visto esto más veces. Su madre se puede pasar semanas en la UCI. Le puede costar quinientos o seiscientos mil. Quizás millones. Se pasará usted el resto de *su* vida endeudado.

No voy a mentir: me quedé callado. Me quedé callado un momento *largo*. En aquel instante lo que oí decir a la enfermera fue: «Todo su dinero va a desaparecer» y empecé a pensar: *Bueno... ¿cuántos años tiene ella, cincuenta? Tampoco está tan mal, ¿no? Ha tenido una buena vida.*

De verdad que no tenía ni la menor idea de qué hacer. Miré a la enfermera sin poder salir del shock en el que ella me había metido. *¿Y si me gasto ese dinero y ella se muere de todas formas? ¿Me devolverán el dinero?* Me imaginé literalmente a mi madre, con lo austera que era, despertándose del coma y diciéndome: «*¿Cuánto* dices que te has gastado? Serás idiota. Tendrías que haber ahorrado ese dinero para hacerte cargo de tus hermanos». ¿Y qué pasaba con mis hermanos? Ahora estarían a mi cargo. Me tocaría a mí mantener a la familia y no iba a poder hacerlo si debía millones. Mi madre me había prometido solemnemente que yo no tendría que criar a mis hermanos. Rechazó mi ayuda incluso cuando mi carrera despegó. «No quiero que pagues por tu madre como yo tuve que pagar por la mía», decía. «No quiero que tengas que cuidar de tus hermanos como Abel tuvo que cuidar de los suyos». El mayor miedo de mi madre era que yo acabase pagando el impuesto negro, que me quedase atrapado en el ciclo de la pobreza y de la violencia que me había precedido. Me había prometido que yo rompería ese ciclo. Que sería quien consiguiese moverse hacia delante y no volver. Miraba a aquella enfermera fuera de la sala de urgencias y me paralizaba el miedo a que, en el momento de tenderle mi tarjeta de crédito, el ciclo se pusiese de nuevo en marcha y me absorbiese.

La gente no para de decir que haría lo que fuera por sus seres queridos. Pero ¿acaso es verdad? ¿Harían ustedes lo que fuera? ¿Lo darían ustedes todo? Yo no sé si un hijo es capaz de esa clase de amor incondicional. Una madre, sí. Una madre agarra a sus hijos y se tira de un carro en marcha para protegerlos. Y lo hace sin pensar. Pero yo no creo que el hijo sepa hacer eso, al menos de forma instintiva. Es algo que el hijo ha de aprender.

Le puse la tarjeta de crédito en la mano a la enfermera.

—Haga lo que tenga que hacer. Pero ayude a mi madre.

Nos pasamos el resto del día en el limbo, esperando, sin saber nada, caminando de un lado a otro por el hospital y recibiendo visitas de parientes. Al cabo de varias horas el médico salió por fin de urgencias para ponernos al corriente.

—¿Qué está pasando? —le pregunté.

—Su madre está estable —dijo—. Hemos terminado de operar.

—¿Se va a poner bien?

Él se pensó un momento lo que iba a decir.

—No me gusta usar esta palabra —dijo—, porque soy un hombre de ciencia y no creo en esas cosas. Pero lo que le ha pasado hoy a su madre ha sido un milagro. Nunca lo digo porque odio la expresión, pero no tengo otra forma de explicarlo.

La bala que le había dado a mi madre en el culo, me dijo, no era ningún problema. Había entrado, había salido y no había causado daños reales. La otra bala la había alcanzado en la nuca y le había entrado por debajo del cráneo desde la parte alta del cuello. No había tocado la médula espinal por un pelo, no había tocado tampoco el bulbo raquídeo y le había atravesado la cabeza pasando por debajo del cerebro, sin afectar a ninguna vena, arteria ni nervio importante. Con la trayectoria que llevaba la bala, tendría que haber ido directa a la cuenca ocular izquierda y haberle reventado el ojo, pero en el último instante había frenado, había impactado contra el pómulo, se lo había hecho añicos, había rebotado y le había salido por el orificio nasal izquierdo. Al verla yo en la camilla en urgencias, la sangre había hecho que la herida pareciera mucho peor que lo que era en realidad. La bala solo había arrancado un pedazo diminuto de piel al lado del orificio nasal y había salido limpiamente, sin dejar fragmentos dentro. Ni siquiera había hecho falta cirugía. Los médicos habían detenido la hemorragia, la habían cosido por detrás, la habían cosido por delante y la habían dejado para que se curara.

—No podemos hacer nada porque no tenemos nada que hacer —me explicó el médico.

Mi madre salió del hospital al cabo de cuatro días. Y al cabo de siete estaba trabajando otra vez.

Los médicos la tuvieron sedada el resto de aquel día y de aquella noche para que descansara y luego nos dijeron que nos fuéramos todos a casa.

—Está estable —nos explicaron—. Aquí no hacen nada. Vayan a casa a descansar.

Y eso hicimos.

Yo volví a primera hora de la mañana para estar con mi madre en la habitación y esperar a que se despertara. Cuando entré, todavía estaba dormida. Tenía la parte de atrás de la cabeza vendada. Tenía puntos en la cara y la nariz y el ojo izquierdo cubierto con gasas. Se la veía frágil y débil, cansada, una de las pocas veces en la vida que la he visto así.

Me senté cerca de su cama y le cogí la mano, esperando y mirándola respirar, con una marea de pensamientos inundándome la cabeza. Seguía teniendo miedo a perderla. Estaba furioso conmigo mismo por no haber estado presente y furioso con la policía por todas las veces en que no habían detenido a Abel. Me dije a mí mismo que lo tendría que haber matado hacía años, lo cual era una idea ridícula porque soy incapaz de matar a nadie, pero aun así lo pensé. Estaba furioso con el mundo y furioso con Dios. Porque lo único que hace mi madre es rezar. Si hay un club de fans de Jesús, mi madre está claramente entre los cien mejores miembros, ¿y así se lo agradecía el tipo?

Al cabo de una hora de espera, más o menos, mi madre abrió el ojo que no tenía vendado. Nada más abrirlo yo me puse a llorar. Ella me pidió agua. Yo le serví un vaso y ella se inclinó un poco hacia delante para dar un sorbo con una pajita. Yo seguía llorando y llorando sin parar. No me podía controlar.

—*Chist* —me dijo ella—. No llores, cielo. *Chiiiist*. No llores.

—¿Cómo no voy a llorar, mamá? Has estado a punto de morirte.

—No, no me iba a morir. No me iba a morir. Tranquilo, que no me iba a morir.

—Pero si has estado a punto. Yo pensaba que estabas muerta. —Seguí llorando sin parar—. Pensaba que te había perdido.

—No, cielo. No llores, cielo. Trevor. Trevor, escucha. Escúchame. Escucha.

—¿Qué? —le dije yo con las lágrimas cayéndome por la cara.

—Hijo mío, tienes que ver el lado bueno.

—¿*Qué*? ¿A qué viene eso del lado bueno? Mamá, te han disparado en la cara. No hay lado bueno.

—Claro que sí. Por fin eres oficialmente la persona más guapa de la familia.

Me dedicó una sonrisa enorme y se echó a reír. Yo también me eché a reír con los ojos llenos de lágrimas. Estaba llorando como una magdalena y riendo histéricamente al mismo tiempo. Nos quedamos allí sentados y ella me dio un apretón cariñoso en la mano y nos hicimos reír el uno al otro como hacíamos siempre, madre e hijo, riendo juntos en medio del dolor de una sala de cuidados intensivos en un día luminoso, soleado y precioso.

Después de que Abel le disparara a mi madre, pasaron muchas cosas y muy deprisa. Solamente conseguimos reconstruir la historia más tarde, al juntar los distintos testimonios de todo el mundo que había estado presente. Mientras esperábamos aquel primer día en el hospital, teníamos montones de preguntas sin respuesta. Por ejemplo, ¿qué había pasado con Isaac? ¿Dónde estaba? No nos enteramos hasta que por fin lo localizamos y nos lo contó él.

Cuando Andrew arrancó el carro y se llevó a mi madre a toda velocidad, dejando al niño de cuatro años delante de la casa, Abel se acercó a su hijo pequeño, lo tomó en brazos, lo metió en el carro y se marchó. Mientras él conducía, Isaac se volvió hacia su padre.

—Papá, ¿por qué has matado a mamá? —preguntó, dando por sentado, igual que todos, que mi madre estaba muerta.

—Porque me siento muy desgraciado —contestó Abel—. Porque estoy muy triste.

—Sí, pero no tendrías que haber matado a mamá. ¿Adónde vamos ahora?

—A ti te voy a dejar en casa de tu tío.

—¿Y tú adónde vas?

—Me voy a matar.

—Pero no te mates, papá.

—Sí, me voy a matar.

El tío al que se refería Abel no era un tío de verdad, sino un amigo. Abel dejó a Isaac con aquel amigo y se largó en el carro. Se pasó el día entero yendo a ver a todo el mundo, a sus parientes y amigos, para despedirse. Hasta le contó a la gente lo que había hecho. «Esto es lo que he hecho. La he matado y ahora me voy a suicidar. Adiós». Dedicó el día a hacer aquella extraña gira de despedida, hasta que por fin uno de sus primos le plantó cara.

—Lo que necesitas es ser un hombre —le dijo el primo—. Esto que estás haciendo es de cobardes. Tienes que entregarte a la policía. Si has sido lo bastante hombre para hacer lo que has hecho, también tienes que ser lo bastante hombre para hacer frente a las consecuencias.

Abel se vino abajo y le dio la pistola al primo. El primo lo llevó a comisaría y Abel se entregó.

Abel pasó un par de semanas en la cárcel esperando a que el juez revisara su petición de fianza. Nosotros presentamos una moción en contra de que saliera en libertad bajo fianza porque había demostrado ser una amenaza. Como Andrew e Isaac eran menores, se empezaron a meter por medio los servicios sociales. Nosotros pensábamos que teníamos el caso ganado, pero un día, al cabo de un mes aproximadamente, nos llamaron para comunicarnos que Abel había obtenido la libertad bajo fianza. Y la gran ironía era que la había conseguido porque le había contado al juez que en la cárcel no podía ganar dinero para mantener a sus hijos. Pero no los estaba manteniendo él; los estaba manteniendo mi madre.

De forma que Abel salió. El caso fue avanzando lentamente por el sistema judicial y todo se nos fue poniendo en contra. Debido a la recuperación milagrosa de mi madre, se pasó del cargo de asesinato al de intento de asesinato. Y como no existían cargos previos de violencia doméstica a pesar de todas las veces que mi madre había llamado a la policía para denunciarlo, Abel no tenía antecedentes. Consiguió a un buen abogado, que siguió presionando al tribunal con el argumento de que el acusado tenía hijos en casa que lo necesitaban. El caso jamás llegó a juicio. Abel se declaró culpable de intento de asesinato. Lo sentenciaron a tres años de libertad vigilada. No cumplió ni un solo día en prisión. Mantuvo la custodia compartida de sus hijos. Todavía hoy en día se pasea por Johannesburgo, completamente libre. Lo último que he sabido de él es que sigue viviendo por la zona de Highlands North, no muy lejos de mi madre.

El colofón de la historia lo puso mi madre, que solamente nos pudo contar su versión después de despertarse. Se acordaba de que Abel había apuntado con su arma a Andrew. Se acordaba de haberse caído al suelo después de recibir el balazo en el culo. Luego Abel se le acercó y se plantó junto a ella y la apuntó a la cabeza. Ella levantó la vista y miró fijamente la boca del cañón y se puso a rezar, y fue entonces cuando falló la pistola. Y volvió a fallar. Y falló otra vez y otra. Mi madre se levantó de un salto, apartó a Abel de un empujón y echó a correr hacia el carro. Andrew se metió por el otro lado, ella giró la llave del contacto y luego su memoria fundió a negro.

Al día de hoy, nadie puede explicar lo que pasó. Ni siquiera la policía pudo desentrañar lo ocurrido. Porque no es que la pistola no funcionara. Primero disparó, después dejó de disparar y por fin volvió a funcionar en el último disparo. Cualquiera que sepa algo de armas de fuego te dirá que una nueve milímetros no puede fallar como falló aquella. Pero la policía dibujó circulitos de tiza por todo el estacionamiento alrededor de los casquillos de las balas que Abel sí había disparado y después de las cuatro balas intactas de cuando había tenido a mi madre delante; y nadie sabía cómo había podido pasar aquello.

La factura final del hospital ascendió a cincuenta mil rand. La pagué el día que nos marchamos. Habíamos pasado cuatro días en el hospital, entre visitas de parientes y charlas, riendo y llorando. Mientras recogíamos las cosas de mi madre para marcharnos, yo no paraba de hablar de la locura de semana que habíamos tenido.

—Tienes suerte de estar viva —le dije—. Todavía no me puedo creer que no tengas seguro médico.

—Pero es que sí lo tengo —me dijo ella.

—¿Ah, sí?

—Sí. Jesús.

—¿Jesús?

—Jesús.

—¿Jesús es tu seguro médico?

—Si Dios está conmigo, ¿quién puede estar contra mí?

—Está bien, mamá.

—Trevor, recé. Ya te he contado que recé. Y yo no rezo en balde.

—¿Sabes? —le dije—. Por una vez no te lo puedo discutir. La pistola, la bala... No puedo explicar nada de todo eso. O sea que esa parte te la reconozco. —Luego no pude resistirme a lanzarle una última puya—. Pero ¿dónde estaba Jesús cuando ha tocado pagar la factura del hospital, eh? Porque me consta que no la ha pagado él.

—Tienes razón —me dijo, guiñándome el ojo—. No la ha pagado él. Pero sí que me bendijo con el hijo que la ha pagado.

Agradecimientos

Por apoyar mi carrera todos estos años y guiarme por el camino que me llevó hasta este libro, muchas gracias a Norm Aladjem, Derek Van Pelt, Sanaz Yamin, Rachel Rusch, Matt Blake, Jeff Endlich, y Jill Fritzo.

Por hacer que el acuerdo de este libro se hiciese realidad en un tiempo récord, gracias a Peter McGuigan y a su equipo en Foundry Literary + Media, incluidas

Kirsten Neuhaus, Sara DeNobrega, y Claire Harris. También, muchísimas gracias a Tanner Colby por ayudarme a trasladar mi historia a estas páginas.

Por ver potencial en este libro y hacerlo realidad, he de dar las gracias a todo el mundo en Random House y Spiegel & Grau, en especial a mi editor Chris Jackson y a los editores Julie Grau y Cindy Spiegel, Tom Perry, Greg Mollica, Susan Turner, Andrea DeWerd, Leigh Marchant, Barbara Fillon, Dhara Parikh, Rebecca Berlant, Kelly Chian, Nicole Counts, y Gina Centrello.

Por dar a este libro una casa en Sudáfrica y asegurarse de que se publicara con el máximo cuidado, quiero dar las gracias a Pan Macmillan South Africa, y a Sean Fraser, Sandile Khumalo, Andrea Nattrass, Rhulani Netshivhera, Sandile Nkosi, Nkateko Traore, Katlego Tapala, Wesley Thompson, y Mia van Heerden.

Por leer el manuscrito en sus primeras versiones y compartir sus opiniones e ideas para conseguir el libro que finalmente tienes entre las manos, es eterna mi gratitud a Khaya Dlanga, David Kibuuka, Anele Mdoda, Ryan Harduth, Bongani Dhlomo, y Xolisa Dyeshana.

Y finalmente, por haberme traído al mundo y haber hecho de mí el hombre que soy, estoy en deuda, la deuda más grande y que jamás llegaré a pagar, con mi madre.